世界一わかりやすい

介護保険のきほんとしくみ

2021-2024年度版

イノウ 編著

ソシム

導入編

質問 1 そもそも、介護保険って何ですか？

介護保険制度は
“介護サービスの種類を決めています”

居宅サービス（訪問・通所・短期入所）

居宅サービス（その他）

施設サービス

地域密着型サービス

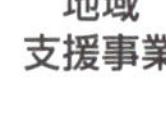
地域支援事業

詳しくは p.4-5

介護保険制度は
“介護保険事業の運営方法を決めています”

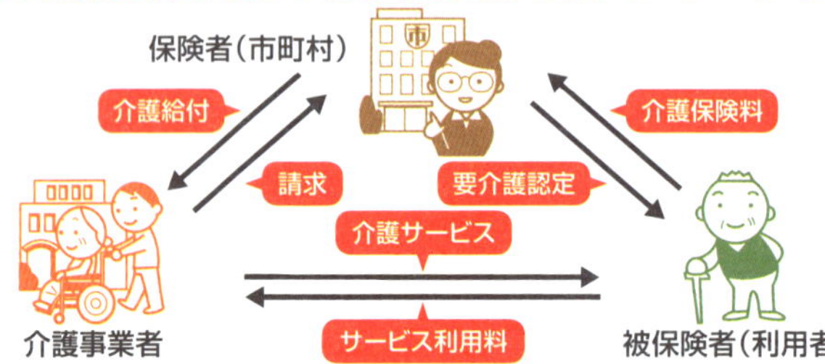

詳しくは p.6-7

介護保険制度は
“要介護認定の手続きを決めています”

申請 ▶ 認定調査 ▶ 一次判定 ▶ 審査 ▶ 二次判定 ▶ 認定

詳しくは p.8-9

介護保険制度は、①介護サービスの種類、②介護保険事業の運営方法、③要介護認定の手続き、④介護給付の上限額、⑤介護現場で働くスタッフ、⑥介護サービスの提供施設などを定めることで、高齢者などにサービスを提供するしくみです。ここでは、介護保険制度の全体像を見ていきましょう。

介護保険制度は

“介護給付の上限額を決めています”

要介護度	区分支給限度基準額	住宅改修費支給限度基準額	福祉用具購入費支給限度基準額
要支援1	5,032　単位/月	20万円（1回限り）	10万円/1年
要支援2	10,531　単位/月	20万円（1回限り）	10万円/1年
要介護1	16,765　単位/月	20万円（1回限り）	10万円/1年
要介護2	19,705　単位/月	20万円（1回限り）	10万円/1年
要介護3	27,048　単位/月	20万円（1回限り）	10万円/1年
要介護4	30,938　単位/月	20万円（1回限り）	10万円/1年
要介護5	36,217　単位/月	20万円（1回限り）	10万円/1年

詳しくは p.10-11

介護保険制度は

“介護現場で働くスタッフを決めています”

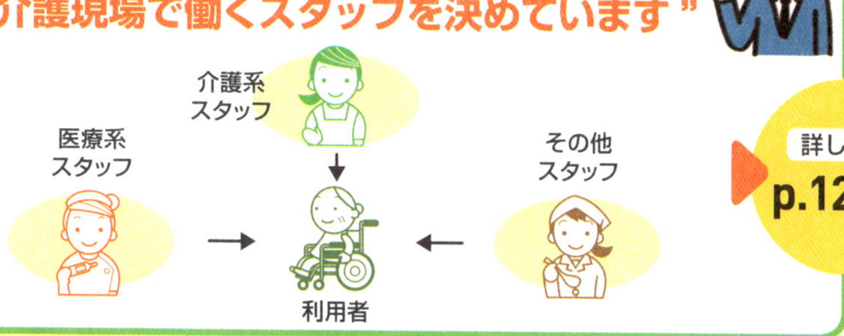

詳しくは p.12-13

介護保険制度は

“介護サービスの提供施設を決めています”

詳しくは p.14-15

介護保険のサービスには何がありますか？

居宅サービス（訪問・通所・短期入所）

“自宅で暮らす利用者を訪問あるいは受け入れて提供するサービスです”

●通所系サービス

利用者を日中施設に受け入れて、介護サービスを提供します。

●訪問系サービス

利用者の自宅を訪問して、主に身の回りの世話や生活援助を行います。

●短期入所系サービス

利用者を30日以内の期間施設に受け入れて、介護サービスを提供します。

居宅サービス（その他）

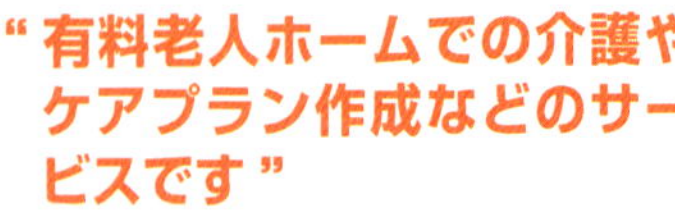

●居宅介護支援

利用者の状況に応じてケアプランを作成して事業者を紹介し、見守ります。

●特定施設入居者生活介護

有料老人ホームなどで暮らす利用者に介護サービスを提供します。

●住宅改修・福祉用具

生活環境改善のため、住宅を改修したり、福祉用具を貸与・販売したりします。

介護保険のサービスは一般に、サービスを提供する方法や場所などによって、①居宅サービス（訪問・通所・短期入所）、②居宅サービス（その他）、③施設サービス、④地域密着型サービス、⑤地域支援事業に分けられ、様々な事業者や団体がその特性に応じてサービスを提供しています。

もっと詳しくは
1、4章を参照

施設サービス

“介護老人福祉施設や介護老人保健施設などが提供されるサービスです”

たとえば

●介護老人福祉施設

介護老人福祉施設の入所者に様々な介護サービスを提供します。

地域密着型サービス

“地域で暮らす高齢者に小規模な事業所が提供するサービスです”

たとえば

●認知症対応型共同生活介護

グループホームで暮らす認知症患者に介護サービスを提供します。

地域支援事業

“地域で暮らす高齢者に市町村が主体となって提供するサービスです”

たとえば

●訪問型サービス

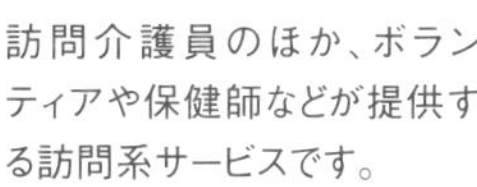

訪問介護員のほか、ボランティアや保健師などが提供する訪問系サービスです。

介護保険事業はどのように運営されていますか？

“介護保険事業は、介護保険料と公費、利用料によって運営されています”

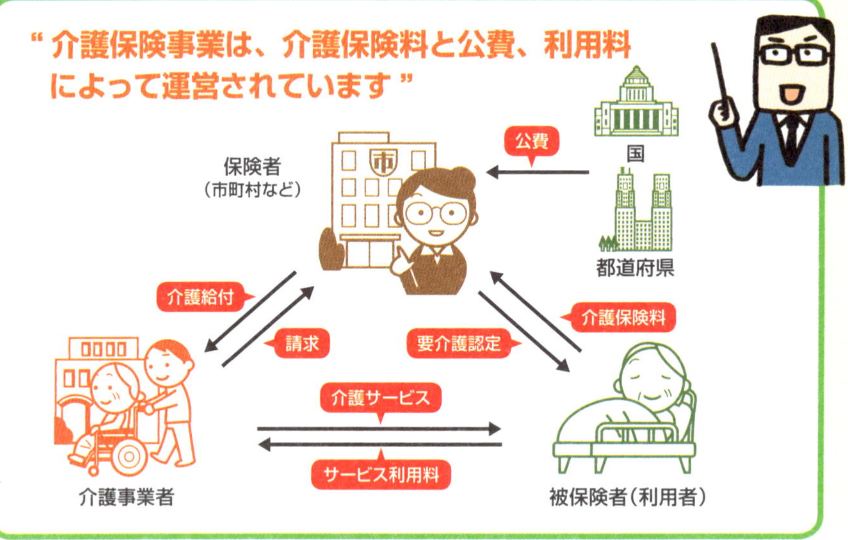

“介護保険の給付費用総額は年々上昇し、20年度には12兆円に迫る見通しとなっています”

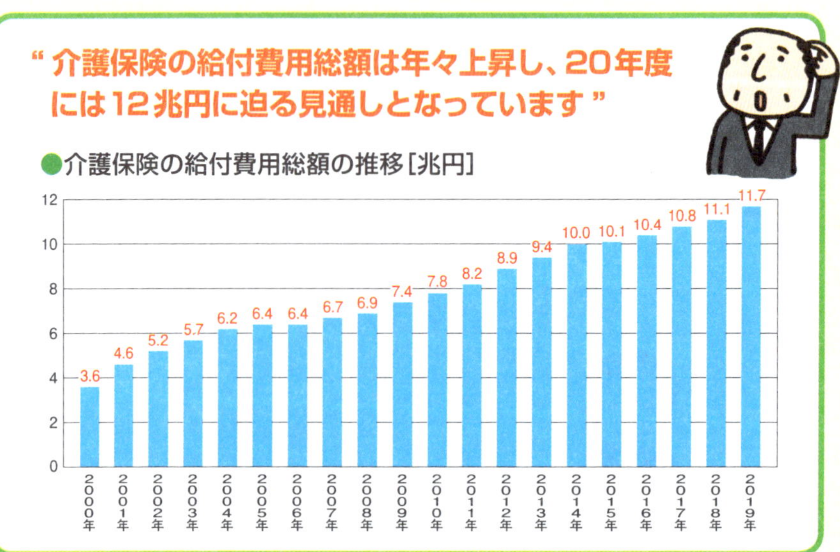

介護保険事業は、被保険者の介護保険料と国や自治体の公費を財源として運営されています。高齢化が進み介護給付が増え続けるなかで、国は介護サービスの利用状況や介護事業所の運営状況などを把握することで、事業を持続できるように介護報酬を設定しています。

もっと詳しくは
1章を参照

“介護が必要な程度（要介護度）に応じて利用できるサービスが決められています”

介護給付におけるサービス

要介護者
（要介護1－5の認定者）

介護予防給付におけるサービス

要支援者
（要支援1－2の認定者）

地域支援事業による事業

要介護・支援者
2次予防事業対象者
一般高齢者

“給付ごとに、介護サービスの利用状況が把握されています”

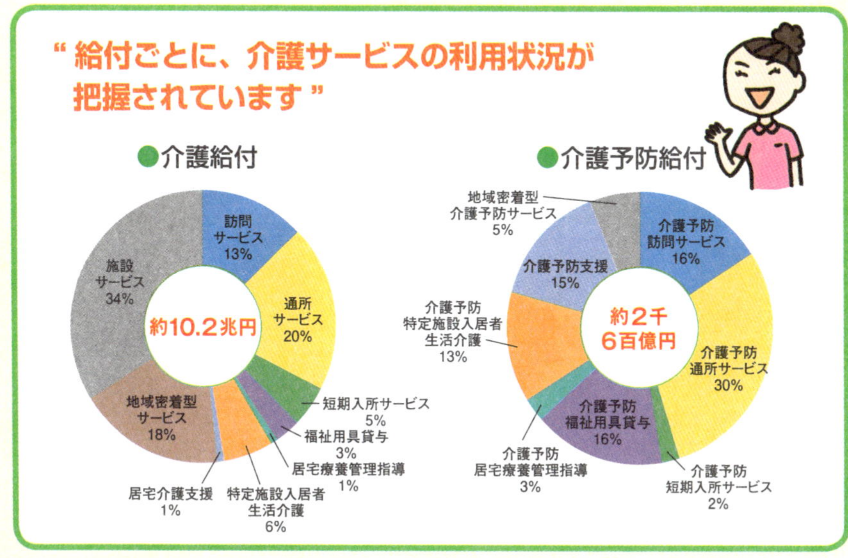

質問4 要介護認定の手続きはどのように行われますか？

“要介護認定では、以下の6つのステップで介護が必要な程度（要介護度）を認定します”

1 申請

本人や家族、ケアマネが被保険者証とともに必要書類を保険者（市町村）に提出します。

2 認定調査

役所の担当者などが利用者本人宅を訪問し、本人と家族に聞き取り調査を行います。

3 一次判定

聞き取り調査の結果である調査票を全国共通の判定ソフトで処理し、判定します。

4 審査

一次判定の結果と特記事項、主治医意見書に基づいて、介護認定審査会が審査します。

5 二次判定

利用者の心身や家族の状況などに基づいて、介護や支援の必要性とその程度を判定します。

6 要介護認定

保険者（市町村）は、申請から30日以内に、要介護・支援度の認定結果を通知します。

介護保険制度では、①利用者による申請、②行政担当による認定調査、③コンピュータを使った一次判定、④介護認定審査会による審査と⑤二次判定を経て、⑥要介護度が認定されます。要介護度は、介護が必要な時間に応じて、要支援1から要介護5までの7段階で設定されます。

もっと詳しくは
2章を参照

"要介護・支援度の判断基準として利用されるのは、介護が必要となる時間数です"

要介護・支援度	要介護認定等基準時間
要支援1	要介護等基準認定時間が25分以上32分未満
要支援2	要介護等基準認定時間が32分以上50分未満
要介護1	要介護等基準認定時間が32分以上50分未満
要介護2	要介護等基準認定時間が50分以上70分未満
要介護3	要介護等基準認定時間が70分以上90分未満
要介護4	要介護等基準認定時間が90分以上110分未満
要介護5	要介護等基準認定時間が110分以上

要介護・支援度	基準
2次予防事業対象者	放っておくと要介護・支援状態になる可能性の高い状態
要支援1	日常生活に支障はないが要介護状態とならないように一部支援が必要な状態
要支援2	歩行などに不安が見られ排泄・入浴などに一部介助が必要で身体機能に改善の可能性がある状態
要介護1	立ち上がりが不安定でつえ歩行の場合があり排泄・入浴などに一部介助を要する状態
要介護2	立ち上がりなどが自力では困難で排泄・入浴などに部分的介助ないし全介助が必要な状態
要介護3	立ち上がり・起き上がりなどが自力でできずに排泄・入浴・衣服の脱着など日常生活全般に部分的介助ないし全介助が必要な状態
要介護4	寝たきりに近く排泄・入浴・衣服脱着など日常生活全般に全介助が必要な状態
要介護5	日常生活全般に全介助が必要で意思伝達も困難な状態

介護給付はどのように決められていますか？

“介護給付で利用可能な介護サービスは、要介護度に応じて上限額が決められています”

要介護度	区分支給限度基準額	住宅改修費支給限度基準額	福祉用具購入費支給限度基準額
要支援 1	5,032 単位／月	20 万円（1 回限り）	10 万円／1 年
要支援 2	10,531 単位／月	20 万円（1 回限り）	10 万円／1 年
要介護 1	16,765 単位／月	20 万円（1 回限り）	10 万円／1 年
要介護 2	19,705 単位／月	20 万円（1 回限り）	10 万円／1 年
要介護 3	27,048 単位／月	20 万円（1 回限り）	10 万円／1 年
要介護 4	30,938 単位／月	20 万円（1 回限り）	10 万円／1 年
要介護 5	36,217 単位／月	20 万円（1 回限り）	10 万円／1 年

“ケアマネジャーは介護給付の上限額に応じて、ケアプランを立てることになります”

●要介護度3の利用者の週間計画（例）

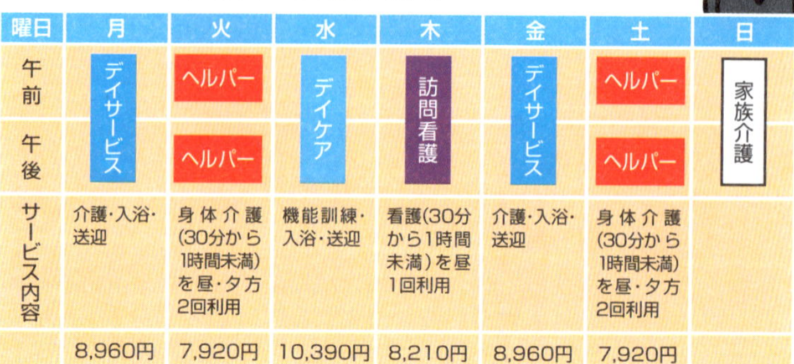

曜日	月	火	水	木	金	土	日
午前	デイサービス	ヘルパー	デイケア	訪問看護	デイサービス	ヘルパー	家族介護
午後		ヘルパー				ヘルパー	
サービス内容	介護・入浴・送迎	身体介護（30分から1時間未満）を昼・夕方2回利用	機能訓練・入浴・送迎	看護（30分から1時間未満）を昼1回利用	介護・入浴・送迎	身体介護（30分から1時間未満）を昼・夕方2回利用	
	8,960円	7,920円	10,390円	8,210円	8,960円	7,920円	

介護保険制度では、原則１割から３割の自己負担で利用できる介護サービスの上限額が設定されています。居宅サービスなどに設定される区分支給限度基準額は、１か月に利用可能な単位が決められており（１単位は約10円）、上限額を超えた分は利用者の全額負担となります。

もっと詳しくは
2章を参照

"サービス利用の際に必要となる利用者負担額は、原則１割から３割と決められています"

利用者の負担額 ＝ 原則１割から３割

介護サービスと関連サービス	利用者の負担額
居宅介護支援、介護予防支援	費用の負担なし（保険者が全額負担）
居宅サービス、介護予防サービス、地域密着型サービス、施設サービス（ただし、自治体によっては利用者負担額軽減制度あり）	費用の１割から３割（保険者が９割から７割負担）
食費、滞在費、家賃・管理費、教養娯楽費、特別室の費用、サービス利用時の交通費など	費用の全額（ただし、利用者負担額軽減制度あり）

"利用者は利用するサービスに応じて、２通りの方式で負担額を支払うことになります"

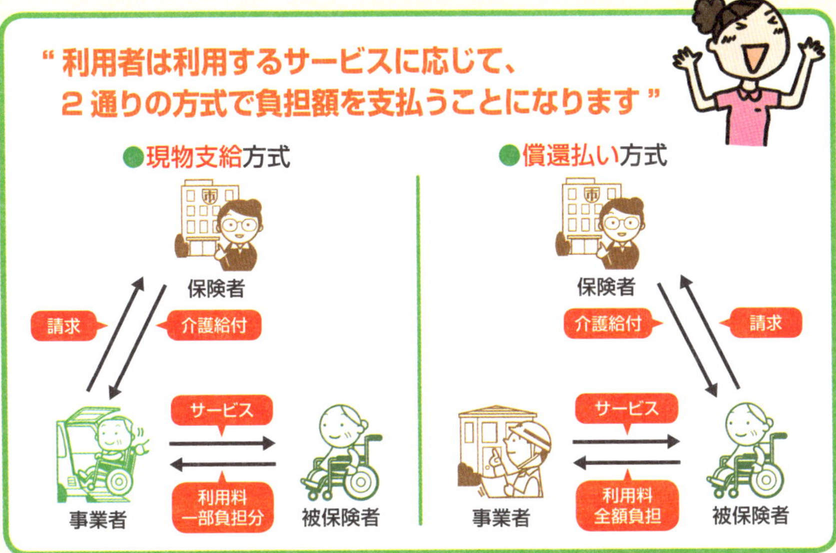

導入編 質問6

介護現場にはどのようなスタッフがいますか？

介護系スタッフ

“介護現場は、ケアワーカーやヘルパーを中心に様々なスタッフによって支えられています”

●ヘルパー

主に身体介護や生活援助を行います。

●介護福祉士

主に身体介護や生活援助を行います。

●ケアマネジャー

主にケアプランの作成と見守りを行います。

●ソーシャルワーカー

主に本人あるいは家族の相談に乗ります。

医療系スタッフ

“医学的管理が必要な要介護者には、診療や看護、リハビリなどが必要になります”

●看護職員

主に介護現場で必要な医療行為を行います。

●機能訓練指導員

主に様々なリハビリの指導を担当します。

●医師

主に診療や介護予防の支援を行います。

●薬剤師

主に服薬の指導やスケジュール管理を担当します。

その他スタッフ

“要介護者がサービスを受けたり、住宅環境を整えたり、食事を採ったりするのを支援します”

●市役所福祉課

主に要介護認定や紹介・仲介業務を行います。

●住宅改修事業者

主に住宅改修の設計・施工を担当します。

●福祉用具事業者

主に福祉用具の貸与・販売、指導を担当します。

●栄養士

施設で提供する食事の栄養管理を行います。

介護保険制度では、介護現場で働くスタッフの役割や資格を定めています。介護事業者が介護給付を受け取るには、介護サービスの種類ごとに決められた、介護系、医療系、その他のスタッフの人数や資格などの基準を満たす必要があります。

もっと詳しくは
3章、付録を参照

現場系の資格

公 認定介護福祉士

国 介護福祉士

公 介護職員実務者研修

公 介護職員初任者研修

公 認知症ケア専門士

公 ガイドヘルパー（移動介護従事者）

国 理学療法士

国 作業療法士

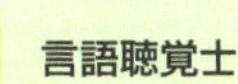
国 言語聴覚士

国 看護師

公 主任介護支援専門員

公 ケアマネジャー（介護支援専門員）

相談系の資格

国 社会福祉士

国 精神保健福祉士

環境整備系の資格

任 社会福祉主事

民 福祉住環境コーディネーター

公 福祉用具専門相談員

旧現場系の資格

公 介護職員基礎研修

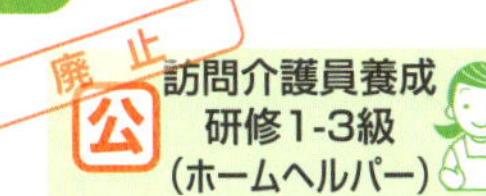

公 訪問介護員養成研修1-3級（ホームヘルパー）

国 国家資格　公 公的資格
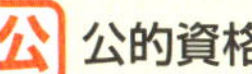

任 任用資格　民 民間資格

“介護現場系の資格は、頻繁に制度が変わるので、注意が必要です”

介護サービスはどのような事業所で提供されますか？

居宅事業所

"自宅で暮らす利用者に、サービスを提供します"

● **訪問施設**
利用者宅に訪問してサービスを提供します。

● **通所施設**
日中施設に受け入れてサービスを提供します。

● **短期入所施設**
30日以内の期間受け入れてサービスを提供します。

● **居宅介護支援事務所**
要介護者のケアプランを作成し、見守りを実施します。

介護保険施設・居住系施設

"施設で暮らす利用者に、サービスを提供します"

● **介護老人福祉施設**
施設内で各種介護やリハビリなどを提供します。

● **介護老人保健施設・介護医療院**
施設内で医学管理下の介護やリハビリを提供します。

● **特定施設**
施設内で各種介護やリハビリなどを提供します。

● **グループホーム**
共同生活を送る少人数の認知症患者を支援します。

その他事業所

"要介護認定やケアプラン作成などを提供します"

● **地域包括支援センター**
要支援者のケアプランを作成し、相談に乗ります。

● **住宅改修・福祉用具事務所**
住宅改修や福祉用具貸与・販売を請け負います。

● **市町村**
要介護認定と介護事業者の紹介・仲介を担い、サービスを提供します。

介護保険制度では、介護サービスを提供する事業所の役割やそこで働くスタッフを定めています。介護事業者が介護給付を受け取るには、サービスを提供するのに必要であると決められた事業所や施設の設備や運営の基準を満たす必要があります。

もっと詳しくは
2、3章を参照

社会福祉法人が主に運営

訪問施設

短期入所生活施設

通所施設

介護老人福祉施設

医療法人が主に運営

訪問施設

短期入所療養施設

病院・診療所

介護老人保健施設・
介護医療院

自治体やNPOが主に運営

訪問施設

地域包括
支援センター

グループホーム

特定施設

民間事業者が主に運営

訪問施設

通所施設

短期入所生活施設

特定施設

居宅介護支援
事業所

住宅改修・
福祉用具事業所

"事業者・団体によって、主に運営している事業所や施設は変わってきます"

本書の設定

●本書の登場人物

ABC介護サービス　介護福祉士
貝御 遣雄（かいご・やるお）
私立大学文学部卒。新卒でシステム開発会社に入ったが肌が合わずに退職。給付金目当てにABC市の介護職育成プログラムを受けて、そのままこの道に。本好きで草食系メガネ男子。

ABC介護サービス　看護師
館後 聡子（かんご・さとこ）
看護専門学校卒。人妻、子持ち。子供が小学校に入ったので、地元の有料老人ホームで働き始めた。気のつく性格で頼りになるが、時にキツイ言い方で事務長をビビらせる。

ABC介護サービス　事務長
九普 勘介（きゅうふ・かんすけ）
医療機関で長く事務方を歩いてきた後、高校の先輩であるABC介護サービスの社長に引っ張られて、事務長になる。複雑で、すぐに変更になる介護保険制度に悩まされている。

ABC介護支援事務所　ケアマネ
毛亜 清美（けあ・きよみ）
福祉大学卒。おっとりしているが、芯は強い。明るい性格で利用者からの人気も高く、信頼も厚い。以前は、ABC介護サービスに所属していたが、ケアマネージャーの資格取得後に転職。

ABC市役所　福祉課
石頭 堅蔵（ずがしら・けんぞう）
国立大学教育学部卒。教育委員会事務局や学校支援課など教育畑を経て、保健福祉課に異動。正義感は強いが、真面目で融通がきかない面も。現在、絶賛、婚活中。

●本書の登場団体

ABC介護サービス

介護市場への民間参入が自由化された3年後に市場参入し、有料老人ホームと通所サービスを中心に売上を拡大し、現在売上300億円、従業員数1800名。

ABC介護支援事務所

ABC介護サービスの系列会社だが、「特定事業所集中減算制度」の導入にともなって、中立性を保つために資本比率を下げて、他の事業者への紹介も行うようになっている。

ABC市役所

東海地方に位置する人口総人口11万人の城下町から発展した地方都市。「福祉都市」を宣言しているが、人口減少が進むなかで、持続可能な支援体制の実現を模索。

本書の読み方

基礎編

1、2章では、介護保険制度の基礎知識を理解します

- 1章 介護保険のきほん
- 2章 介護保険のしくみ

サービス編

3、4、5章では、介護保険におけるサービスを理解します

- 3章 介護サービスのスタッフと事業所
- 4章 居宅サービスと施設サービス
- 5章 地域密着型サービスと地域支援事業

制度改正編

6、7章では、介護保険制度の改正と介護報酬改定のポイントを理解します

- 6章 21年度　制度改正のポイント
- 7章 21年度　報酬改定のポイント

本書に登場する人物アイコン

介護現場で働くスタッフ

介護系スタッフ

ヘルパー

介護福祉士

ケアマネジャー

ソーシャルワーカー

医療系スタッフ

看護職員

機能訓練指導員

医師

薬剤師

その他スタッフ

行政担当者

住宅改修事業者

福祉用具事業者

栄養士

"介護現場で働く様々な職種のアイコンが、本文中に登場します"

要介護者

重度要介護者
(要介護5−4)

軽〜中度要介護者
(要介護3−1)

要支援者
(要支援2−1)

2次予防事業対象者
一般高齢者

"要介護度に応じて介護サービスを受ける利用者のアイコンです"

本書に登場する事業所アイコン

介護サービスを提供する事業所

居宅事業所

訪問施設

通所施設

短期入所施設

居宅介護支援事業所

介護保険施設・居住系施設

介護老人福祉施設

介護老人保健施設・介護医療院

特定施設

グループホーム

その他事業所

地域包括
支援センター

住宅改修・福祉用具
事業所

市区町村

"介護サービスを提供する様々な事業所や施設などのアイコンも、本文中に登場します"

その他関連施設

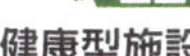
健康型施設

国

都道府県

国保連合会

"介護保険制度で重要な役割を果たす施設・団体のアイコンです"

介護保険のきほんとしくみ Contents

導入編

基礎編

要介護認定・ケアプランのしくみ

介護報酬・費用負担のしくみ

サービス編

介護現場で働くスタッフ

介護サービスを提供する事業所

居宅サービス（訪問・通所・短期入所）

居宅サービス（その他）

施設サービス

5章 地域密着型サービスと地域支援事業 …… 113

制度改正編

6章 21年度 制度改正のポイント …… 139

1章では、何を学ぶのですか?

まずは、なぜ介護保険制度が誕生したのかを理解しましょう。

それに、どんな意味があるのですか?

誕生の背景を理解することで、制度の特徴がわかるのです。

なるほど。で、その次は?

介護サービスの全体像を把握します。

どんな種類のサービスがあるかってことですよね。

そう。そして最後に、どのようにサービスが提供されているかを考えます。

それって、つまり?

どのように、お金を集めて、使っているか、です。

初っ端から、結構、シビアな話になりそうな……。

1章で学ぶこと

- 介護保険制度がなぜ生まれたのか
- 介護保険のサービスにはどのような種類があるか
- 介護保険事業はどのように運営されているか

基礎編

［1章］介護保険のきほん

介護保険制度誕生の背景

介護サービスの種類

介護保険制度の運営

基礎編

質問 1 そもそも、なぜ介護保険が誕生したのですか？

それは、日本の人口構成と大きな関係があります。

高齢者が増えて、これまでのやり方では支えられなくなったってこと？

そう、だから国民自身の保険料で介護を支える制度ができたのです。

高齢者人口の増加と社会の変化に対応するためです。

平均寿命の上昇と少子化などにより、2019年の日本の**高齢者人口**は3,589万人と過去最多です。総人口に占める割合は約28.4%、つまり日本人の4人に1人強が高齢者なのです。高齢者人口の増加は今後も続き、高齢者人口比率は36年に3人に1人、42年には2.6人に1人になるとの試算もあります。

一方で、都市部を中心に子が親の面倒を見る習慣が消滅し、老人が老人を介護する**老老介護**や**一人暮らし高齢者**が増えています。

こうした状況にそれまでの福祉の枠組みでは対応できなかったため、国は2000年に**介護保険制度**を導入したのです。

介護保険は5番目の社会保険として高齢者を支えています。

介護保険は、**医療保険**と同様に、**社会保険**と呼ばれるしくみです。

そもそも、2000年以前の**老人福祉法**に基づく高齢者介護は、「長年にわたって社会の進展に寄与してきた老人に対して生きがいをもてる健全で安らかな生活を保証する」という**弱者救済**的な考えに基づいて提供されていました。

それに対して介護保険制度では、国民が生活する上での高齢化や介護などのリスクに備えて強制的に保険に加入させ、リスク発生時、保険加入者に対してサービスを提供したり、現金を給付したりします。つまり、介護が必要になったときに、保険給付という形で面倒を見てくれるしくみなのです。

高齢者人口の割合の推移

（万人）
4500
4000
3500
3000
2500
2000
1500
1000
500
0
75 歳以上
65-74 歳
1950年
1955年
1960年
1965年
1970年
1975年
1980年
1985年
1990年
1995年
2000年
2005年
2010年
2015年
2109年
2020年
2025年
2030年
2035年
2040年
2045年
2050年
2055年
2060年
2065年

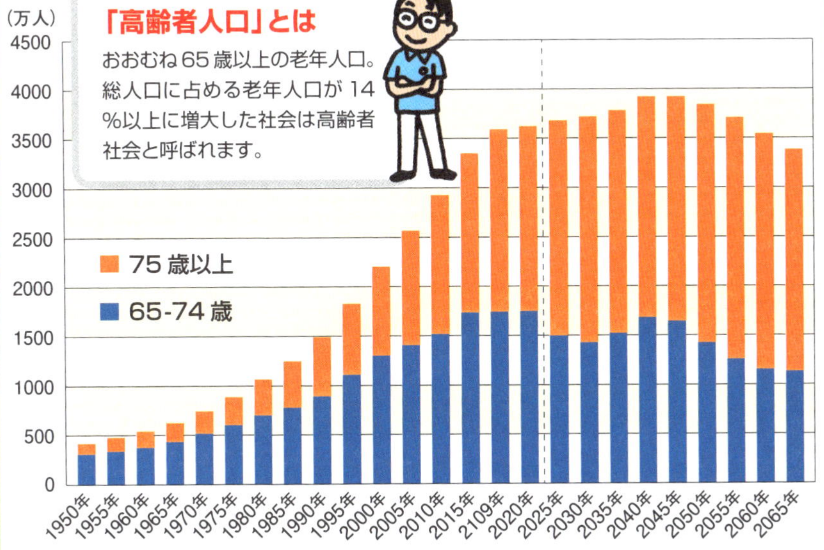

「高齢者人口」とは

おおむね65歳以上の老年人口。総人口に占める老年人口が14%以上に増大した社会は高齢者社会と呼ばれます。

出典:「高齢社会白書」(内閣府)

5つの社会保険

「社会保険」とは

国民が生活する上でのリスクに備えて強制的に保険に加入させ、リスク発生時に現金や現物給付により生活を支える制度。

社会保険
労働者災害補償保険
雇用保険
国民健康保険
厚生年金保険
介護保険

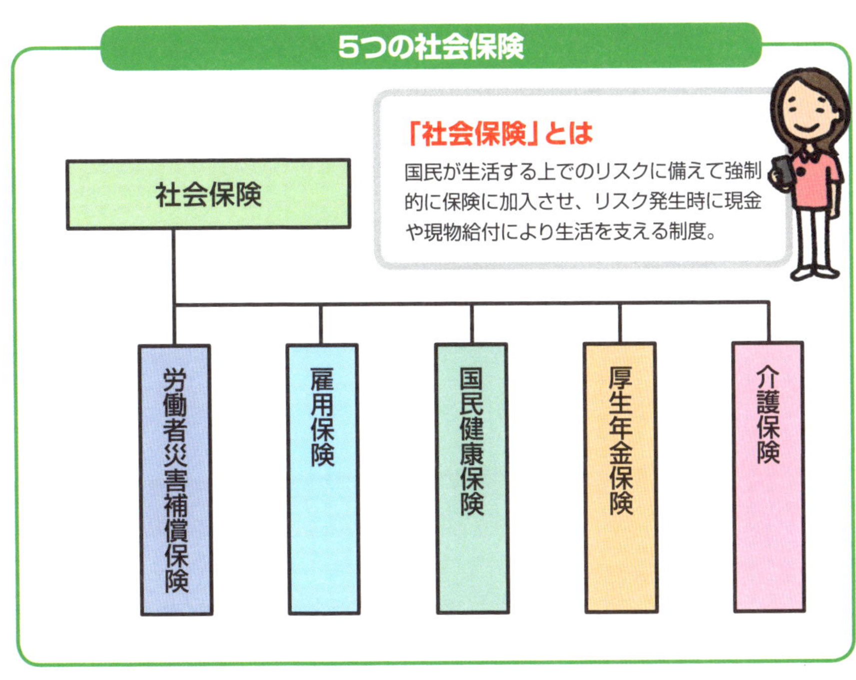

基礎編

質問2

介護保険制度の誕生で何が変わりましたか？

大きな違いは、民間事業者がサービス提供するようになったことですね。

以前は、誰が介護を提供していたのですか？

社会福祉法人や医療法人、自治体などです。

高齢者に対する介護サービスを1本化しました。

介護保険制度の誕生以前にも、公共性の高い高齢者に対する介護サービスは提供されていました。社会福祉法人や自治体は、**老人福祉法**に基づいてデイサービスセンターや特別養護老人ホームといった福祉施設を運営し、医療法人は**医療保険法**などに基づいて、病状の安定した老人を**老人病院**などに受け入れていたのです。

しかし医療と福祉の縦割りでバラバラにサービスが提供されているために、サービス利用時の負担に不公平が生じ、医療サービスの不適切な利用も起こっていました。そこで介護保険制度を誕生させて、高齢者に対する福祉と医療のサービスを一体的に提供するようにしたのです。

民間企業もサービスを提供するようになりました。

介護保険制度の誕生で大きく変わったのは、民間企業やNPOも介護サービスを提供できるようになったことです。

2000年以降、多くの民間企業が参入したことで、日本において介護サービスはより身近なものになりました。

ただし民間企業によるサービス提供が認められた後も、自治体が**指定介護サービス事業者**（介護保険給付対象事業者）を指定することで、事業者の質を担保し、厚生労働省が介護サービスの種類と範囲、**要介護度**に応じた利用限度額を定めることで、サービスの提供が過剰にならないように調整しているのです。

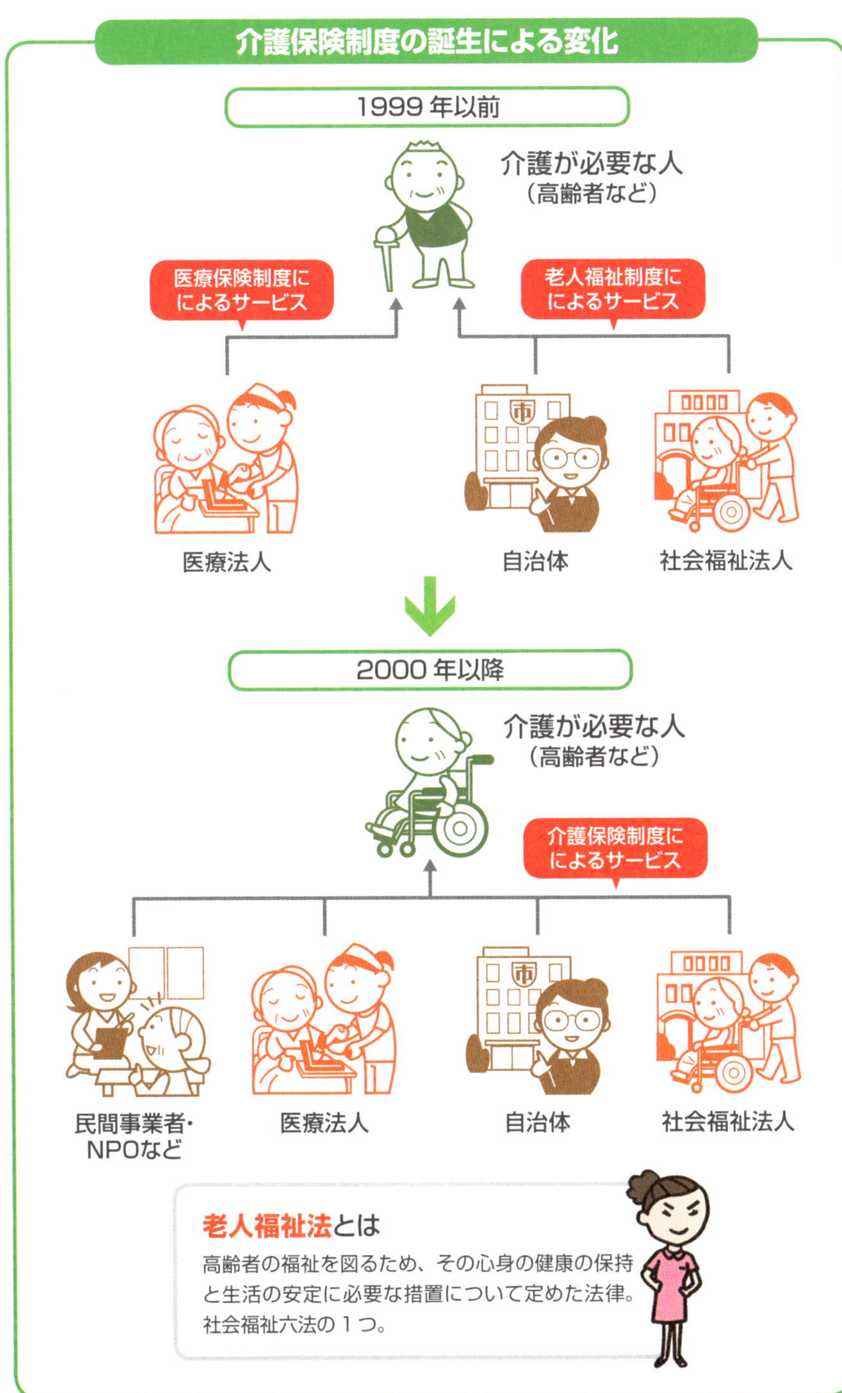

老人福祉法とは

高齢者の福祉を図るため、その心身の健康の保持と生活の安定に必要な措置について定めた法律。社会福祉六法の１つ。

基礎編

質問3 介護保険制度を導入した狙いは何ですか？

以前は、市町村などが必要性を判断して提供していたんだけど……

今は、利用者の状況や希望などに応じて、組み合わせて使ってますね。

そう、利用者がサービスを選べるようにしたかったんだ。

利用者が自らサービスを選択できるようにすることです。

介護保険制度が導入される前、高齢者への介護サービスは**措置制度**と呼ばれるしくみで提供されていました。

措置制度では、サービスの利用を申し込んだ希望者に対して、市町村などの措置権者が必要性を判断し、提供するサービスの種類や提供施設を決め、社会福祉施設に入所させたり、サービスを提供したりします。そのため、利用者はサービスや施設などを選ぶことができませんでした。

このように措置制度では利用者の意向が尊重されにくいことから、介護保険制度では**契約制度**（利用制度）でサービスが提供されるようになっています。

介護サービスの世界にも競争原理が持ち込まれました。

措置制度でサービスを提供するのは市町村が運営する施設や委託した施設なので民間企業のような競争原理が働かず、サービスの質が向上しにくい状況になっていました。

一方、介護保険の契約制度では、サービスの利用にあたり、利用者が指定介護サービス事業者を選び、選ばれた事業者が利用者にサービスを提供します。その結果、利用者は自らの選択に基づいてサービスを利用できるようになりました。つまり、民間企業の参入により選択の幅が広がったことで、介護の世界にも競争原理が持ち込まれたのです。

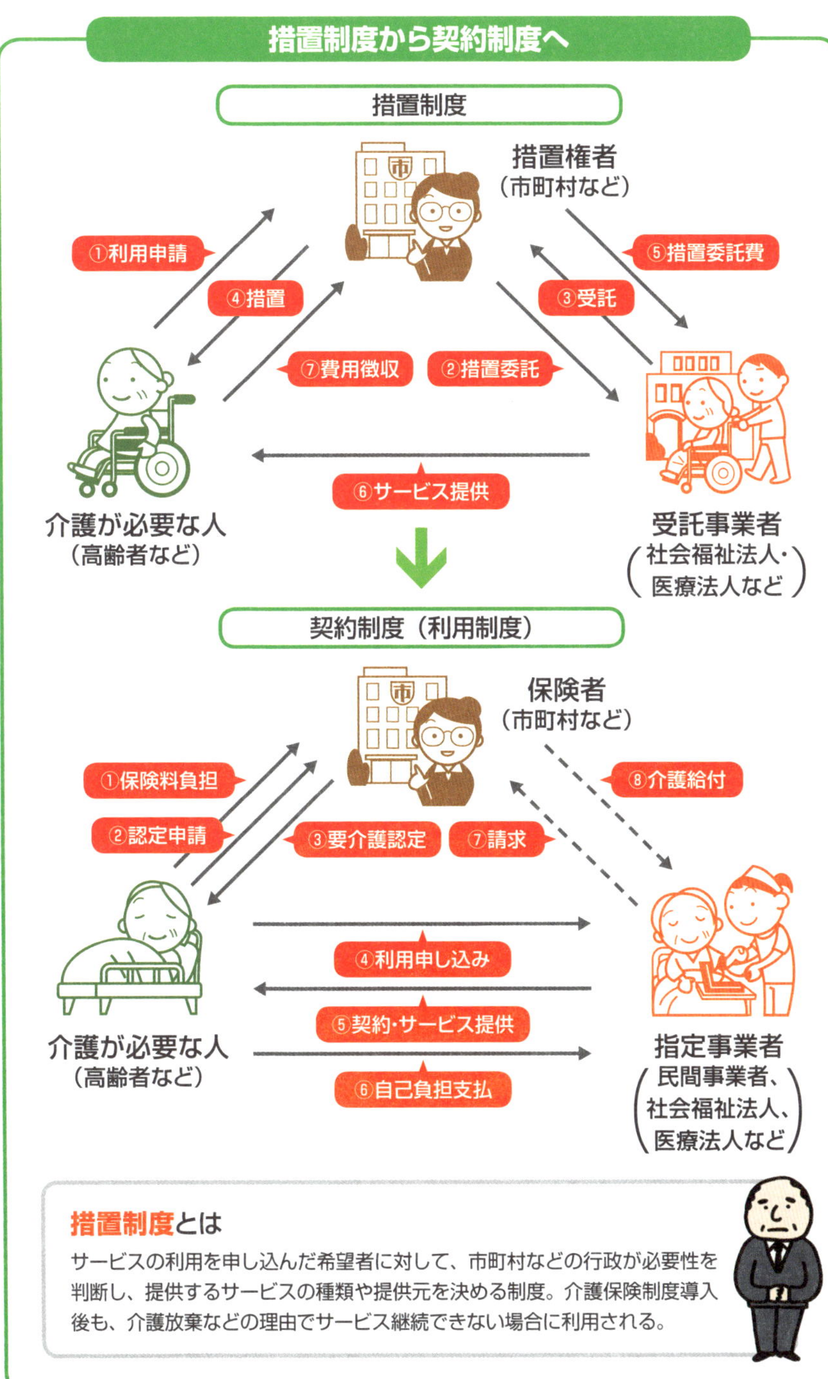

措置制度とは

サービスの利用を申し込んだ希望者に対して、市町村などの行政が必要性を判断し、提供するサービスの種類や提供元を決める制度。介護保険制度導入後も、介護放棄などの理由でサービス継続できない場合に利用される。

基礎編

質問4

介護サービスはどのように提供されますか？

簡単に言うと、介護が必要な程度に応じて提供されるの。

利用者の状態で利用できるサービスが変わってくるってこと？

そう、逆に言えばサービスごとに利用者が決められているわ。

介護が必要な程度で利用可能なサービスが決ります。

介護保険制度におけるサービスは対象とする利用者によって、**介護給付におけるサービス**、**介護予防給付におけるサービス**、**地域支援事業によるサービス**の3つに分類できます。それぞれ、介護給付におけるサービスは**要介護1-5**の認定者、介護予防給付におけるサービスは**要支援1-2**の認定者、地域支援事業によるサービスは要支援1-2の認定者と**2次予防事業対象者**と一般高齢者に提供されます。

このように国は、介護を必要とするレベルに応じて利用できるサービスを設定することで、限りある資源を有効活用しながら、高齢者の介護と介護予防を実現しようと考えているのです。

サービスによって指定・監督／実施する主体も変わります。

介護給付と介護予防給付におけるサービスはそれぞれ、指定・監督する自治体が異なります。

基本的に、介護給付におけるサービスは都道府県が、介護予防給付におけるサービスは市町村が指定・監督しています。ただし、介護給付における地域密着型サービスは市町村が指定・監督しており、介護給付におけるサービスの1つである**居宅介護支援**も2018年4月から、指定・監督権者が市町村に変更されました。

また地域支援事業によるサービスは市町村が実施主体ですが、地域包括支援センターの運営など、一部の事業は実施を委託できます。

サービスと利用者の関係

介護給付におけるサービス
（地域密着型サービスを含む）

要介護1－5の
認定者

介護予防給付におけるサービス
（地域密着型サービスを含む）

要支援1－2の
認定者

地域支援事業による
サービス

要支援1－2の認定者
2次予防事業対象者
一般高齢者

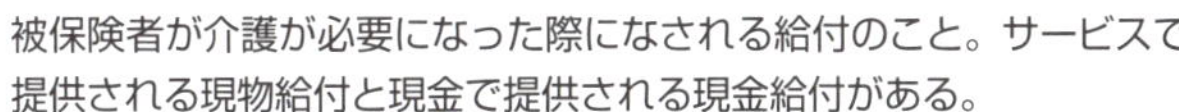

介護保険の保険給付とは

被保険者が介護が必要になった際になされる給付のこと。サービスで提供される現物給付と現金で提供される現金給付がある。

サービスと指定・監督／実施者の関係

介護給付におけるサービス
（居宅介護支援と地域密着型サービスを除く）

都道府県が
指定・監督

介護予防給付における
サービスと居宅介護支援と
地域密着型サービス

市町村が
指定・監督

地域支援事業による
サービス

市町村が実施

地域支援事業とは

要支援・要介護になる可能性のある高齢者に対する介護予防サービスや生活支援サービスを提供する事業。

基礎編

質問5 介護給付におけるサービスには何がありますか？

「介護のサービス」と「介護＋医療のサービス」があるの。

あと、地域密着型っていうサービスもありましたよね。

あれは、サービスを提供する地域や規模が限定されてるのよ。

介護のサービス」と「介護＋医療のサービス」があります。

介護給付におけるサービスは、**介護**と**介護＋医療**というサービスの内容と、**居宅**と**施設**というサービスを受ける利用者の居住する場所で分けて理解するとわかりやすいようです。**介護のサービス**では身体介護や生活援助などのサービスを主に提供し、**介護＋医療のサービス**では医療行為やリハビリ、療養指導などのサービスと介護を一体的に提供します。また居宅サービスは自宅で暮らす利用者に提供されるのに対して、施設サービスは福祉施設や保健施設などに受け入れた（**入所**した）利用者に提供されます。なお、**特定施設入居者生活介護**は利用者が**入居**している居宅であり、居宅サービスに分類されるので注意してください（→サービス編　質問14）。

居宅と施設のほかに、地域密着型サービスも提供されます。

地域密着型サービスは、高齢者が住み慣れた地域で継続して生活できるようにするため、2005年からスタートしたサービスです。地域密着型サービスを利用できるのは、原則として施設が所在する市町村に居住する高齢者です。ただし地域密着型サービスの事業所は、規模が小さく受入人数が制限されていて、市町村が事業所の数や施設の基準などを設定しているため、サービスを受けられない地域もあります。

介護給付における地域密着型サービスには、認知症高齢者向けのサービスや中・重度の要介護高齢者向けのサービスが多くなっています。なお2016年から、**小規模事業所の通所介護**も地域密着型サービスに移行されました。

介護給付におけるサービス

サービスの分類	介護のサービス	介護＋医療のサービス
居宅サービス （訪問・通所・短期入所） 	・訪問介護 ・訪問入浴介護 ・通所介護 ・短期入所生活介護	・訪問看護 ・訪問リハビリテーション ・居宅療養管理指導 ・通所リハビリテーション ・短期入所療養介護
居宅サービス （その他）  	・居宅介護支援 ・特定施設入居者生活介護 ・福祉用具貸与 ・特定福祉用具販売 ・住宅改修	
施設サービス 	・介護老人福祉施設	・介護老人保健施設 ・介護療養型医療施設 ・介護医療院
地域密着型サービス 	・認知症対応型共同生活介護 ・認知症対応型通所介護 ・地域密着型通所介護 ・療養通所介護 ・小規模多機能型居宅介護 ・夜間対応型訪問介護 ・地域密着型特定施設入居者生活介護 ・地域密着型介護老人福祉施設入所者生活介護	・定期巡回・随時対応型訪問介護看護 ・看護小規模多機能型居宅介護（複合型サービス）

介護給付とは

介護保険制度において、要介護認定で要介護 1-5 の認定を受けた高齢者などが利用できるサービスの提供に対して、事業者に支払われる給付。

基礎編

質問6

介護予防給付におけるサービスには何がありますか？

基本的な考え方は、介護給付におけるサービスと同じよ。

じゃあ、何が違うんですか？

要支援者向けだから、サービスが少ないの。

予防給付も「介護」と「介護＋医療」に分類できます。

介護予防給付におけるサービスも、介護給付同様に、**介護**と**介護＋医療**というサービスの内容で分けると理解しやすいようです。ただし、介護予防給付におけるサービスには施設サービスがありません。また居宅サービスの多くは介護給付と同じですが、サービス名に**介護予防**という名称が付けられています。

介護予防訪問介護と**介護予防通所介護**は、2015年度から地域支援事業に移行されました。ただし、移行に3年間の猶予期間が設定されていたため、多くの市町村では2018年度から本格的に、地域支援事業によるサービスとして提供されることになっていたのです。

居宅のほか、地域密着型サービスも提供されます。

介護予防給付でも、施設が所在する市町村に居住する人に向けた地域密着型サービスが提供されています。

提供されているのは、小規模多機能型居宅介護、認知症患者向けの共同生活介護や通所介護です。要支援者向けのサービスなので、中・重度の要介護高齢者向けのサービス、特定施設や特別養護老人ホームにおけるサービスは提供されていません。

なお、介護給付におけるサービスに必要な**ケアプラン**は**居宅介護支援事務所**が作成するのに対して、介護予防給付におけるサービスに必要なケアプランは**地域包括支援センター**が作成します（→サービス編　質問15）。

介護予防給付におけるサービス

サービスの分類	介護のサービス	介護＋医療のサービス
居宅サービス（訪問・通所・短期入所）	・介護予防訪問入浴介護 ・介護予防短期入所生活介護	・介護予防訪問看護 ・介護予防訪問リハビリテーション ・介護予防居宅療養管理指導 ・介護予防通所リハビリテーション ・介護予防短期入所療養介護
居宅サービス（その他）	・介護予防支援 ・介護予防特定施設入居者生活介護 ・介護予防福祉用具貸与 ・介護予防住宅改修	
地域密着型サービス	・介護予防認知症対応型通所介護 ・介護予防認知症対応型共同生活介護 ・介護予防小規模多機能型居宅介護	

介護予防給付とは

介護保険制度において、要介護認定で要支援 1-2 の認定を受けた高齢者が利用できるサービスの提供に対して、事業者に支払われる給付。

介護給付と介護予防給付におけるサービスの違い

	サービスの対象者	サービスの目標	ケアプランの作成	サービスの範囲
介護給付のサービス	要介護 1-5 の認定者	要介護状態などの軽減または悪化の防止	居宅介護支援事務所	すべてのサービス
介護予防給付のサービス	要支援 1-2 の認定者	要支援状態などの軽減または要介護への悪化の防止	地域包括支援センター	施設サービスと一部の地域密着型サービスを除くサービス

基礎編

質問 7

地域支援事業によるサービスには何がありますか？

それが前回の改正で大きく変わって、結構、複雑なの。

何で、そんなに変わったのですか？

予防事業の強化と介護給付の抑制のためね。

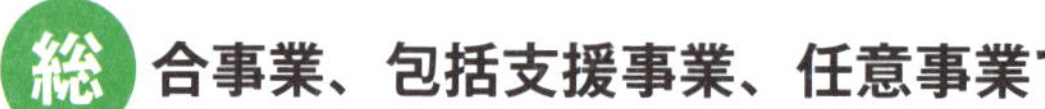

総合事業、包括支援事業、任意事業で構成されます。

地域支援事業は、地域主体で介護予防と生活支援のサービスを提供する**介護予防・日常生活支援総合事業**（**総合事業**）、地域のケアマネジメントを総合的に支援する**包括的支援事業**、市町村の裁量で地域の実情に応じたサービスを提供する**任意事業**で構成されます（→サービス編　質問27-32）。

介護予防・日常生活支援総合事業はさらに、**介護予防・生活支援サービス事業**と**一般介護予防事業**に分けられます。前者は要支援者と2次予防事業対象者に身体介護や生活支援を提供するのに対して、後者はすべての高齢者の状況を把握しつつ介護予防のサービスを提供します。

地域包括支援センターが中心となって提供します。

地域支援事業の実施で中心的な役割を担うのが、**地域包括支援センター**です。地域包括支援センターは、介護予防・生活支援サービス事業における介護ケアマネジメント、一般介護予防事業における介護予防の活動支援や普及啓発の活動、包括支援事業における地域ケア会議、任意事業における家族介護教室など、様々な事業の実施主体となっています。

地域包括支援センターで働く**社会福祉士**、**主任ケアマネジャー**、**保健師**などのスタッフは、行政機関や医療機関、介護事業所などと協力して事業を実施し、それを市町村の**地域包括支援センター運営協議会**が人材派遣や運営協力などの面で支えます。

地域支援事業による事業

介護予防・日常生活支援総合事業（総合事業）

介護予防・生活支援サービス事業	・訪問型サービス ・通所型サービス ・生活支援サービス ・介護予防ケアマネジメント
一般介護予防事業	・介護予防把握事業 ・介護予防普及啓発事業 ・地域介護予防活動支援事業 ・一般介護予防事業評価事業 ・地域リハビリテーション活動支援事業

介護予防ケアマネジメントとは

高齢者に対するスクリーニング、介護予防ケアプランの作成、サービス提供後の再アセスメント、事業評価などの業務。

包括的支援事業

・介護予防ケアマネジメント事業
・総合相談支援業務
・権利擁護業務
・包括的・継続的ケアマネジメント支援業務
・在宅医療・介護連携推進事業
・認知症施策総合推進事業
・生活支援サービス体制整備事業
・地域ケア会議の運営

任意事業

・介護給付費適正化事業　・家族介護支援事業　・その他の事業

地域包括支援センターの役割

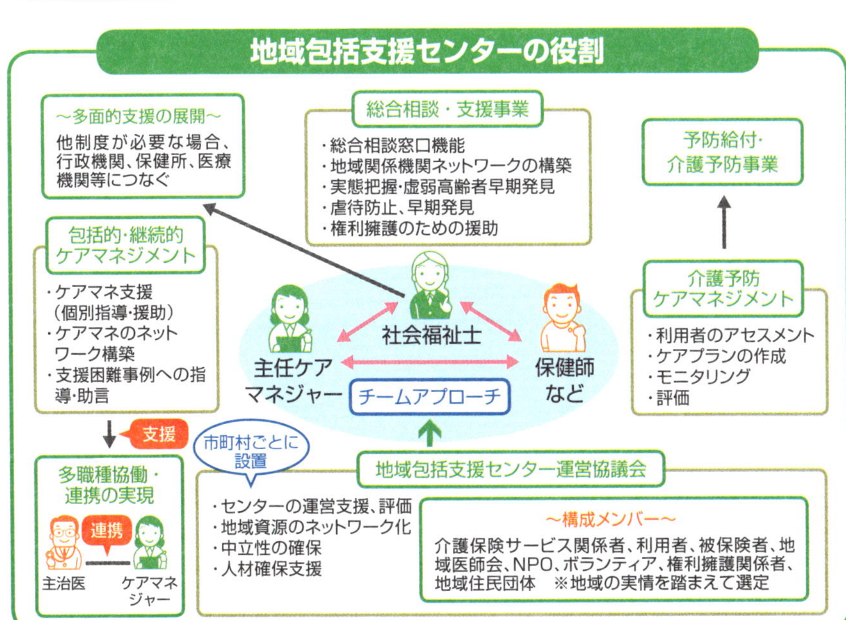

基礎編

質問8 介護保険事業はどのように運営されていますか？

介護給付や税金などが事業の財源です。

すべてのサービスで同じですか？

サービスによって財源の割合が変わってきます。

介護保険料と公費が介護保険事業の財源です。

介護事業者は様々な介護サービスを提供する対価として、保険者である市町村などからの**介護給付**と利用者からの**サービス利用料**を受け取ります。この介護給付の財源は、被保険者からの**介護保険料**と国・都道府県・市町村からの**公費**（税金など）です。

介護保険における介護給付を円滑に実施するための**介護保険事業**は、介護サービスごとの利用状況や利用予測などに基づいて、市町村ごとに運営されています。そのため、市町村ごとに設定される65歳以上の被保険者の介護保険料は、介護保険事業の財政状況によって変わってきます。その地域に居住する被保険者の数や収入などに保険料収入が左右されるため、市町村によって保険料に差が生じるのです。

財源構成は、サービスによって異なります。

介護給付の財源は介護保険料と公費ですが、その財源構成は介護サービスの種類によって異なります。

居宅サービスと地域支援事業の介護予防・日常生活支援総合事業では国が公費の25%を、都道府県と市町村が12.5%ずつを負担するのに対して、施設サービスでは、施設サービスの指定・監督権者である都道府県の負担が高くなっています。

また介護給付や介護予防給付におけるサービスでは介護保険料と公費の割合が50：50である一方、地域支援事業の包括支援事業と任意事業は、80%近くが公費によってまかなわれています。

介護保険制度のしくみ

保険者
（市町村など）
公費
国
介護
保険料
都道府県
介護給付・公費
請求
要介護認定
介護サービス
介護事業者
サービス利用料
被保険者（利用者）

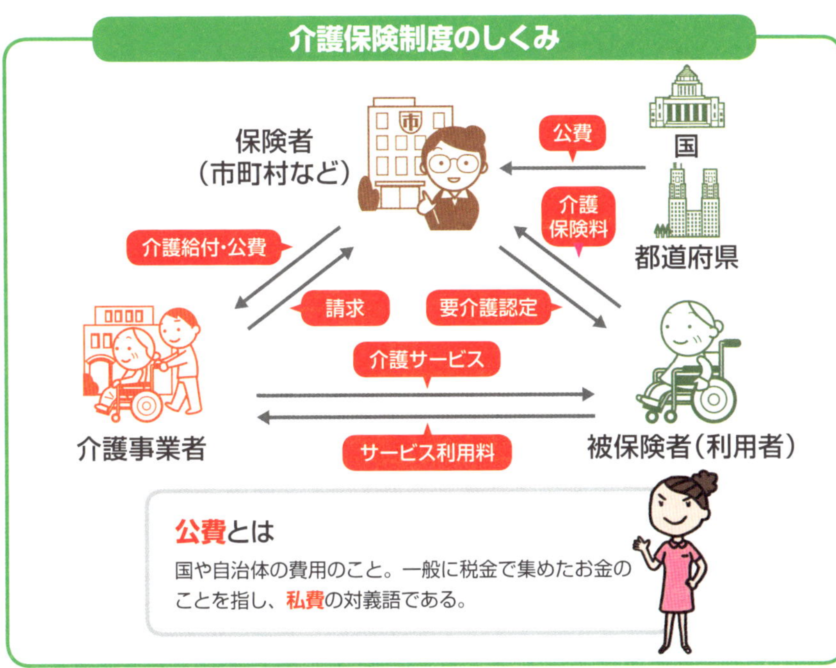

公費とは

国や自治体の費用のこと。一般に税金で集めたお金のことを指し、私費の対義語である。

介護保険事業の財源構成

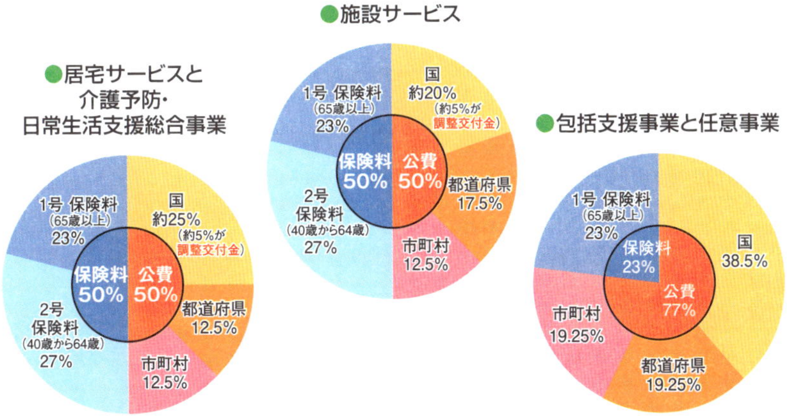

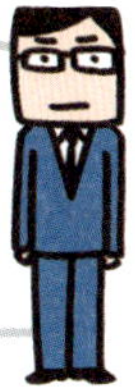

●居宅サービスと
介護予防・
日常生活支援総合事業
国
約25%
（約5%が
調整交付金）
都道府県
12.5%
市町村
12.5%
1号 保険料
（65歳以上）
23%
2号
保険料
（40歳から64歳）
27%
保険料
50%
公費
50%
●施設サービス
国
約20%
（約5%が
調整交付金）
都道府県
17.5%
市町村
12.5%
1号 保険料
（65歳以上）
23%
2号
保険料
（40歳から64歳）
27%
保険料
50%
公費
50%
●包括支援事業と任意事業
国
38.5%
都道府県
19.25%
市町村
19.25%
1号 保険料
（65歳以上）
23%
保険料
23%
公費
77%

調整交付金とは

後期高齢者加入割合と所得段階別被保険者割合の全国平均との格差によって生じる保険料基準額の格差調整のために交付される交付金。

基礎編

質問9 介護サービスの利用者数は増えていますか？

2000年と比較して、要介護・支援認定者の数は倍以上です。

ということは、つまり？

居宅サービスの利用件数も、開始当初から倍以上になっています。

は、介護保険事業状況報告で利用者数を把握しています。

国は、介護保険事業を適切に運営するため、保険者からの報告数値を全国集計した**介護保険事業状況報告**によって、要介護・支援者の数や介護サービスの利用状況などを把握しています。

2015年度の介護保険事業状況報告によれば、要介護者または要支援者と認定された人の数は600万人を超えています。

最も増加しているのは要介護1と要支援1、2の認定者であり（開始当初から3倍弱）、要介護5も2000年度と比較して2倍弱に増えています。特に75歳以上は全体の2割強が要介護認定を受けています。

付金ベースで多いのは、施設、訪問、通所サービスです。

介護給付費等実態調査では、**受給者1人あたりの費用額**、介護給付費ベースでの介護サービス利用状況などを発表しています。

各年4月審査分の受給者1人あたり費用額は、2002年の約16万8千円をピークに、2006年には約14万5千円まで急減した後、増加に転じ、2017年には約19万1千円となっています。

介護給付費ベースで利用が多いのは、介護給付におけるサービスで施設サービスと通所サービス、介護予防給付におけるサービスで通所サービスです。

そのため、厚生労働省は、これらのサービスの給付を抑える施策を立てています。

要介護度別の要介護者数の推移

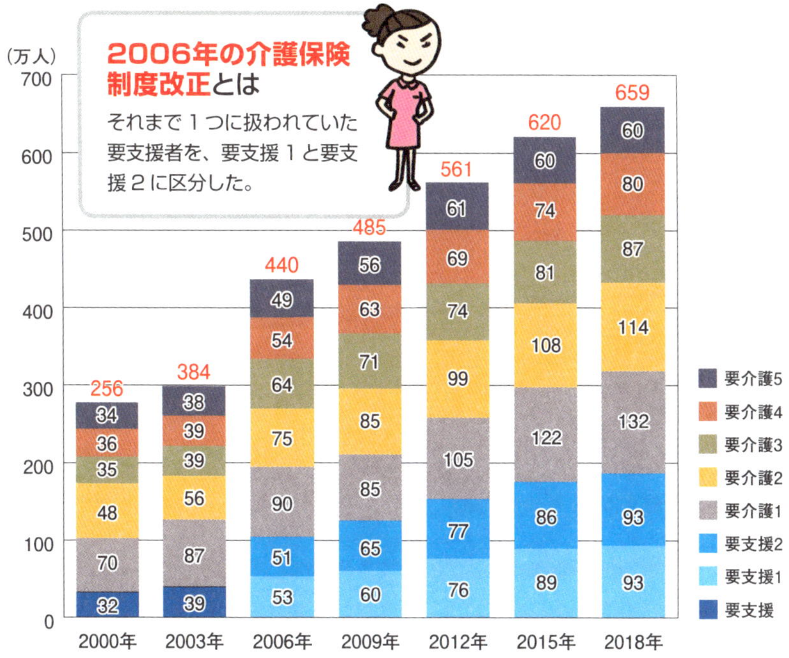

2006年の介護保険制度改正とは
それまで１つに扱われていた要支援者を、要支援１と要支援２に区分した。
（万人）
700
600
500
400
300
200
100
0
2000年
2003年
2006年
2009年
2012年
2015年
2018年
256
384
440
485
561
620
659
34 36 35 48 70 32
38 39 39 56 87 39
49 54 64 75 90 51 53
56 63 71 85 85 65 60
61 69 74 99 105 77 76
60 74 81 108 122 86 89
60 80 87 114 132 93 93
要介護5
要介護4
要介護3
要介護2
要介護1
要支援2
要支援1
要支援

出典:「介護保険事業状況報告」(厚生労働省)

介護サービスの利用状況

●介護給付
約8.8兆円
① 14%
② 17%
③ 5%
④ 3%
⑤ 5%
⑥ 5%
⑦ 17%
⑧ 34%
●介護予防給付
約2千3百億円
① 16%
② 28%
③ 2%
④ 22%
⑤ 12%
⑥ 15%
⑦ 5%
⑧ 0%
①訪問サービス
②通所サービス
③短期入所サービス
④福祉用具・住宅改修サービス
⑤特定施設入居者生活介護
⑥居宅介護支援
⑦地域密着型サービス
⑧施設サービス

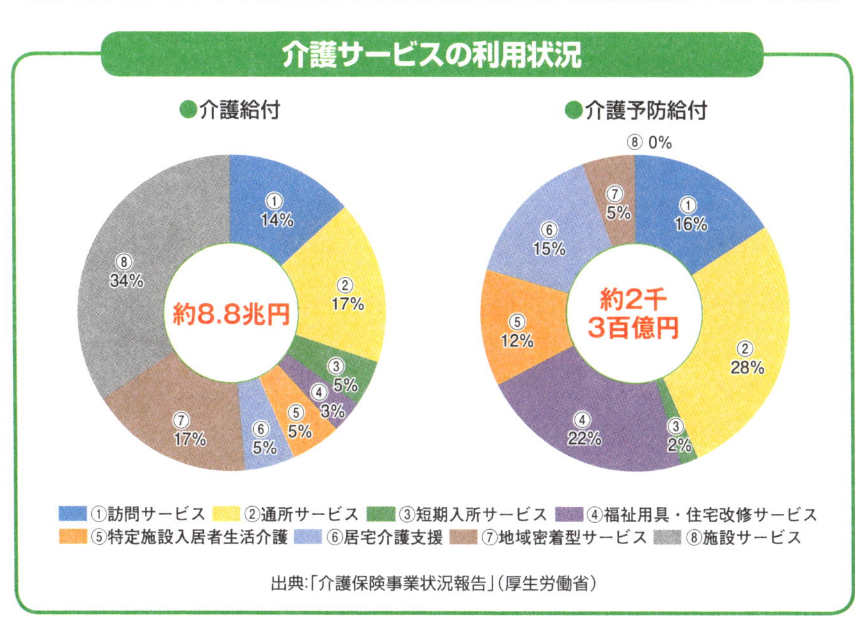

出典:「介護保険事業状況報告」(厚生労働省)

基礎編

質問10 介護保険事業の財政状況はどうなっていますか？

ぶっちゃけ、結構、厳しいのです。

破綻しそうってことですか？

このままいくと、その可能性もありますね。

介護給付は制度開始以来、基本的に増え続けています。

介護保険事業状況報告によれば、1人あたり費用額と要介護・支援者数の増加にともなって介護給付の費用は制度開始以来、基本的に増え続けています。

2019年度には、介護保険事業の総費用が11.7兆円と、その額は開始当初の2000年と比較して3倍弱となっています。

市町村や都道府県は介護保険制度を維持するため、3年に1度、**介護保険事業計画**を策定し、介護保険料の見直しを行っています。そのため、2015−2017年度の時点で、保険料の最も高い市町村と最も低い市町村との間には3倍以上の差がついているのです。

社会保障費の増加は、財政収支悪化の最大要因です。

増え続ける介護保険事業の費用は、介護給付の50%以上を負担する国や自治体にとっても大きな負担になっています。

介護、医療、年金などの社会保障費は2025年には141兆円に達するとの試算もあり、日本の財政収支悪化の最大要因となっています。高齢化によってGDPの伸びが鈍化するなかで、このまま増え続ければ、日本の財政が破綻する可能性もあります。

そのため国は、介護予防事業やリハビリテーションに力を入れることにより、介護給付の伸びを抑えようとしているのです。

給付費用総額の推移

12
10
8
6
4
2
0
3.6
4.6
5.2
5.7
6.2
6.4
6.4
6.7
6.9
7.4
7.8
8.2
8.9
9.4
10.0
10.1
10.4
10.8
11.1
11.7
2000年
2001年
2002年
2003年
2004年
2005年
2006年
2007年
2008年
2009年
2010年
2011年
2012年
2013年
2014年
2015年
2016年
2017年
2018年
2019年

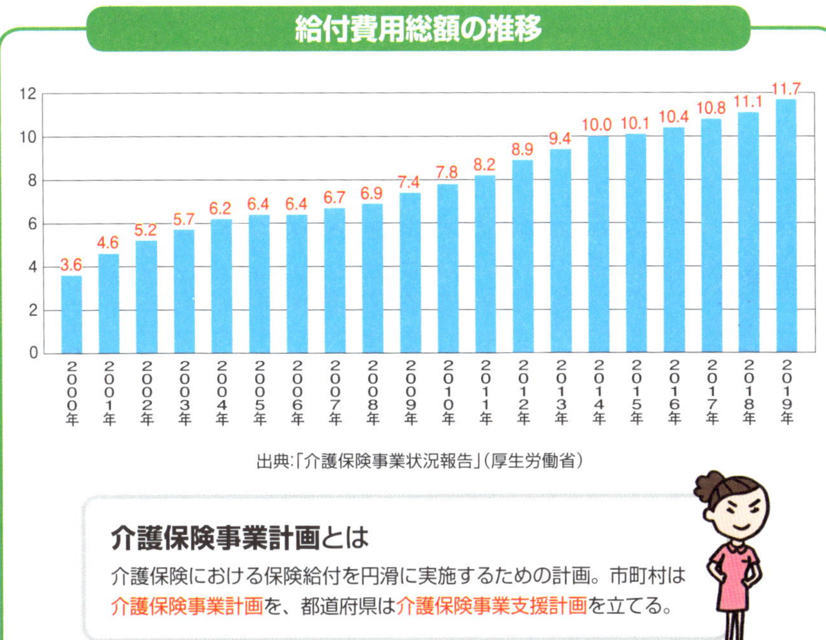

出典:「介護保険事業状況報告」(厚生労働省)

介護保険事業計画とは

介護保険における保険給付を円滑に実施するための計画。市町村は介護保険事業計画を、都道府県は介護保険事業支援計画を立てる。

社会保障給付の見通し

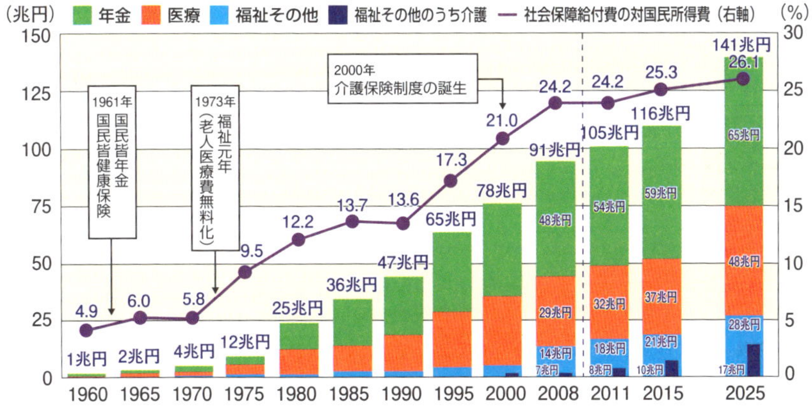

(兆円)
年金
医療
福祉その他
福祉その他のうち介護
社会保障給付費の対国民所得費(右軸)
(%)
150
125
100
75
50
25
0
30
25
20
15
10
5
0
1961年 国民皆年金 国民皆健康保険
1973年 福祉元年 (老人医療費無料化)
2000年 介護保険制度の誕生
4.9
6.0
5.8
9.5
12.2
13.7
13.6
17.3
21.0
24.2
24.2
25.3
26.1
1兆円
2兆円
4兆円
12兆円
25兆円
36兆円
47兆円
65兆円
78兆円
91兆円
105兆円
116兆円
141兆円
48兆円
29兆円
14兆円
7兆円
54兆円
32兆円
18兆円
8兆円
59兆円
37兆円
21兆円
10兆円
65兆円
48兆円
28兆円
17兆円
1960
1965
1970
1975
1980
1985
1990
1995
2000
2008
2011
2015
2025

出典:「財務省資料より一部改変」

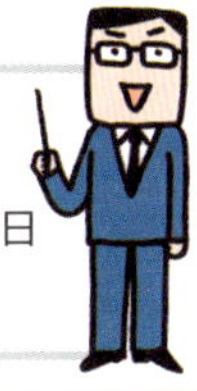

社会保障費とは

社会保障制度の実現などに必要な費用。欧州諸国と比較すると、日本の社会保障費は規模がそれほど大きくないと言われる。

2章では、何を学ぶのですか?

まずは、介護保険の保険者と被保険者の関係を整理しましょう。

それって、何か、意味があるのですか?

介護保険制度における重要なプレイヤーの役割が理解できます。

なるほど、で、その次は何を?

要介護認定のしくみと要介護度について理解します。

要介護度によって、受けられるサービスが決まるんですよね。

同時に、受けられるサービスの量も決まるのです。

介護が必要な程度などに応じて、サービス計画を決めるんですよね。

それが、ケアプラン。同時に、利用者が負担する額も決まるんだ。

なるほど、「ご利用は計画的に」というわけですね。

2章で学ぶこと

- 介護保険における保険者、被保険者とは誰か?
- 要介護度とケアプランはどのように決められているか?
- 介護報酬や利用者負担はどのように決められているか?

基礎編

[2章] 介護保険のしくみ

基礎編

質問 11

介護保険制度における被保険者とは誰ですか？

40歳以上の人は、ほぼ全員、被保険者だよ。

じゃあ、私も40歳になったら保険料を払うことになるんですか？

医療保険料と一緒に払うから、気付いてない人も多いけどね。

被保険者は、年齢によって第1号と第2号に分けられます。

介護保険制度における**被保険者**とは、保険者である市町村の区域内に住所がある40歳以上の住民です。介護保険は国が加入を義務付けている制度であり、対象者は全員、強制的に介護保険に加入させられ、介護保険料を支払わなくてはなりません。被保険者は、65歳以上の全員である**第1号被保険者**と、40歳以上65歳未満の医療保険加入者である**第2号被保険者**に分けられます。第1号被保険者は**要介護認定**を受けることで、第2号被保険者は**老化に起因する特定疾病**による要介護認定を受けることで、介護サービスを利用できるようになります。現在、要介護認定者の8割以上が75歳以上の第1号被保険者です。

介護保険料は、市町村または医療保険者が徴収します。

介護保険料の支払い方法は、第1号被保険者と第2号被保険者で異なります。第1号被保険者の場合、**本人または世帯員の所得**に応じて市町村ごとに設定された介護保険料を市町村が徴収します。一方、第2号被保険者については、**第2号被保険者数の総報酬に応じて決まる保険料額**を健保組合や国民健康保険組合などの**医療保険者**が医療保険料と一緒に**介護納付金**として徴収します。

なお、40歳から64歳までの日本国内に住所がない海外居住者、在留期間3か月以下の外国人、**介護保険適用除外施設**に入所している人は、**介護保険適用除外**の届けを出せば、医療保険料に含まれる介護分を納付する必要がなくなります。

介護保険の被保険者

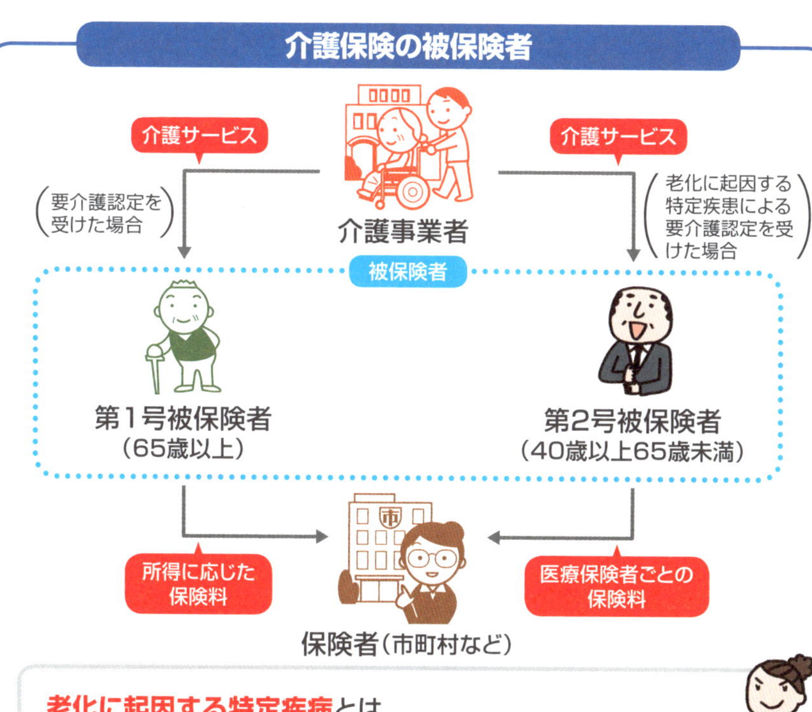

老化に起因する特定疾病とは

①がん（末期）、②関節リウマチ、③筋萎縮性側索硬化症、④後縦靱帯骨化症、⑤骨折を伴う骨粗鬆症、⑥初老期における認知症、⑦進行性核上性麻痺、大脳皮質基底核変性症およびパーキンソン病、⑧脊髄小脳変性症、⑨脊柱管狭窄症、⑩早老症、⑪多系統萎縮症、⑫糖尿病性神経障害、糖尿病性腎症および糖尿病性網膜症、⑬脳血管疾患、⑭閉塞性動脈硬化症、⑮慢性閉塞性肺疾患、⑯両側の膝関節または股関節に著しい変形を伴う変形性関節症のこと。

要介護認定の認定者数

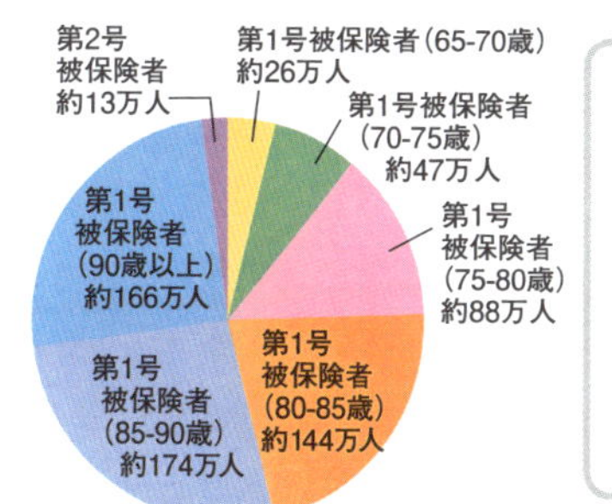

出典:「介護保険事業状況報告」(厚生労働省)

介護保険適用除外施設とは

①身体障害者療護施設、②重症心身障害児施設、③指定国立療養所などの重症心身障害児（者）病棟、④国立重度知的障害者総合施設のぞみの園の規定による福祉施設、⑤ハンセン病療養所、⑥救護施設、⑦労働者災害介護施設などのこと。

基礎編

質問 12

介護保険制度における保険者とは誰ですか？

市役所が保険者の役割を担っているんだ。

じゃあ、事業者からの給付請求も市役所が処理しているんですか？

いや、その役割は国保連合会に委託しているよ。

市町村や特別区、広域連合などが、介護保険の保険者です。

介護保険制度における**保険者**とは、通常、被保険者である住民が居住する区域の**市町村**および**特別区**です。ただし、市町村が集まった**広域連合**が保険者になることもあります。介護保険事業の運営主体である保険者は、**被保険者台帳**の作成などにより被保険者を管理し、保険料を徴収しています。

保険者は、65歳になると被保険者に**被保険者証**を交付します。また被保険者からの申請を受けて**要介護認定**を行い、被保険者の資格（要介護・支援度など）と要介護認定の有効期間を管理します。これにより、被保険者が介護保険サービスを受けられるのです。

保険料を設定し、介護保険事業の会計業務を担います。

保険者は、介護サービスの利用状況や利用予測などに基いて、**介護保険事業計画**を策定し、保険料を設定しています。市町村独自のサービスを整備し、その利用料を設定することもあります。

介護保険事業は、介護保険料のほか、国や都道府県、市町村の公費（税金）などによって運営されているので、それらの会計業務も保険者の役割です。ただし、介護事業者からの**介護給付費などの請求**に対する給付業務は**国民健康保険団体連合会**（**国保連合会**）に委託しています。また、住宅改修・福祉用具サービス利用にあたっての償還払い手続きの処理、地域支援事業などの計画・実施なども保険者が担っています。

介護保険の保険者

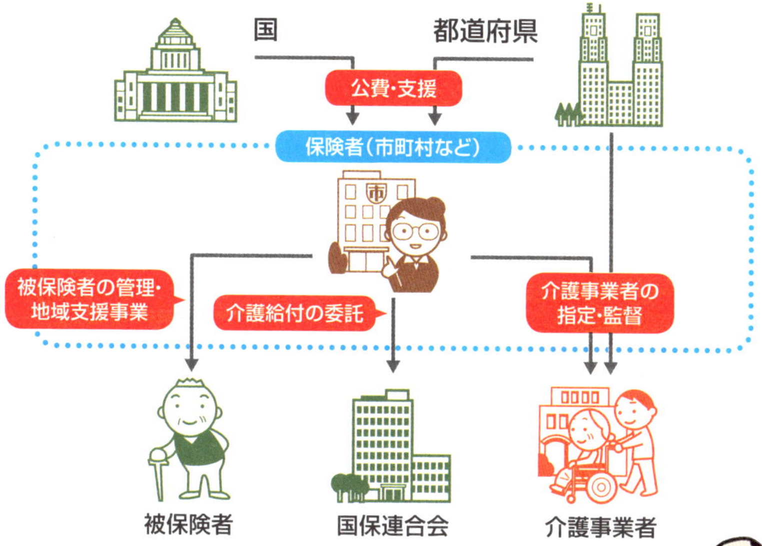

国
都道府県
公費・支援
保険者（市町村など）
被保険者の管理・地域支援事業
介護給付の委託
介護事業者の指定・監督
被保険者
国保連合会
介護事業者

国民健康保険団体連合会（国保連合会）とは

診療報酬の審査支払などの国保事業を適正かつ円滑に行うために、市町村や国民健康保険組合などが都道府県ごとに設立した公法人。

被保険者と介護給付の管理

被保険者の管理

- 被保険者台帳の作成
  ↓
- 保険料の徴収・管理

- 要介護認定
  ↓
- 被保険者証の発行・更新

介護給付の管理

- 介護保険事業計画の策定
  ↓
- 保険料の設定

- 介護保険事業の会計
  ↓
- 介護給付費の給付

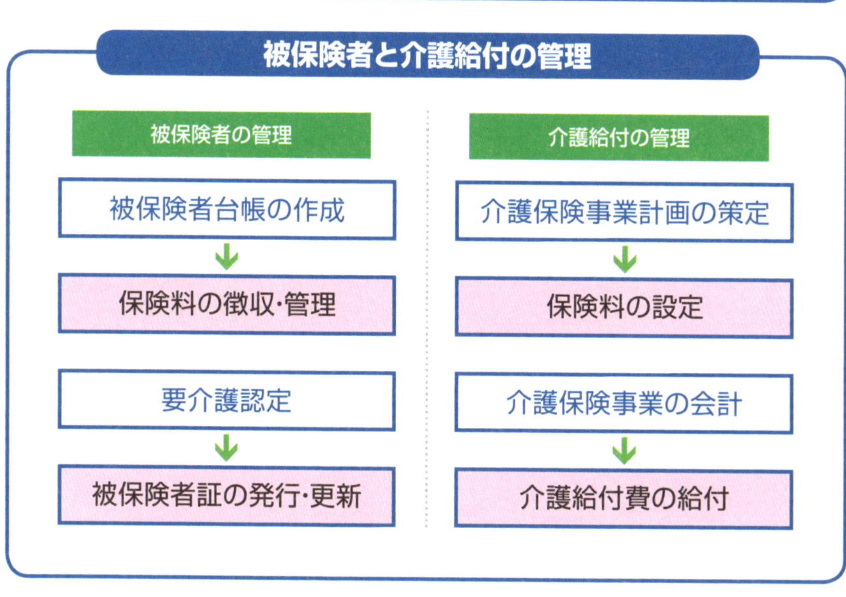

基礎編

質問 13 介護保険制度における介護事業者とは誰ですか？

実は、介護事業者には色々な種類があるんだ。

そう言えば、ABC 市もグループホームを運営してましたよね。

最近、自治体が運営する施設は少なくなったよ。

都道府県や市町村の指定を受けた事業者・団体です。

指定介護サービス事業者とは、都道府県や市町村に介護保険法に基づく指定を受けた事業者・団体です。どちらの指定を受けるかは、提供する介護サービスによって変わります（→基礎編　質問 4）。指定を受けるには、指定申請を行い、指定前研修を受けた上で、審査を受ける必要があります。審査では、**提供する介護サービスごとの人員・設備・運営基準**などについてのチェックを受けます（→サービス編　質問 5）。

介護事業者は、指定を受けることで介護報酬の９割から７割を保険者（国保連合会）から受け取れるようになります。なお、指定介護サービス事業者以外に、市町村が**一定水準を満たすと認めたサービス**を提供する事業者も存在します。

提供するサービスは運営主体によって変わってきます。

現在、指定介護サービス事業者の運営主体は、社会福祉法人、医療法人、自治体、NPO、民間事業者など様々で、運営事業者によって主に提供しているサービスも異なります。

介護保険制度誕生前から介護サービスを提供している社会福祉法人は短期入所施設や介護老人福祉施設など、医療管理下での介護を提供する医療法人は介護老人保健施設や介護療養型医療施設、訪問看護ステーションなどを運営しています。また、民間事業者は主に医学管理を必要としない介護サービスを提供し、NPO は地域密着型サービスや小規模な訪問・通所サービスなどを提供しています。

指定介護サービス事業者

指定介護サービス事業者

社会福祉法人

医療法人

自治体・NPO

民間事業者

被保険者

指定介護サービス事業者の指定更新とは

指定介護保険事業者の指定を受けた事業者が、6 年に一度、更新申請と更新申請書類の審査を受ける制度。2006 年の制度改正で導入された。

介護サービス事業者ごとの運営事業所

社会福祉法人が主に運営

訪問施設　短期入所施設　通所施設

介護老人福祉施設

医療法人が主に運営

訪問施設　短期入所施設

医療施設

介護老人保健施設・介護療養型医療施設

自治体やNPOが主に運営

訪問施設

通所施設

地域包括センター

特定施設

民間事業者が主に運営

訪問施設

通所施設

短期入所施設

特定施設

福祉用具事業所

住宅改修事業所

介護療養病床とは

介護保険が適用される療養病床のこと。重度の要介護者を受け入れて長期の介護・ケアを提供する。主に医療法人によって運営される。

基礎編

質問 14

要介護認定は何のためにやるのですか？

必要な程度に応じて介護サービスを提供するためよ。

でも、身体の状態や置かれた状況は様々ですよね。

だから、総合的に判断できるように２段階で判定しているわ。

被保険者の介護が必要な程度を把握するためです。

要介護認定とは、「被保険者にどの程度の介護が必要か」を保険者が把握するために行われる作業です。

被保険者は、介護保険のサービスを利用するにあたって必ず要介護認定を受けなくてはなりません。これは、介護が必要な程度に応じてサービスを提供するため、そして限りある介護保険料や公費を最大限有効活用するためです。

介護保険（**１割から３割の利用者負担**）で利用できるサービスの種類や量は要介護度に応じて決められています。また、要介護度は利用者の一時的な状態なので、要介護認定には**有効期間**が設けられています（2021 年度に一部改正）。

要介護認定は、2段階の判定により行われます。

要介護認定では通常、まずは本人や家族などが申請書類に記入して被保険者証とともに市町村に提出します（**①申請**）。

申請を受けた役所の担当者は利用者宅を訪問し、聞き取り調査を実施し（**②認定調査**）、その結果を**調査票**と**特記事項**にまとめます。調査票を全国共通の判定ソフトで処理することで得られるのが**③一次判定**です。**介護認定審査会**は、一次判定の結果、特記事項、主治医からの**意見書**に基いて**④審査**を行い、介護の必要性と程度を判定します（**⑤二次判定**）。

その判定に基づいて、市町村が要介護・支援度を認定するのです（**⑥要介護認定**）。

要介護認定の流れ

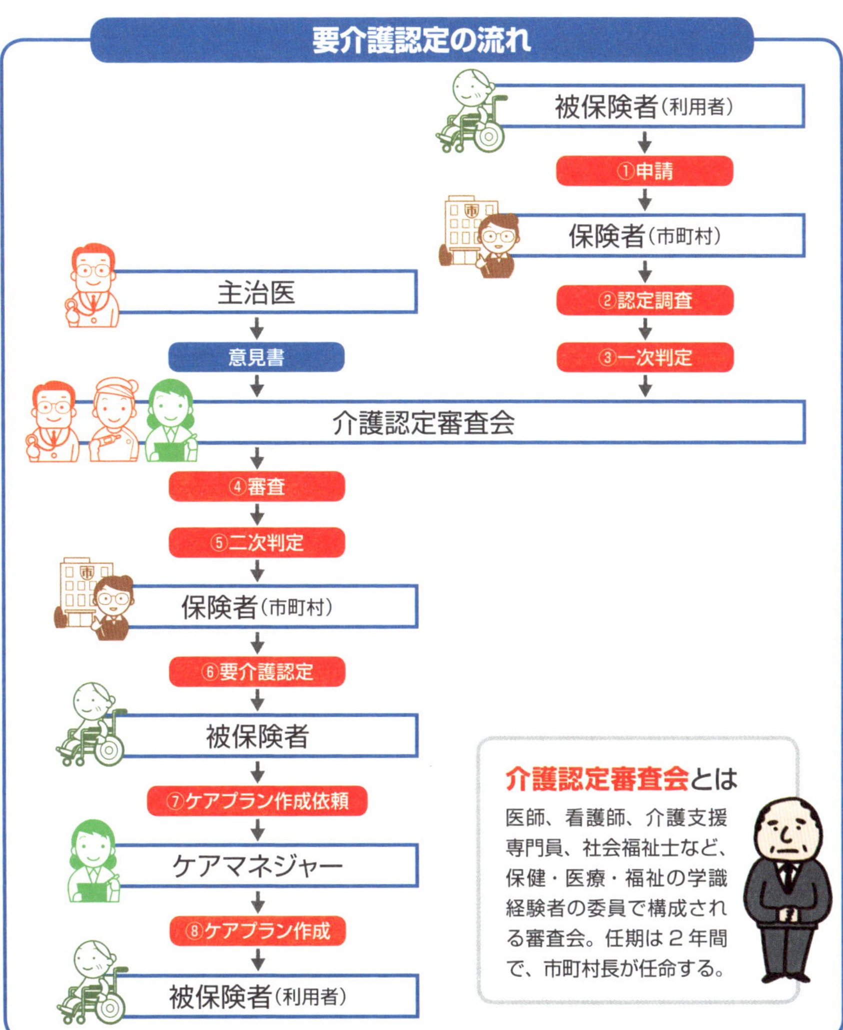

介護認定審査会とは

医師、看護師、介護支援専門員、社会福祉士など、保健・医療・福祉の学識経験者の委員で構成される審査会。任期は２年間で、市町村長が任命する。

要介護認定の有効期間

種類		原則の有効期間	設定可能な有効期間
新規申請		6ヶ月	3－12ヶ月
区分変更申請		6ヶ月	3－12ヶ月
更新申請	前回要支援→今回要支援	12ヶ月	3－48ヶ月
	前回要介護→今回要介護	12ヶ月	3－48ヶ月
	前回要支援→今回要介護	12ヶ月	3－48ヶ月
	前回要介護→今回要支援	12ヶ月	3－48ヶ月

*赤字は、21年度に改正

基礎編

質問15 要介護度の基準はどのように決められていますか？

一次判定には、基本的に調査票が使われるの。

じゃあ、二次は？

主治医意見書や特記事項を考慮するのよ。

次判定には、基本的に調査票が使われます。

要介護認定の**一次判定**では、「施設に入所している高齢者がどのような介護をどの程度必要か」というサンプルデータに基づいて**直接生活介助**、**間接生活介助**、**問題行動関連介助**（認知症）、**機能訓練関連行為**、**医療関連行為**に必要な**要介護認定等基準時間**を算出します。この要介護認定等基準時間と**認知症加算**の合計で、高齢者を要支援１から要介護５までの７段階に分類することによって、要介護度は判定されます。

一次判定の判定には基本的に**調査票**が使われます。ただし、認知機能や運動機能の低下していない認知症高齢者については、**主治医意見書**も考慮の上で、判定されます。

次判定では、主治医意見書や特記事項を考慮します。

二次認定の審査では、主治医意見書や**認定調査の特記事項**に基づいて介護認定審査会が「介護の手間」を議論し、新たな情報がある場合には、ときに一次判定の結果を変更します。また要支援認定では、介護の手間に加えて、**状態の維持・改善可能性**も判断基準になります。特に要支援２か要支援１かの判断では「日常生活に支障をきたす認知症の有無」「病気・怪我による心身状態の不安定性」などが考慮されます。

要介護認定の結果と高齢者の身体の状況とは、必ずしもすべて一致するわけではありません。また要介護認定等基準時間とは「ものさし」であり、実際のサービス時間ではないので、注意が必要です。

要介護度の判定

要介護度	要介護認定等基準時間
要支援１	要介護等基準認定時間が１日25分以上32分未満
要支援２	要介護等基準認定時間が１日32分以上50分未満
要介護１	要介護等基準認定時間が１日32分以上50分未満
要介護２	要介護等基準認定時間が１日50分以上70分未満
要介護３	要介護等基準認定時間が１日70分以上90分未満
要介護４	要介護等基準認定時間が１日90分以上110分未満
要介護５	要介護等基準認定時間が１日110分以上

↓

要介護度	基準
２次予防事業対象者	放っておくと**要介護・支援状態になる可能性の高い**状態
要支援１	日常生活に支障はないが要介護状態とならないように**一部支援が必要**な状態
要支援２	歩行などに不安が見られ、排泄・入浴などに**一部介助が必要で身体機能に改善の可能性がある**状態
要介護１	立ち上がりが不安定でつえ歩行の場合があり**排泄・入浴などに一部介助**を要する状態
要介護２	立ち上がりなどが自力では困難で排泄・入浴などに部分的介助ないし全介助が必要な状態
要介護３	立ち上がり・起き上がりなどが自力でできずに排泄・入浴・衣服の脱着など**日常生活全般に部分的介助ないし全介助**が必要な状態
要介護４	寝たきりに近く排泄・入浴・衣服脱着など日常生活全般に**全介助が必要**な状態
要介護５	日常生活全般に全介助が必要で**意思伝達も困難**な状態

要介護認定等基準時間とは

直接生活介助、間接生活介助、問題行動関連介助、機能訓練関連行為、医療関連行為の５分野について計算される介護に必要な時間。

問題行動関連介助とは

徘徊、不潔行動などの行為に対する探索、後始末などの対応行為のこと。主に認知症患者の介護に際して必要となる。

基礎編

質問16 ケアプランは何のために作成されるのですか？

ニーズに応じたサービスを提供するためね。

具体的には、どうするんですか？

ケアマネが、課題を分析して、事業者と調整するの。

1章 2章 3章 4章 5章 6章 7章

ニーズに応じたサービスを提供するためです。

要介護認定を受けた被保険者は、**非該当**（自立）、**要支援**、**要介護**のいずれかの判定を受けます。そして要介護や要支援と認定された利用者は、どのような介護サービスをどのくらい受けるかを決めることになります。その際に作成されるのが、**介護サービス計画書**、通称**ケアプラン**です。

ケアプランは通常、要介護者であれば居宅介護支援事務所、要支援者であれば地域包括支援センターのケアマネジャーが作成します。ケアマネジャーは、利用者の課題を分析して**ケアプラン原案**を作成し、介護事業所の担当者などと**サービス担当者会議**を開催して検討した上で、最終的なケアプランを作成し、被保険者に交付します。

ケアプランは第1-3表などで構成されます。

要介護者向けのケアプランとしては、通常、居宅サービス計画書である**第１表**と**第２表**、週間サービス計画表である**第３表**などが作成されます。

第１表には、本人の名前や住所や要介護度、作成日や認定日といった基本データのほか、**利用者や家族の生活に対する意向**、**現在の身体・心の状態**、**総合的な方針**など、第２表には、「１人でトイレに行きたい」などといった**課題**と**短期・長期の目標**、それを実現するための**介護サービスの内容と種類**が期間や頻度とともに記述されます。そして第３表は、サービス内容と介護サービスの種類を**週間スケジュール**の形で示した行動プランとなっています。

ケアプラン第 1-3 表

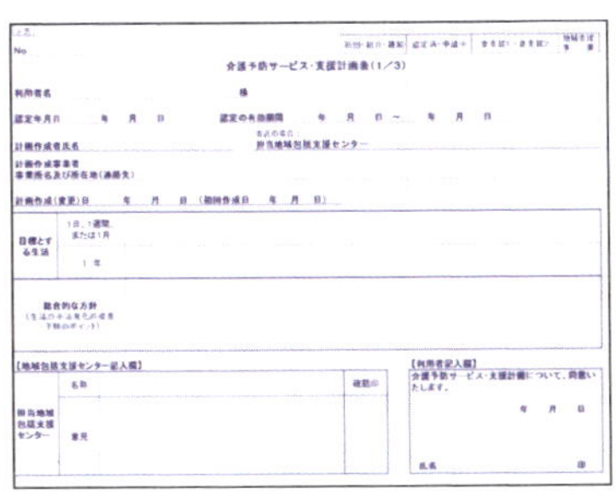

No

介護予防サービス・支援計画表（1／3）

利用者名　　様

認定年月日　年　月　日　　認定の有効期間　年　月　日～　年　月　日

計画作成者氏名　　担当地域包括支援センター

計画作成事業者
事業所名及び所在地（連絡先）

計画作成（変更）日　年　月　日（初回作成日　年　月　日）

目標とする生活	1日、1週間、または1月
	1年

総合的な方針

【地域包括支援センター記入欄】

担当地域包括支援センター	名称	確認印
	意見	

【利用者記入欄】
介護予防サービス・支援計画について、同意いたします。
年　月　日
氏名　印

No

介護予防サービス・支援計画表（2／3）

利用者名　　様　　計画作成（変更）日　年　月　日

現在の状況	本人・家族の意欲・意向	有無	総合的課題	課題に対する目標と具体策の提案	具体策についての本人・家族の意向
運動・移動について		□有　□無			
日常生活（家庭生活）について		□有　□無			
社会参加、対人関係・コミュニケーションについて		□有　□無			
健康管理について		□有　□無			
その他の事項について		□有　□無			

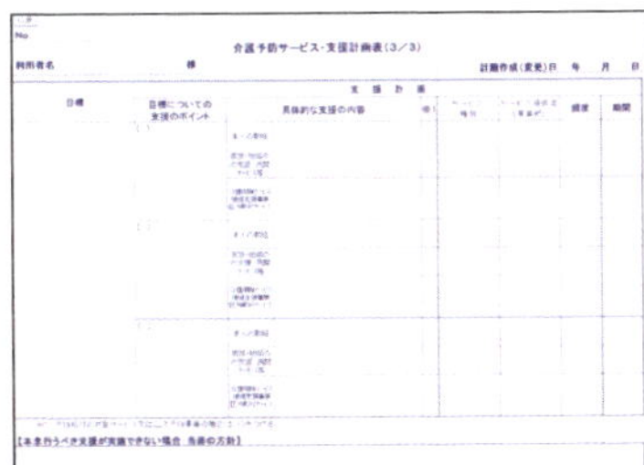

No

介護予防サービス・支援計画表（3／3）

利用者名　　様　　計画作成（変更）日　年　月　日

支援計画

目標	目標についての支援のポイント	具体的な支援の内容				頻度	期間

【本来行うべき支援が実施できない場合　当面の方針】

ケアプラン第1表
には

利用者や家族の意向と現在の心身状況、それに対する総合的な援助の方針などがまとめられる。

ケアプラン第2表
には

個々の具体的な課題とそれに対する短期・長期の目標、それを実現するための介護サービスの内容と種類が記述される。

ケアプラン第3表
には

第２表で記述した介護サービスの内容と種類が週間スケジュール表の形で表現される。

ケアプラン作成とその後の流れ

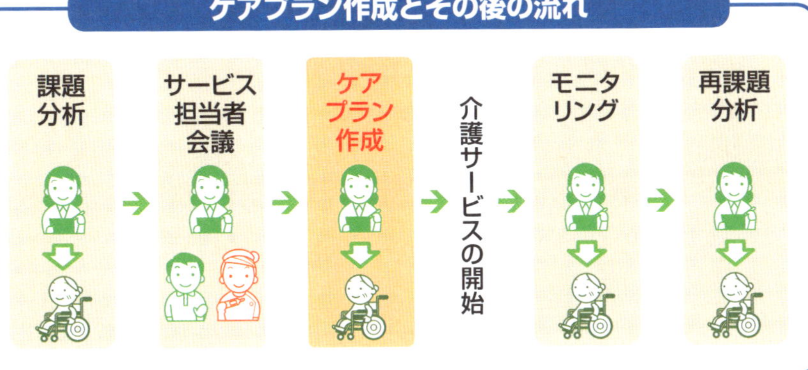

基礎編

質問17

介護報酬はどのように決められていますか？

国が、サービスごとに決めています。

でも、何とか加算とか、ありましたよね？

そう、提供体制や利用者の状況などによって加算・減算されるのです。

介護報酬は国がサービスごとに決めています。

介護報酬とは、介護保険が適用される介護サービスごとに決められた、基本的なサービス利用料金です。

介護事業者は、介護報酬の１割から３割（**サービス利用料**）を利用者から受け取り、９割から７割（**介護給付**）を保険者から受け取ります。

介護報酬は、事業所のサービス提供体制や利用者の状況などに応じて加算・減算されます。また、訪問介護であれば**「身体介護」と「生活援助」は時間単位**、**「通院等乗降介助」は回数単位**というように、報酬が設定されている単位もサービスによって異なります。

介護報酬は、単位に地域別単価を乗じて算出されます。

住宅改修と福祉用具購入以外の介護サービスの介護報酬は、金額ではなく単位で設定されています。

介護報酬の単位は、**１単位＝10円**を基本とした**地域・人件費割合別単価**です。地域は**１級地～７級地とその他**の８つに区分され、地価や賃金の高い都心などでは高く設定されています（たとえば、１級地（東京23区）で人件費割合70%のサービスは１単位＝11.40円）。

介護事業者は、サービス実績に応じて介護報酬の７割から９割を各都道府県の**国民健康保険団体連合会**（**国保連**）に請求することになります。

訪問サービスの給付単位（例）

介護サービスの種類	時間・回数単位	時間帯	加算・減算要件	サービス内容略称	国が定めた給付単位
身体介護	20 分未満	日中	特になし	身体介護 1	167
身体介護	20 分以上 30 分未満	日中	特になし	身体介護 2	250
身体介護	30 分以上 1 時間未満	日中	特になし	身体介護 3	396
身体介護	1 時間以上 1 時間 30 分未満	日中	特になし	身体介護 4	579+{84×(30分ごとに1単位)}
通院等乗降介助	1 回	日中	特になし	通院等乗降介助・Ⅲ	99
初回加算					**200**（1月）
生活機能向上連携加算（Ⅰ）					**100**（1月）

サービス内容略称とは

介護給付費単位数表の算定項目に対応した省略名称で、最大 16 文字。算定項目を複数合成しているものは「・」の区切りを付ける。

介護報酬の計算式（例）と地域・人件費割合別単価

介護報酬 ＝（**介護報酬の点数** ＋ **サービス・体制・設備などによる加算・減算点数**）× **地域・人件費割合別の単価** × **利用回数**

●地域・人件費割合別単価

		1 等地	2 等地	3 等地	4 等地	5 等地	6 等地	7 等地	その他
上乗せ割合		20%	16%	15%	12%	10%	6%	3%	0%
人件費割合	70%	11.40円	11.12円	11.05円	10.84円	10.70円	10.42円	10.21円	10円
	55%	11.10円	10.88円	10.83円	10.66円	10.55円	10.33円	10.17円	10円
	45%	10.90円	10.72円	10.68円	10.54円	10.45円	10.27円	10.14円	10円

基礎編

質問 18

利用者の費用負担はどうなっていますか？

利用者が原則、１割から３割負担します。

負担額の違いは何ですか？

簡単に言えば、所得の違いです。

利用者は原則、介護報酬の1割から3割を負担します。

介護サービスの利用者は原則、所得に応じて介護報酬の１割から３割を**サービス利用料**として負担します。

ただし、この原則には例外があります。ケアプラン作成の**居宅介護支援**と**介護予防支援**は介護報酬の全額を保険者が負担します。また、通所・短期入所・施設サービスや特定施設における食費、滞在費、家賃・管理費、教養娯楽費、交通費などは全額、利用者が負担することになります。

なお、自治体や社会福祉法人によっては、所得が低く、生計を立てるのが困難な人に対して、サービス利用料や食費の一部を助成しています。

費用負担には現物支給と償還払いがあります。

利用者の費用負担の方式には、２通りの方法があります。

訪問や通所などケアプランに記載されたサービスについては、通常、利用者が利用料の１割から３割を支払い、残りは介護事業者が国保連に請求します。これは、**現物支給方式**と呼ばれます。一方、住宅改修や福祉用具貸与などのサービスでは、利用者がいったん費用の全額を支払い、その後保険者に**支給申請書**を提出することで、費用の９割から７割を受け取る**償還払い方式**が一般的です。

なお、利用者本人あるいはその家族がケアプランを作成した場合にも（事前申請が必要）、現物支給方式で介護給付が支払われます。

利用者の費用負担

利用者の費用負担 ＝ 原則１割から３割

介護サービスと関連サービス	利用者の負担額
居宅介護支援、介護予防支援	費用の**負担なし**（保険者が全額負担）
居宅サービス、介護予防サービス、介護予防支援、地域密着型サービス、施設サービス（ただし、自治体によっては利用者負担額軽減制度あり）	費用の**１割～３割**（保険者が９割～７割負担）
食費、滞在費、家賃・管理費、教養娯楽費、特別室の費用、サービス利用時の交通費など	費用の**全額**（ただし、利用者負担額軽減制度あり）

利用者負担軽減制度とは

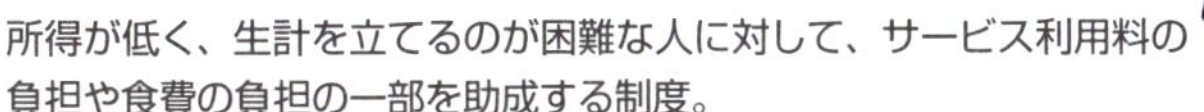
所得が低く、生計を立てるのが困難な人に対して、サービス利用料の負担や食費の負担の一部を助成する制度。

費用負担の方法

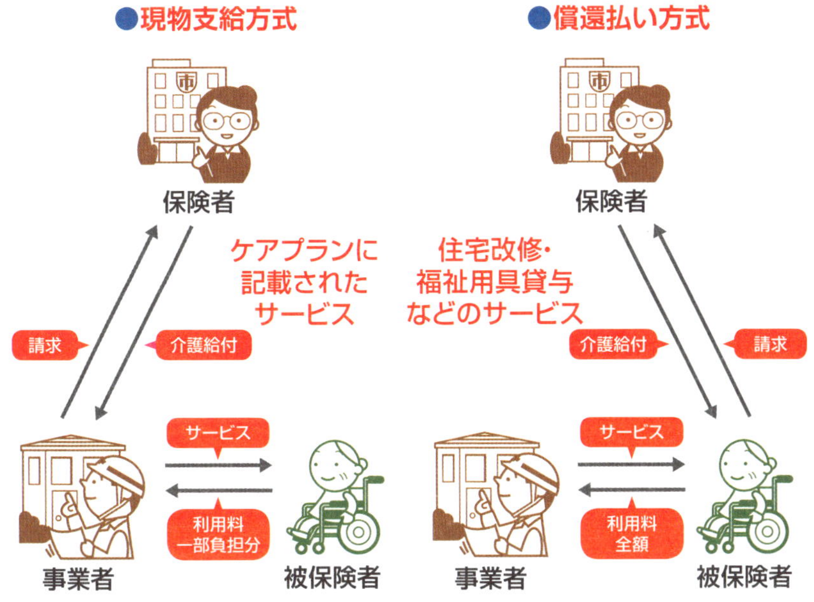

●**現物支給方式**

保険者

請求

介護給付

ケアプランに記載されたサービス

事業者

サービス

利用料 一部負担分

被保険者

●**償還払い方式**

保険者

住宅改修・福祉用具貸与などのサービス

介護給付

請求

事業者

サービス

利用料 全額

被保険者

基礎編

質問19

介護給付の支給限度基準額とは何ですか？

簡単に言うと、1割から3割の自己負担で利用できるサービスの上限です。

もし、上限を超えたら？

超えた分は全額自己負担になります。

公費による給付が受けられる介護サービスの限度額です。

介護保険制度では、サービスの過度な利用を抑えるため、公費による給付で利用できるサービスの限度額として**支給限度基準額**を定めています。住宅改修と福祉用具購入以外の居宅サービスの支給限度基準額は、**区分支給限度基準額**と呼ばれ、要介護度ごとの点数で設定されています。住宅改修については**1回に限り20万円**、福祉用具購入については**1年に10万円**が上限額です。支給限度額を超えてサービスを利用した場合、超えた分は全額、利用者の負担となります。ただし、利用者の費用負担が一定額を超えた場合、**高額介護サービス費支給制度**により、超えた分は申請すれば支給されます（→制度改正編　質問19）。

ケアマネジャーは、支給限度額内でケアプランを立てます。

ケアマネジャーは、原則として、要介護度ごとに設定された支給限度基準額の範囲内で、ケアプランを作成することになります。

ただし、施設サービス、特定施設やグループホームなどの居住系施設におけるサービスについてはサービス利用料が一日定額で設定されているので、通常、支給限度基準額を考慮する必要はありません。また、医療系スタッフが提供する**居宅療養管理指導**も支給限度基準額の対象外となっています。なお、保険者（市町村）の判断でサービスごとに利用限度額を設定する**種類支給限度基準額**という制度もありますが、あまり活用されていないようです。

介護給付の支給限度額

要介護度	区分支給限度基準額	住宅改修費支給限度基準額	福祉用具購入費支給限度基準額
要支援1	5,032　単位/月	20万円（1回限り）	10万円/1年
要支援2	10,531　単位/月	20万円（1回限り）	10万円/1年
要介護1	16,765　単位/月	20万円（1回限り）	10万円/1年
要介護2	19,705　単位/月	20万円（1回限り）	10万円/1年
要介護3	27,048　単位/月	20万円（1回限り）	10万円/1年
要介護4	30,938　単位/月	20万円（1回限り）	10万円/1年
要介護5	36,217　単位/月	20万円（1回限り）	10万円/1年

支給限度基準額とは

介護サービスの過度な利用を抑えるために設定された、利用できるサービスの限度額。市町村が独自に上げることも可能。

要介護度3の支給限度額内での利用

曜日	月	火	水	木	金	土	日
午前	デイサービス	ヘルパー	デイケア	訪問看護	デイサービス	ヘルパー	家族介護
午後		ヘルパー				ヘルパー	
サービス内容	介護・入浴・送迎	身体介護(30分から1時間未満)を昼・夕方2回利用	機能訓練・入浴・送迎	看護(30分から1時間未満)を昼1回利用	介護・入浴・送迎	身体介護(30分から1時間未満)を昼・夕方2回利用	
	896点	792点	1,039点	821点	896点	792点	**計5,236点**

5,236単位/週 × 4.2週 ＝ 21,991単位/月 < 27,048点

3章では、何を学ぶのですか?

まずは、介護現場で働くスタッフについて学びましょう。

つまり、僕ら自身のことを学ぶということですか?

そう、介護保険制度ではスタッフの役割や資格が決められているのです。

お役所が作った制度だけあって、結構、うるさいですね。

むっっ。で、介護サービスを提供する施設について学びます。

訪問施設や通所施設、特定施設や介護保険施設、結構、色々ありますよね。

重要なのは、施設ごとに人員や設備の基準が決められている点です。

基準を満たしていないと?

事業者は、保険者から介護報酬を受け取れなくなります。

なるほど、固そうなしくみだ。

3章で学ぶこと

- 介護現場ではどのようなスタッフが働いているか?
- 介護サービスを提供する事業所には何があるか?

サービス編

[3章] 介護サービスのスタッフと事業所

介護現場で働くスタッフ

質問1 介護現場ではどのようなスタッフが働いていますか?

質問2 介護系スタッフはどのような役割を担っていますか?

質問3 医療系スタッフはどのような役割を担っていますか?

質問4 その他、どのようなスタッフが働いていますか?

介護サービスを提供する事業所

質問5 介護サービスを提供する事業所に何がありますか?

質問6 居宅事業所の役割は何ですか?

質問7 介護保険施設や居住系施設の役割は何ですか?

質問8 特定施設にはどのような種類がありますか?

介護現場ではどのようなスタッフが働いていますか？

介護系、医療系、その他に分けるとわかりやすいかな。

その他って、何ですか？

住宅改修や福祉用具の貸与・販売、あと行政サービスなどだよ。

1章
2章
3章
4章
5章
6章
7章

スタッフは、介護系、医療系、その他に分けられます。

介護現場で働くスタッフは、身体介護や生活援助などを提供する介護系、リハビリや看護などを提供する医療系、その他に分けるとわかりやすいようです。

一般に、自宅に住む利用者が利用する**居宅事業所**ではヘルパーや介護福祉士、看護職員や機能訓練指導員などが働き、利用者を施設に受け入れる**介護保険施設**や**居住系施設**では生活相談員や医師、栄養士やケアマネジャーなども働いています。

なお、介護老人保健施設や介護医療院、介護療養型医療施設のように医療管理下における介護や看護を重点的に提供する施設では、医師や薬剤師のような医療系スタッフの人数が多くなります。

様々な役割のスタッフがチームでサービスを提供します。

介護とはそもそも、介護用品メーカーであるフットマークの経営者、礒部成文氏が**介助**と**看護**を組み合わせて作った造語です。

介護は、高齢者、病人、身体障害者など、日常生活に支障のある人（**要介護者**）を世話することで、自ら望む行為を自律的に達成させ、社会参加させることを目的としています。

そのため介護現場で働くスタッフには、直接・間接的な生活援助や身体介護（介護）、機能訓練指導や医療関連行為（医療）、要介護者が生活しやすい環境・空間・機器の整備（その他）など、多様な役割が求められるのです。

介護現場で働くスタッフ

介護系

ヘルパー

介護福祉士

ケアマネジャー

ソーシャルワーカー

医療系

医師

看護職員

機能訓練指導員

薬剤師

その他

行政担当者

住宅改修事業者

福祉用具事業者

栄養士

介護現場で働くスタッフに求められる役割

介助 ＋ 看護 ＝ 介護

介護とは

介護用品メーカーであるフットマークの経営者、礒部成文氏が**介助**と**看護**を組み合わせて作った造語。自律性と社会参加が重視される。

介護

生活介助

身体介護

問題行動関連行為

看護・医療

機能訓練関連行為

医療関連行為

医学的な
介護予防行為

その他

環境整備

空間整備

機器整備

介護系スタッフはどのような役割を担っていますか？

身体介護と生活援助、そしてケアプラン作成とアドバイスかな。

アドバイスって？

介護だけでなく、家庭事情や金銭状況の相談にも乗るんだ。

身体介護や生活援助、ケアプラン作成などを行います。

介護現場では、**ヘルパー**、**介護福祉士**、**ケアマネジャー**、**ソーシャルワーカー**などの介護系スタッフが働いています。

訪問介護員とも呼ばれるヘルパーや介護福祉士は主に、家事や食事のサポートなどの生活援助と入浴・排泄の世話などの身体介護を提供します。また**介護支援専門員**や**主任介護支援専門員**の資格を持つケアマネジャーは利用者の課題分析やケアプランの作成、事業者との調整などを行います。ソーシャルワーカーは介護・家庭・金銭に関する相談業務などを担い、多くの場合、社会福祉士の資格を有しています。

ヘルパーや介護福祉士のキャリアパスを設計中です。

現在、介護現場ではヘルパーや介護福祉士の人材が不足しています。

そのため厚生労働省は、介護職員のスキル向上と昇給・昇格を図るため、キャリパスの整備に取り組んでいます。具体的には 2013 年 4 月からは**訪問介護員養成研修**と**介護職員基礎研修**が、**介護職員初任者研修**と**介護職員実務者研修**に一元化され、2017 年 1 月からは国家試験に通った者が介護福祉士になるように変更されました。また 2015 年 12 月からは、介護福祉士の上位資格として**認定介護福祉士**が新設されています。ケアマネジャーについては、2016 年度に研修制度が見直され、2018 年度からその上位資格である主任ケアマネジャーが居宅介護支援事業所の管理者要件になりました。

介護系スタッフの役割

スタッフの種類	提供するサービス	求められる資格
ヘルパー 	高齢者や身体障害者の居宅を訪問して、掃除、洗濯、買い物といった家事援助や食事、排せつ、着替え、入浴などの身体介護を行う	介護職員初任者研修、介護職員実務者研修、ガイドヘルパー、ヘルパー 1-3 級、介護職員基礎研修
介護福祉士 	訪問先あるいは通所・短期入所・施設・特定施設などにおいて、家事援助や食事、排せつ、着替え、入浴などの身体介護を行う	介護福祉士、認定介護福祉士
ケアマネジャー 	要介護者の課題を分析し、ケアプランを作成し、サービス事業者と調整し、サービス開始後にも見守り、保険給付を管理する	介護支援専門員、主任介護支援専門員
ソーシャルワーカー 	高齢者や身体障害者、あるいはその家族に対して、介護・家庭・金銭事情などの相談に応じたり、アドバイスしたりする	社会福祉士、精神保健福祉士

介護職員のキャリア

認定介護福祉士  質の高い介護を提供する、現場のリーダーとしての役割・資格

介護福祉士  介護の専門知識や技術を持って介護を提供する役割・資格

介護職員実務者研修  介護福祉士になるための基礎的な知識や技術を学ぶ研修

介護職員初任者研修  介護職として働く上で基本になる知識・技術を習得する研修

認定介護福祉士とは

より質の高い介護を提供する、介護現場のリーダーとして新設された資格。要件は、実務経験 7-8 年、チームリーダーとしての経験、施設介護と在宅介護の両方の経験など。

サービス編

質問3 医療系スタッフはどのような役割を担っていますか？

介護現場で必要になる看護や医療行為だね。

医療行為って、具体的には？

リハビリや介護予防、痰の吸引や点滴の管理など様々だよ。

護や介護予防、リハビリや医療管理などを提供します。

介護現場では、**医師**、**看護職員**、**機能訓練指導員**、**薬剤師**、**歯科衛生士**などの医療系スタッフも働いています。

このうち、**看護師**や**准看護師**などの看護職員は、医師の管理・指示のもと、重度の要介護者に対する褥瘡の予防や処置、点滴や人工呼吸器の管理などを担っています。また機能訓練指導員には、運動療法や物理療法を行う**理学療法士**、園芸や手芸といった作業を行う**作業療法士**、言語や聴覚、発声や摂食における障害の機能回復を担う**言語聴覚士**などがいて、様々なリハビリを提供します。そして、歯科医師や歯科衛生士は**口腔衛生の管理・指導**などを担います。

護職員にも、一部医療行為が解禁されています。

現在、介護現場において、重度の要介護者に対する**医療行為**は必須となっています。しかしニーズに対応するのに十分な数の医療スタッフを確保することは難しく、以前から多くの介護職員が何らかの医療行為を行っていました。

そのため国は、2012年4月から痰の吸引や経管栄養の処置などの医療行為を介護職員に解禁しました。ただし、介護職員が医療行為を行うには都道府県または登録機関が実施する研修を修了し、**認定特定行為業務従事者認定証**の交付を受ける必要があります。また実施にあたっては、**医師・看護職員と介護職員との連携体制**と**本人（家族）の同意**、**医療者による監督**が必要になります。

医療系スタッフの役割

スタッフの種類	求められる役割	該当する資格
医師	訪問診療、介護予防や治療の指導管理、検査、投薬、処置の指示など	医師、歯科医師
看護職員	褥瘡の予防や処置、点滴の管理、人工呼吸器の管理、痛みのコントロールなど	看護師、准看護師、看護助手
機能訓練指導員	歩行訓練、日常生活訓練、物理療法、温熱療法など	理学療法士、作業療法士、言語聴覚士
薬剤師	服薬指導と服薬管理、薬剤の効果と副作用のチェックなど	薬剤師
歯科衛生士	口腔内の清掃、口腔衛生の指導など	歯科衛生士

介護系スタッフが対応可能な医療行為

医療系スタッフでないと対応できない医療行為

・褥瘡の処置
・血圧の測定（自動計測器を除く）
・吸入の処置
・胃ろうの処置
・点滴の管理
・摘便
など

介護系スタッフでも対応可能な医療行為

・軟膏の塗布
・目薬などの点眼
・パッケージ薬の内服介助
・座薬の挿入
・痰の吸引（登録・研修が必要）
・経管栄養（登録・研修が必要）
など

医療行為とは

医療機関などで病気や怪我などの治療や診断、予防のために、医学的判断に基づいて行われる行為の総称。

サービス編

質問4

その他、どのようなスタッフが働いていますか？

まずは、僕ら市役所の福祉担当だね。

え、そうなんですか？

失礼な！　要介護認定や負担軽減制度の手続きなども重要な仕事だよ。

介護保険課担当、住宅改修・福祉用具事業者などです。

介護現場では、**市町村の介護保険課担当者**、**住宅改修事業者**、**福祉用具事業者**、**栄養士**などがそれぞれの役割を果たしています。

介護保険課の担当者は、要介護認定申請の手続きから介護事業者の紹介、負担軽減制度の手続きなど、介護サービス利用の利便性を高める役割です。2015年度の改正で市町村が主体となって実施する**地域支援事業**が強化され、その役割は重要度を増しています。また福祉用具事業者には**福祉用具専門相談員**の配置が求められ、住宅改修事業者には一部市町村において**介護保険住宅改修施行事業者**の登録が推奨されるようになっています。

生活支援コーディネーターという役割も登場しました。

地域支援事業の**生活支援・介護予防サービス**では、2015年度以降2018年4月までに、**生活支援コーディネーター**（地域支え合い推進員）の配置が市町村の義務付けられました。

すでに一部の自治体は、生活支援コーディネーターは導入しており、彼らが地域主体の介護予防において、中心的役割を果たしています。

具体的には、元気なお年寄りの地域ボランティアとしての活用、介護事業者やNPOと連携した地域に不足する新たなサービスの立上げ、利用者のニーズと事業者のサービスのマッチングといった事業を行います。

その他スタッフの役割

スタッフの種類	求められる役割	該当する資格
行政担当者	要介護認定申請の手続き、介護事業者の紹介、補助・負担軽減制度の説明など	社会福祉主事、社会福祉士
住宅改修事業者	住宅改修の相談、住宅改修の手配・実施など	福祉住環境コーディネーター
福祉用具事業者	要介護者の身体状態に応じた福祉用具の紹介と貸与・販売など	福祉用具専門相談員
栄養士	介護施設における食事のメニュー作りや栄養管理、栄養指導など	栄養士、管理栄養士

生活支援コーディネーターの役割

生活支援コーディネーター（自治体など）

- 地域に不足するサービスの創出
- サービスの担い手の養成
- 関係者間の情報共有
- サービス提供主体間の連携体制構築

- 元気な高齢者が介護の担い手として活動する場の確保
- 地域の支援ニーズとサービス提供主体の活動のマッチング

介護事業者・NPOなど

高齢者など

生活支援コーディネーターとは

生活支援や高齢者の社会参加に向けて、生活支援・介護予防の担い手の養成・発掘や地域のニーズとサービスのマッチングなどを行う。

サービス編

質問5

介護サービスを提供する事業所に何がありますか？

自宅に住む利用者向けの事業所と利用者に住居を提供する施設があるわ。

じゃあ、地域包括支援センターはどっちでしょう？

あれはまた、別に考えたほうがわかりやすいかな。

事業所は、サービスを利用する場所で分けられます。

介護サービスを提供する施設は、自宅に住む利用者が利用する**居宅事業所**、利用者に住居を提供する**介護保険施設**や**居住系施設**、その他に分けるとわかりやすいようです。居宅事業所には、訪問してサービスを提供する**訪問施設**、要介護者を日中受け入れる**通所施設**や数日間受け入れる**短期入所施設**などがあり、**居宅介護支援事業所**もケアプラン作成など重要な役割を担っています。一方、居住系施設には、重度の要介護者を受け入れる**介護老人福祉施設**、医学管理が必要な重度の要介護者を受け入れる**介護老人保健施設**や**介護医療院**や**介護療養型医療施設**といった介護保険施設のほか、有料老人ホームやグループホームなどの**特定施設**があります。

人員、設備、運営の基準を満たす必要があります。

介護保険法では、介護サービスを提供する介護事業者に対して、人員・設備・運営に関する基準を定めています。

それぞれ、**人員基準**では配置すべきスタッフの最低人数や資格や勤務形態（常勤・非常勤）など、**設備基準**では専用区画・設備・備品の有無や居室の面積・廊下の幅など、**運営基準**ではスタッフの勤務体制や利用者の定員、運営計画の有無や利用者への説明体制などが定められており、事業者にはこれらの基準を満たすことが求められます。逆に言えば、都道府県や市町村による審査でこれらの基準を満たした事業者・施設が、**指定介護サービス事業者**の指定を受けられるのです。

介護サービスを提供する事業所

居宅事業所

訪問施設

通所施設

短期入所施設

居宅介護支援事務所

居住系施設

介護老人福祉施設

介護老人保健施設・
介護医療院

特定施設

グループホーム

その他事業所

地域包括支援センター

住宅改修・福祉用具
事業所

市町村役所

指定介護事業者に求められる基準

基準 ＝ 人員 ＋ 設備 ＋ 運営

介護保険法とは

介護保険制度における保険給付などについて必要な事項を定める法律。
指定介護事業者についての人員・設備・運営基準を定めている。

人員基準

配置スタッフと人数（利用者との割合）

スタッフの資格

スタッフの雇用形態（常勤、非常勤など）

常勤管理者の有無、など

設備基準

専用室・区画の有無

必要な設備・備品の有無

専用区画の面積、など（利用者1人あたり）

運営基準

計画の有無

スタッフの勤務体制

利用者への説明体制

利用者の定員、など

サービス編

質問6 居宅事業所の役割は何ですか？

自宅で暮らす高齢者が自立して暮らせるように支援するの。

私も年取ったら、それがいいな〜。

厚生労働省が、いま最も力を入れてるのよ。

自宅で暮らす高齢者を支援するサービスを提供します。

居宅事業所は、自宅で暮らす高齢者が自立した生活を送るためのサービスを提供します。

居宅事業所が提供するサービスは、訪問介護や訪問入浴介護、訪問看護や訪問リハビリテーション、通所介護や通所リハビリテーション、短期入所生活介護や短期入所療養介護、居宅介護支援や居宅療養指導などです。

このうち、訪問リハビリテーションや短期入所療養介護は介護老人保健施設や病院の併設施設などで提供されます。また居宅療養指導は、病院や診療所のほか、薬局でも提供されています。

訪問介護や通所介護を提供する施設の数が増えています。

2016年度の**介護サービス施設・事業所調査**（厚生労働省）によれば、数が多いのは訪問介護と通所介護の施設、居宅介護支援事務所です。

特に通所介護は給付が近年急増したことから、厚生労働省は2014年、**通所介護新規参入抑制**の方針を打ち出し、事業者の指定を拒否できるようにしました（**指定拒否の権限**）。2018年度には、小規模多機能型居宅介護普及の観点から、この指定拒否権限の対象に地域密着型通所介護が加わっています。なお今後、通所介護事業所は、①**レスパイトケア**、②機能訓練指導、③認知症対応、④ナーシング（看護）の4形態に分化していく模様です。

居宅事業所の種類

施設種類	提供施設	提供するサービス	働いているスタッフ
訪問施設	訪問介護事業所	訪問介護	ヘルパー、介護福祉士
	訪問入浴介護ステーション	訪問入浴介護（含む、介護予防サービス）	ヘルパー、介護福祉士、看護師
	訪問看護ステーション	訪問看護（含む、介護予防サービス）	看護師、機能訓練指導員
通所施設	デイサービスセンター	通所介護	介護福祉士、看護師、生活相談員、機能訓練指導員
	デイケアセンター	通所リハビリテーション（含む、介護予防サービス）	医師、介護福祉士、看護師、機能訓練指導員
短期入所施設	ショートステイ専用施設	短期入所生活介護（含む、介護予防サービス）	医師、介護福祉士、看護師、生活相談員、機能訓練指導員、栄養士、調理師
	介護老人保健施設、病院の併設施設	短期入所療養介護（含む、介護予防サービス）	
居宅介護支援事務所	居宅介護支援事務所、地域包括支援センター	居宅介護支援、介護予防支援	ケアマネジャー、主任ケアマネジャー

サービス別の居宅事業所の数

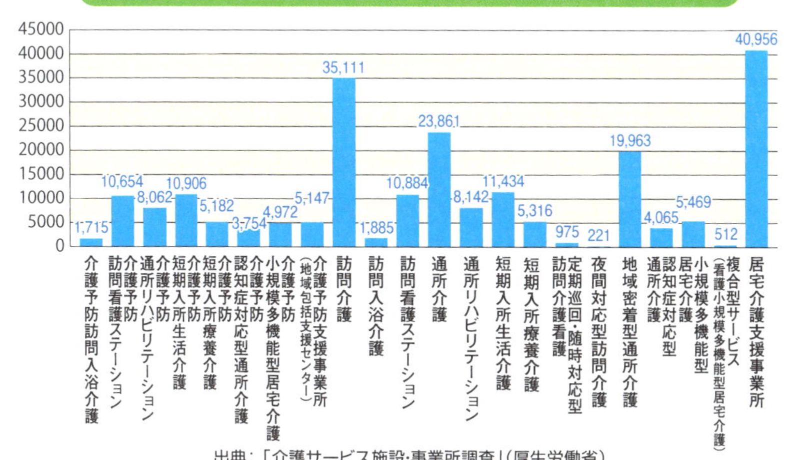

出典：「介護サービス施設・事業所調査」（厚生労働省）

レスパイトケアとは

在宅で高齢者などを介護している家族を癒やすために、施設に一時的に高齢者を受け入れ、ケアを代替し、家族にリフレッシュしてもらう支援サービスのこと。

サービス編

質問 7

介護保険施設や居住系施設の役割は何ですか？

高齢者を施設に長期間受け入れるのが、特徴ね！

終の棲家ってことですか？

いや、それは施設の性格によって変わってくるわ。

高齢者を施設に受け入れて、介護サービスを提供します。

居住系施設は、高齢者を施設に受け入れて、介護や看護、リハビリテーションやレクリエーションなどのサービスを提供します。介護保険施設には**介護老人福祉施設**、**介護老人保健施設**、**介護療養型医療施設**といった介護保険施設のほか、**介護医療院**、**特定施設**、**グループホーム**があります。特定施設はさらに**有料老人ホーム**、**養護老人ホーム**、**軽費老人ホーム**、**サービス付き高齢者住宅（サ高住）**に分類されます。ただし、有料老人ホーム、養護老人ホーム、軽費老人ホーム、サ高住には、特定施設の指定を受けていない施設も多く、その場合、**特定施設入居者生活介護**という定額の介護保険によるサービスは受けられません。

サ高住やグループホームの数が増えています。

2018年度の**介護サービス施設・事業所調査**（厚生労働省）によれば、自宅で暮らす高齢者向けのサービスを提供する介護保険施設のうち、数が多いのはグループホームと介護老人福祉施設、数が増えているのは有料老人ホームやサ高住、地域密着型介護老人福祉施設です。

ただし、費用が比較的高めの有料老人ホームやサ高住は入居難易度が低いのに対して、費用が比較的抑えられている養護老人ホームや軽費老人ホーム、介護保険施設やグループホームは供給が足りないために入居難易度が高く、居住スペースが準個室や多床室の施設も多くなっています。

居住型施設の種類

施設の種類	提供する施設	提供するサービス	働いているスタッフ
介護保険施設	介護老人福祉施設（特別養護老人ホーム、特養）	介護老人福祉施設	ヘルパー、介護福祉士、看護師、生活相談員、ケアマネジャー、事務員、栄養士、調理師
	介護老人保健施設（老健）	介護老人保健施設	ヘルパー、介護福祉士、看護師、生活相談員、ケアマネジャー、事務員、機能訓練指導員、栄養士、調理師、医師
	介護療養型医療施設	介護療養型医療施設	ヘルパー、介護福祉士、看護師、生活相談員、ケアマネジャー、事務員、機能訓練指導員、栄養士、調理師、医師
	介護医療院	介護医療院	ヘルパー、介護福祉士、看護師、生活相談員、ケアマネジャー、事務員、機能訓練指導員、栄養士、調理師、医師
特定施設	有料老人ホーム		ヘルパー、介護福祉士、ケアマネジャー、常勤管理者、機能訓練指導員、栄養士、調理師
	養護老人ホーム		
	軽費老人ホーム	特定施設入居者生活介護（含む、介護予防サービス）	
	サービス付き高齢者住宅		
地域密着型共同生活施設	グループホーム	認知症対応型共同生活介護（含む、介護予防サービス）	ヘルパー、介護福祉士、ケアマネジャー、常勤管理者

サービス別の居宅型施設の数

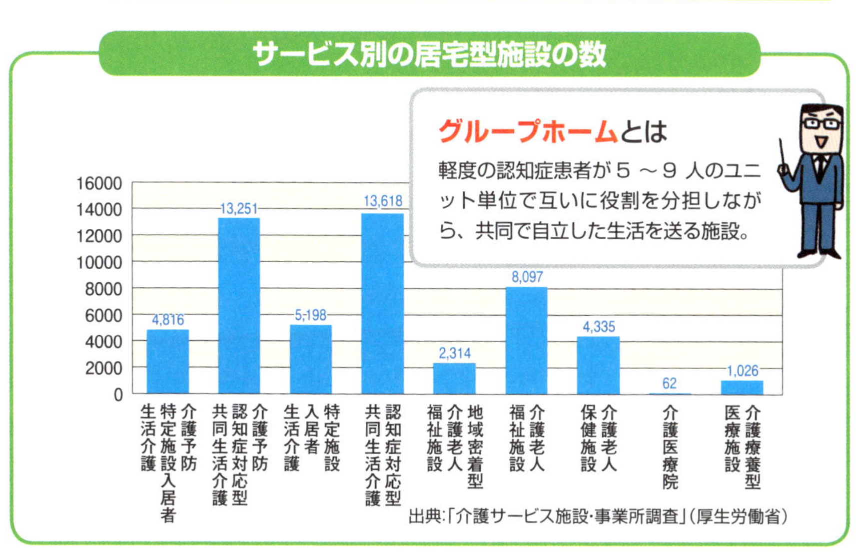

出典:「介護サービス施設・事業所調査」（厚生労働省）

サービス編

質問8 特定施設にはどのような種類がありますか？

かなり種類が多いから、混乱するわよね。

そうなんですよ〜。何で、こんなに複雑なんですか？

古い制度と新しい制度が混じっているからかな。

有料老人ホームにも色々な種類があります。

有料老人ホームの特徴は、受け入れる高齢者と提供するサービスの幅が広く、施設によって異なることです。

特定施設入居者生活介護が適用される**介護付有料老人ホーム**には、要介護者を受け入れて施設内のスタッフが介護する**介護専用型**、要介護者と健常者を受け入れて主に施設内のスタッフが対応する**混合型**、外部事業者による介護サービスを利用する**外部サービス利用型**があります。有料老人ホームの入居者は、毎月の家賃を負担する**賃貸方式**、所有権を買い取る**所有権分譲方式**、入居一時金を払った上で毎月の費用を負担する**終身利用権方式**のいずれかで費用を負担します。

サ高住は、その多くが特定施設の指定を受けていません。

特定施設入居者生活介護の指定を受けている、有料老人ホーム以外の施設には、**養護老人ホーム**、**軽費老人ホーム**、**サービス付き高齢者住宅**があります。

収入・資産が一定額以下の60歳以上の高齢者やどちらか一方が60歳以上の高齢者夫婦に住居を提供する軽費老人ホームには、**A型**、**B型**、**ケアハウス**（一般型と介護型）があり、このうち特定施設の指定を受けているのは**介護型ケアハウス**だけです。また、2011年11月から制度が開始されたサービス付き高齢者住宅は2020年2月時点で登録数25万戸強と増えています、ただし、その多くが特定施設の指定を受けていません。

特定施設と特定施設以外の居住系施設

施設名			特徴	運営主体	特定施設	介護レベル	認知症対応
有料老人ホーム	介護付き有料老人ホーム	介護専用型	介護などのサービスが付いた高齢者向け居住系施設。要介護者を受け入れて施設内のスタッフが介護する	民間事業者	○	自立〜重度	○
		混合型	介護などのサービスが付いた高齢者向け居住系施設。要介護者と健常者を受け入れて主に施設内のスタッフが対応する		○	自立〜中度	△
		外部サービス利用型	生活支援などのサービスが付いた高齢者向け居住系施設。介護が必要になった場合は外部事業者によるサービスを利用する		○	自立〜中度	△
	住宅型有料老人ホーム		生活支援などのサービスが付いた高齢者向け居住系施設。介護が必要になった場合は外部事業者によるサービスを利用して住み続けることが可能		×	自立〜中度	△
	健康型有料老人ホーム		食事などのサービスが付いた高齢者向け居住系施設。介護が必要になった場合は退去しなければならない		×	自立〜軽度	×
養護老人ホーム			経済的・環境的な理由から自宅で生活を続けることが困難な人を養護することを目的とした措置施設。	社会福祉法人、地方自治体など	△	自立〜中度	△
軽費老人ホーム	A型（給食付き）		食事などのサービスが付いた高齢者向け居住系施設。介護が必要になった場合は退去しなければならない	社会福祉法人、地方自治体など	×	自立〜軽度	▲
	B型（自炊型）		食事のサービスが付かない高齢者向け居住系施設。介護が必要になった場合は退去しなければならない		×	自立〜軽度	▲
	ケアハウス	一般（自立）型	生活支援などのサービスが付いた高齢者向け居住系施設。介護が必要になった場合は退去しなければならない	社会福祉法人、地方自治体、民間事業者など	×	自立〜軽度	×
		介護型	介護などのサービスが付いた高齢者向け居住系施設。要介護者を受け入れて施設内のスタッフが介護する		○	自立〜重度	○
サービス付き高齢者住宅			生活支援などのサービスが付いた高齢者向け居住系施設。特定施設の指定を受けている場合、介護付き有料老人ホームと同様のサービスを提供する	民間事業者など	▲	自立〜中度	▲

○：対応、△：一部対応、▲：数が少ない、×：対応せず

4章では、何を学ぶのですか?

介護保険のサービスのうち、居宅サービスと施設サービスを理解しましょう。

なぜ、その2つなんですか？

これが、基本となるサービスだからです。

それぞれ、どんな特徴があるのですか？

居宅サービスは自宅で暮らす人向け、施設サービスは施設で暮らす人向けです。

じゃあ、有料老人ホームで暮らす人は施設サービスを受けているわけか。

いや、それが有料老人ホームは特定施設なので、居宅サービスなのです。

何か、わかりにくいな～。

特定施設は、施設ではなく、利用者の居宅とみなされるのですよ。

まあ、4章を読めば、わかるか……。

4章で学ぶこと

- 居宅サービス（訪問・通所・短期入所）には何があるか?
- 居宅サービス（その他）には何があるか?
- 施設サービスには何があるか?

1章 2章 3章 4章 5章 6章 7章

サービス編

［4章］居宅サービスと施設サービス

居宅サービス（訪問・通所・短期入所）

質問9　訪問介護と訪問入浴介護とは何ですか?

質問10　訪問看護と訪問リハビリとは何ですか?

質問11　居宅療養管理指導とは何ですか?

質問12　通所介護と通所リハビリとは何ですか?

質問13　短期入所生活・療養介護とは何ですか?

居宅サービス（その他）

質問14　特定施設入居者生活介護とは何ですか?

質問15　居宅介護支援と予防介護支援とは何ですか?

質問16　福祉用具の貸与や販売とは何ですか?

質問17　介護保険の住宅改修とは何ですか？

施設サービス

質問18　介護老人福祉施設とは何ですか?

質問19　介護老人保健施設とは何ですか?

質問20　介護療養型医療施設とは何ですか?

質問21　介護医療院とは何ですか?

サービス編

質問9 訪問介護と訪問入浴介護とは何ですか？

訪問介護では、食事や排泄の介助、掃除・洗濯の援助などを行います。

じゃあ、訪問入浴介護は？

移動入浴車などを使った入浴の介助です。

訪問介護では、身体介護と生活援助などを提供します。

訪問介護とは、ヘルパーや介護福祉士が利用者の住居を訪問して、身体介護、生活援助などを提供するサービスです。身体介護では、入浴、排泄、食事、起床・就寝などの**介助**を、生活援助では、掃除、洗濯、調理などの**日常生活の援助**を行います。生活援助には一般に、利用者以外に関わる家事、草むしり・ペットの散歩といった日常生活外の家事は含まれません。また生活援助中心型のサービスを受けるには**一人暮らし**か**同居家族のやむを得ない事情がある**という条件が必要です。要支援者向けの**介護予防訪問介護**は、15年度の制度改正で地域支援事業の**訪問型サービス**に移行されましたが、18年度まで3年間の移行期間が設けられていました。

訪問入浴介護では、入浴の介助を行います。

訪問入浴介護は、自宅の浴槽では入浴が困難な要介護者に対し、ホームヘルパーや介護福祉士や看護師が移動入浴車などを使って入浴の介助を行うサービスです。訪問入浴介護には**全身入浴**と**部分入浴**があり、いずれも自宅に搬入可能な浴槽を運ぶ車両、あるいは車内で入浴可能な浴槽や機器類を装備した車両が使われます。介護職員2名と看護師1名が入浴の前後に体温や血圧などを測った上でサービスを提供するため、全身入浴の場合、1時間の訪問で実際に入浴する時間は20～30分前後と言われています。なお、利用者の半数以上を占める**要介護5**の重度要介護者向けの訪問入浴介護では、サービス提供にあたり細心の注意が必要となります。

訪問介護と訪問入浴介護の利用者と基本報酬

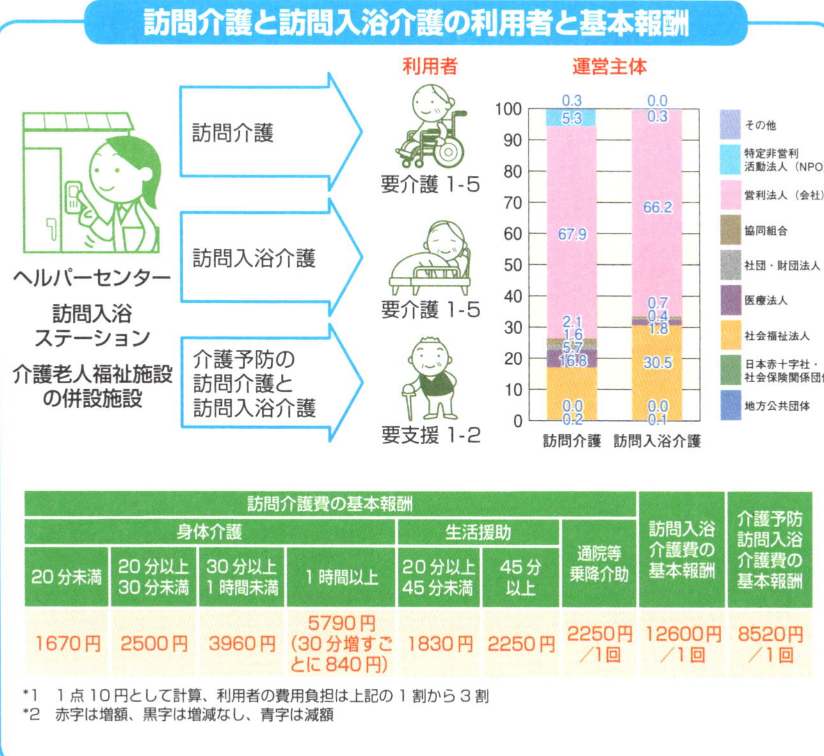

訪問介護費の基本報酬							訪問入浴介護費の基本報酬	介護予防訪問入浴介護費の基本報酬
身体介護				生活援助		通院等乗降介助		
20分未満	20分以上30分未満	30分以上1時間未満	1時間以上	20分以上45分未満	45分以上			
1670円	2500円	3960円	5790円（30分増すごとに840円）	1830円	2250円	2250円／1回	12600円／1回	8520円／1回

*1　1点10円として計算、利用者の費用負担は上記の1割から3割
*2　赤字は増額、黒字は増減なし、青字は減額

訪問介護と訪問入浴介護の改正と改定のポイント

制度改正のポイント

訪問介護
・通院等乗降介助の見直し　⇒　制度改正編　質問8

訪問入浴介護
・認知症介護基礎研修の受講の義務づけ　⇒　制度改正編　質問5

共通
・認知症に係る取組の情報公表の推進　⇒　制度改正編　質問5
・サ高住等における適正なサービス提供の確保　⇒　制度改正編　質問39

報酬改定のポイント

訪問介護
・看取り期の対応評価　⇒　制度改正編　質問25
・生活機能向上連携加算の見直し　⇒　制度改正編　質問32

訪問入浴介護
・サービス提供体制強化加算の見直し　⇒　制度改正編　質問36

共通
・新型コロナウイルス感染症に対応するための特例的な評価　⇒　制度改正編　質問21
・認知症専門ケア加算の創設　⇒　制度改正編　質問23
・特別地域加算の算定　⇒　制度改正編　質問30
・中山間地域等の小規模事業所加算の算定　⇒　制度改正編　質問30
・中山間地域等に居住する者へのサービス提供加算の算定　⇒　制度改正編　質問30

サービス編

質問 10 訪問看護と訪問リハビリとは何ですか？

訪問看護では、病状の観察、身体の清潔などを行うね。

じゃあ、訪問リハビリは？

要介護者や家族、介護福祉士へのリハビリ指導です。

訪問看護では、療養上の介助と診療の補助を提供します。

病院・訪問看護ステーション・診療所の看護師・理学療法士・作業療法士などが提供する**訪問看護**では、主に**療養上の介助**と**診療の補助**を提供します。

療養上の介助とは、訪問介護同様に、入浴の介助、食事の援助、排泄の援助などのサービスです。一方、診療の補助は、かかりつけ医師の指示の下における、病状の観察、身体の清潔（膀胱洗浄、浣腸、人工肛門管理など）、褥瘡の予防や処置、医療機器の導入、検査の補助、リハビリテーション、点滴の管理などで、必要に応じて、末期ガンの痛みのコントロールや人工呼吸器の管理などの処置を実施することもあります。

なお、介護保険で提供される訪問看護は、医療保険の適用除外となります。

訪問リハビリでは、理学療法や作業療法を指導します。

訪問リハビリテーションでは、病院や診療所の理学療法士や作業療法士などが、要介護者や家族、ヘルパーや介護福祉士へのリハビリ指導を行います。

医学的管理下でのリハビリが必要であると認められる要介護認定者の多くは、病状が安定期にある**認知症**などによる精神障害を抱える人や**脳血管疾患**などによる運動障害を抱える人です。リハビリは、主治医や専門家がまとめた**リハビリ実施計画書**に基づいて、**運動療法**（日常生活の動作訓練）、**物理療法**（電気刺激やマッサージ）、**温熱療法**（患部や関節などの温め）などの**理学療法**、応用的な動作能力や社会適応能力の回復を図る**作業療法**によって実施されます。

訪問看護と訪問リハビリの利用者と基本報酬

訪問看護ステーション
介護老人保健施設の併設施設
介護医療院

	利用者
訪問看護	要介護 1-5
訪問リハビリテーション	要介護 1-5
介護予防の訪問看護と訪問リハビリ	要支援 1-2

運営主体（訪問看護）

訪問看護費の基本報酬								訪問リハビリテーションと介護予防訪問リハビリテーション費の基本報酬
訪問看護ステーション				病院または診療所				
20分未満	30分未満	30分以上1時間未満	1時間以上1時間30分未満	20分未満	30分未満	30分以上1時間未満	1時間以上1時間30分未満	
3130円	4700円	8210円	11250円	2650円	3980円	5730円	8420円	3070円／1回

*1　1点10円として計算、利用者の費用負担は上記の1割から3割
*2　赤字は増額、黒字は増減なし、青字は減額（詳細は巻末付録参照）

訪問看護と訪問リハビリの改正と改定のポイント

制度改正のポイント

訪問介護	・認知症に係る取組の情報公表の推進　⇒　制度改正編　質問5
訪問リハビリ	・リハビリテーション・機能訓練、口腔、栄養の取組の一体的な推進　⇒　制度改正編　質問11 ・リハ・個別機能訓練計画書の書式見直し　⇒　制度改正編　質問11
共通	・認知症に係る取組の情報公表の推進　⇒　制度改正編　質問5 ・サ高住等における適正なサービス提供の確保　⇒　制度改正編　質問39

報酬改定のポイント

訪問介護	・訪問看護ステーションの「理学療法士等の場合」の厳格化　⇒　制度改正編　質問38 ・看護体制強化加算の見直し　⇒　制度改正編　質問28
訪問リハビリ	・介護予防リハビリの長期利用の適正化　⇒　制度改正編　質問38（介護予防訪問リハのみ） ・リハビリテーションマネジメント加算の見直し　⇒　制度改正編　質問31
共通	・新型コロナウイルス感染症に対応するための特例的な評価　⇒　制度改正編　質問21 ・特別地域加算の算定　⇒　制度改正編　質問30 ・中山間地域等の小規模事業所加算の算定　⇒　制度改正編　質問30 ・中山間地域等に居住する者へのサービス提供加算の算定　⇒　制度改正編　質問30 ・サービス提供体制強化加算の見直し　⇒　制度改正編　質問36

サービス編

質問11

居宅療養管理指導とは何ですか？

実は、一言では説明しにくいんだ。

え、どうしてですか？

提供者によってサービスが変わってくるからだよ。

居宅療養管理指導は提供者によりサービスが異なります。

居宅療養管理指導は、医師や歯科医師、薬剤師や歯科衛生士、管理栄養士などが自宅で生活する要介護者に提供する介護サービスです。

居宅療養管理指導は、提供者によってサービスが異なり、医師や歯科医師であれば訪問診療や治療の指導管理、検査や投薬や処置、薬剤師であれば薬の管理や服用方法の指導、歯科衛生士であれば口腔内の清掃と口腔衛生の指導、管理栄養士であれば食事の栄養指導や調理の実技指導を行います。

居宅療養管理指導の対象は、病状が不安定な人、通院できない人、医学管理が必要な人などです。

居宅療養管理指導では近年、口腔ケアが重視されています。

居宅療養管理指導は利用者の要介護度にかかわらず、1か月あたり一律の報酬額が設定されており、少なくとも月1回以上の訪問診療あるいは往診を行うことが算定の前提となります。ただし、医師、薬剤師、歯科衛生士、管理栄養士などで提供可能な限度回数が異なります。

居宅療養管理指導において、近年、特に重視されているのは、歯科医師や歯科衛生士による**口腔ケア**（口腔内の清掃と口腔衛生の指導）です。口腔ケアは、虫歯や歯周病の予防・治療だけでなく、高齢者の死亡原因の1つである**誤嚥性肺炎**（口の中の細菌が肺に入って起こる肺炎）を防ぐ上で重要な役割を果たします。

居宅療養管理指導の利用者と基本報酬

病院・診療所
訪問看護ステーション
薬局

居宅療養管理指導 → 利用者

要介護 1-5

介護予防居宅療養管理指導 →

要支援 1-2

利用の対象

- 病状が不安定な人
- 通院できない人
- 褥瘡、糖尿病、心不全や血圧管理などの治療が必要な人
- 酸素吸入や呼吸器の管理が必要な人
- 入院・入所の可否の判断が必要な人
- 口腔や歯の問題を持つ人

居宅療養管理指導費と介護予防居宅療養管理指導費（単一建物居住者 1 人に対して行う場合）の基本報酬

医師（月２回を限度）	歯科医師（月２回を限度）	病院の薬剤師（月２回を限度）	薬局の薬剤師（月４回を限度）	居宅療養管理指導事業所の管理栄養士（月２回を限度）	居宅療養管理指導事業所の管理栄養士（月２回を限度）	歯科衛生士（月４回を限度）
5140円	5160円	5650円	5170円	5440円	5240円	3610円

*1　1 点 10 円として計算、利用者の費用負担は上記の 1 割から 3 割
*2　赤字は増額、黒字は増減なし、青字は減額（詳細は巻末付録参照）

居宅療養管理指導の改正と改定のポイント

制度改正のポイント

- 多職種連携の推進　⇒　制度改正編　質問 11
- 医師・歯科医師からケアマネジャーへの情報提供の充実　⇒　制度改正編　質問 9
- 歯科衛生士等による居宅療養管理指導の充実　⇒　制度改正編　質問 11
- サ高住等における適正なサービス提供の確保　⇒　制度改正編　質問 39

報酬改定のポイント

- 外部の管理栄養士による実施の新設　⇒　制度改正編　質問 26
- 新型コロナウイルス感染症に対応するための特例的な評価　⇒　制度改正編　質問 21
- 特別地域加算の算定　⇒　制度改正編　質問 30
- 中山間地域等の小規模事業所加算の算定　⇒　制度改正編　質問 30
- 中山間地域等に居住する者へのサービス提供加算の算定　⇒　制度改正編　質問 30
- 薬剤師による情報通信機器を用いた服薬指導の評価　⇒　制度改正編　質問 37

管理栄養士とは

傷病者の療養あるいは特定多数の人に食事を提供する給食施設などにおける栄養の指導、管理業務、労務管理を担う職種。栄養士の免許をもつ者のみ取得資格がある。

サービス編

質問12 通所介護と通所リハビリとは何ですか？

いずれも、介護とレクリエーション、リハビリなどを行う。

両者の違いって、何ですか？

最近、通所介護でもリハビリをするから、正直、違いは少ないね。

所介護では介護と各種レクリエーションを提供します。

デイサービスとも呼ばれる**通所介護**は、送迎バスで通所する要介護者を施設に受け入れて、入浴・食事などの介護と各種レクリエーションなどを提供することで、要介護者の心身機能を維持・回復させるだけでなく、介護に従事する家族の負担を軽減させるサービスです。

通所介護の施設は、1 か月あたりの平均利用のべ人員数が 750 人以内の施設は**通常規模型**、750 人 -900 人の施設は**大規模型Ⅰ**、900 人を超える施設は**大規模型Ⅱ**と呼ばれます。なお、1 か月あたりの平均利用のべ人員数が 300 人以内の小規模型の区分は廃止されました。

所リハビリはトレーニングや趣味活動などが中心です。

デイケアとも呼ばれる**通所リハビリテーション**は、送迎バスで通所する要介護者を施設に受け入れて、リハビリのほか、食事・入浴などの介護、各種レクリエーションなどを提供するサービスです。主に認知症などによる精神障害患者や脳血管疾患などによる機能障害患者を受け入れる通所リハビリでは、**通所リハビリテーション計画**に基づいてリハビリテーションを実施し、要介護者の心身機能の維持・回復と家族の負担軽減を図ります。通所リハビリの施設もまた、1 か月あたりの平均利用のべ人員数が 750 人以内の施設は**通常規模型**、750 人 -900 人の施設は**大規模型Ⅰ**、900 人を超える施設は**大規模型Ⅱ**と分類されます。

通所介護と通所リハビリの利用者と基本報酬

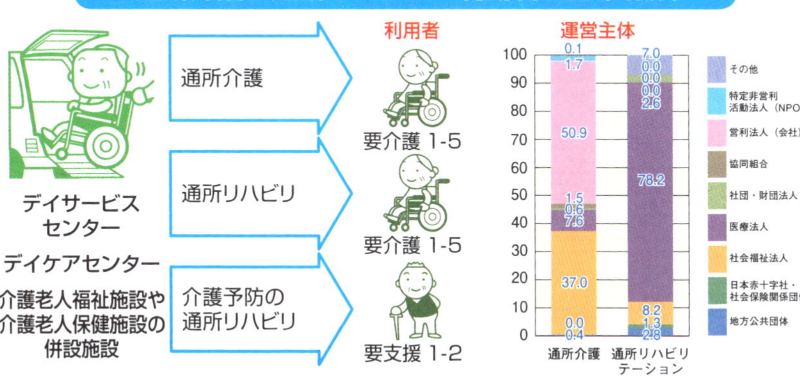

通所介護費（通常規模）の基本報酬									
6時間以上7時間未満					7時間以上8時間未満				
要介護1	要介護2	要介護3	要介護4	要介護5	要介護1	要介護2	要介護3	要介護4	要介護5
5810円	6860円	7920円	8970円	10030円	6550円	7730円	8960円	10180円	11420円

通所リハビリテーション費（通常規模）の基本報酬										介護予防通所リハビリテーション費の基本報酬1月につき	
6時間以上7時間未満					7時間以上8時間未満						
要介護1	要介護2	要介護3	要介護4	要介護5	要介護1	要介護2	要介護3	要介護4	要介護5	要支援1	要支援2
7100円	8440円	9740円	11290円	12810円	7570円	8970円	10390円	12060円	13690円	20530円	39990円

*1　1点10円として計算、利用者の費用負担は上記の1割から3割　*2　赤字は増額、黒字は増減なし、青字は減額（詳細は巻末付録参照）

通所介護と通所リハビリの改正と改定のポイント

制度改正のポイント

通所介護

- 地域等との連携の強化　⇒　制度改正編　質問8（通所介護のみ）

共通

- 災害への地域と連携した対応の強化　⇒　制度改正編　質問4
- 認知症に係る取り組みの情報公表の推進　⇒　制度改正編　質問5
- 認知症介護基礎研修の受講の義務づけ　⇒　制度改正編　質問5
- 通院等乗降介助の見直し　⇒　制度改正編　質問8
- リハビリテーション・機能訓練、口腔、栄養の取組の一体的な推進　⇒　制度改正編　質問11

報酬改定のポイント

通所介護

- 認知症加算の要件緩和　⇒　制度改正編　質問23
- 生活機能向上連携加算の見直し　⇒　制度改正編　質問32
- 個別機能訓練加算の見直し　⇒　制度改正編　質問32

通所リハビリ

- 介護予防リハビリの長期利用の適正化　⇒　制度改正編　質問38
- リハビリテーションマネジメント加算の見直し　⇒　制度改正編　質問31
- サービス提供体制強化加算の見直し　⇒　制度改正編　質問36

共通

- 新型コロナウイルス感染症に対応するための特例的な評価　⇒　制度改正編　質問21
- 感染症や災害で利用者が減少した場合の報酬上の対応　⇒　制度改正編　質問22
- 特別地域加算の見直し　⇒　制度改正編　質問30
- 中山間地域等の小規模事業所加算の見直し　⇒　制度改正編　質問30
- 中山間地域等に居住する者へのサービス提供加算の算定　⇒　制度改正編　質問30
- 口腔・栄養スクリーニング加算の新設　⇒　制度改正編　質問33
- 口腔機能向上加算の見直し　⇒　制度改正編　質問33
- 栄養アセスメント加算の新設　⇒　制度改正編　質問33
- 科学的介護推進体制加算の新設　⇒　制度改正編　質問34

サービス編

質問 13

短期入所生活・療養介護とは何ですか？

利用者を施設に宿泊させて、介護などを提供するサービスです。

どんな違いがあるのですか？

療養介護の利用者の多くは、重度の要介護者や認知症患者だね。

1章 2章 3章 4章 5章 6章 7章

短期入所生活介護では宿泊者に介護サービスを提供します。

短期入所生活介護は、**連続利用日数 30 日を上限**として（合計利用日数が要介護認定の有効期間の約半分以下）、介護老人福祉施設の併設施設などに入所した（宿泊している）要介護者に対して、介護と各種レクリエーションなどを提供することで、要介護者の心身機能の維持・回復と家族の負担軽減を図るサービスです。

短期入所生活介護の利用日数は**ケアプラン**に基づいて利用者と事業者が協議して決めます。入所期間が一定以上であれば、利用者や家族と相談の上で**短期入所生活介護計画**を立てます。なお短期入所介護には、宿泊用の居室やベッド、24 時間体制の介護が必要なため、絶対数が不足している地域も多く、待機者が出ています。

短期入所療養介護では医学管理下での介護を提供します。

短期入所療養介護は、短期入所生活介護と同様の上限で、介護老人保健施設の併設施設などに入所した要介護者に対して、医学的管理下における、リハビリテーション、介護、各種レクリエーションを提供するサービスです。

短期入所療養介護の利用日数もまた**ケアプラン**に基づいて協議の上で決められ、入所期間が一定以上であれば**短期入所療養介護計画**が必要になります。短期入所療養介護の利用者の多くは、重度の要介護者や認知症患者であるため、生命または身体を保護するためにやむを得ず、隔離、身体的拘束、薬剤投与などを行うこともあり、その場合の根拠・行為・期間などを事前に説明することが求められます。

短期入所生活・療養介護の利用者と基本報酬

ショートステイ専用施設

介護老人福祉施設や介護老人保健施設の併設施設

病院・診療所
介護医療院

	利用者
短期入所生活介護	要介護 1-5
短期入所療養介護	要介護 1-5
介護予防の短期入所生活介護と短期入所療養介護	要支援 1-2

運営主体

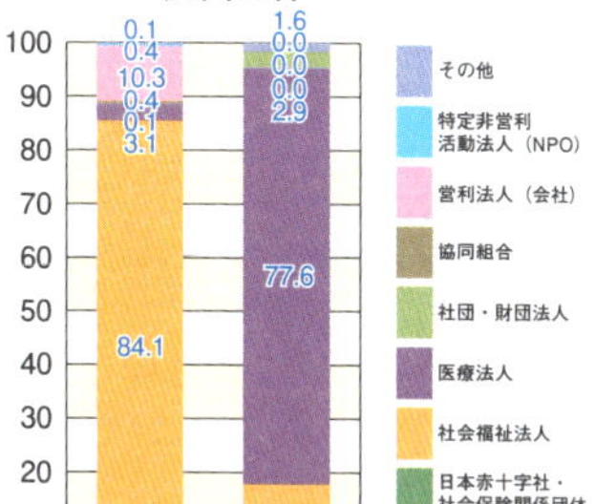

短期入所生活介護費（単独型）の基本報酬 1日につき									
多床室					ユニット型個室				
要介護 1	要介護 2	要介護 3	要介護 4	要介護 5	要介護 1	要介護 2	要介護 3	要介護 4	要介護 5
6380円	7070円	7780円	8470円	9160円	7380円	8060円	8810円	9490円	10170円
短期入所療養介護費（Ⅰ）（介護老人保健施設）の基本報酬 1日につき									
多床室（基本型）					ユニット型個室（基本型）				
要介護 1	要介護 2	要介護 3	要介護 4	要介護 5	要介護 1	要介護 2	要介護 3	要介護 4	要介護 5
8270円	8760円	9390円	9910円	10450円	8330円	8790円	9430円	9970円	10490円

*1 1点10円として計算、利用者の費用負担は上記の1割から3割 *2 赤字は増額、黒字は増減なし、青字は減額（詳細は巻末付録参照）

短期入所生活・療養介護の改正と改定のポイント

制度改正のポイント

短期入所療養介護
- 看取り期における本人の意思に沿ったケアの充実 ⇒ 制度改正編 質問6

共通
- 災害への地域と連携した対応の強化 ⇒ 制度改正編 質問4
- 認知症に係る取組の情報公表の推進 ⇒ 制度改正編 質問5
- 認知症介護基礎研修の受講の義務づけ ⇒ 制度改正編 質問5
- 通院等乗降介助の見直し ⇒ 制度改正編 質問8
- 緊急時の宿泊ニーズへの対応の充実 ⇒ 制度改正編 質問28
- リハビリテーション・機能訓練、口腔、栄養の取組の一体的な推進 ⇒ 制度改正編 質問11
- リハビリテーション計画書と個別機能訓練計画書の書式の見直し ⇒ 制度改正編 質問11
- 基準費用額の見直し ⇒ 制度改正編 質問20

報酬改定のポイント

短期入所生活介護
- 生活機能向上連携加算の見直し ⇒ 制度改正編 質問32
- 見守り機器等を導入した場合の夜勤職員配置加算の見直し ⇒ 制度改正編 質問37

短期入所療養介護
- 総合医学管理加算の新設 ⇒ 制度改正編 質問26

共通
- 新型コロナウイルス感染症に対応するための特例的な評価 ⇒ 制度改正編 質問21
- 認知症専門ケア加算等の新設 ⇒ 制度改正編 質問23
- 特別地域加算の見直し ⇒ 制度改正編 質問30
- 中山間地域等の小規模事業所加算の見直し ⇒ 制度改正編 質問30
- 中山間地域等に居住する者へのサービス提供加算の算定 ⇒ 制度改正編 質問30
- サービス提供体制強化加算の見直し ⇒ 制度改正編 質問36

サービス編

質問14 特定施設入居者生活介護とは何ですか？

有料老人ホームなどに入居した利用者に提供するサービスです。

どんな特徴があるのですか？

利用者の費用負担で、サービスの手厚さが変わってくることかな。

特定施設に入居した高齢者にサービスを提供します。

特定施設入居者生活介護とは、居住系施設に入居した高齢者に対して、介護や食事、家事、各種レクリエーションやリハビリテーションなどを提供するサービスです。特定施設入居者生活介護には、要介護者のみを対象とする**介護専用型**（**一般型**）、要介護者と健常者を対象とする**混合型**、外部事業者による介護サービスを利用する**外部サービス利用型**があります。利用者は、介護専用型と混合型では 1 日あたり定額の費用（包括報酬）を支払うのに対して、外部サービス利用型では生活相談・安否確認・ケアプラン作成についての定額の費用（定額報酬）に加えて、利用した居宅サービスに応じた費用（出来高報酬）を支払うことになります。

サービスの手厚さや設備などにかなり差があります。

特定施設入居者生活介護を提供する施設には、民間企業が運営する**有料老人ホーム**、社会福祉法人や地方自治体などが運営する**ケアハウス**、市町村が運営する**養護老人ホーム**、そして民間企業が運営する**サービス付き高齢者住宅**があります。ただしすべての施設が特定施設の指定を受けているわけではないので、注意が必要です（→サービス編　質問 8）。特定施設は、現在、一時金無しの安い費用で最低限のサービスを提供する施設と、高額な費用で手厚いサービスを提供する施設に 2 極化しています。施設によって、居室の広さや共用設備の充実度にも差があり、医学管理下でのケアなどへの対応状況も変わってきます。

特定施設の利用者と基本報酬

有料老人ホーム
軽費老人ホーム
養護老人ホーム
サービス付き高齢者住宅

サービス	利用者
特定施設入居者生活介護	要介護 1-5
地域密着型特定施設入居者生活介護	要介護 1-5
介護予防特定施設入居者生活介護	要支援 1-2

運営主体

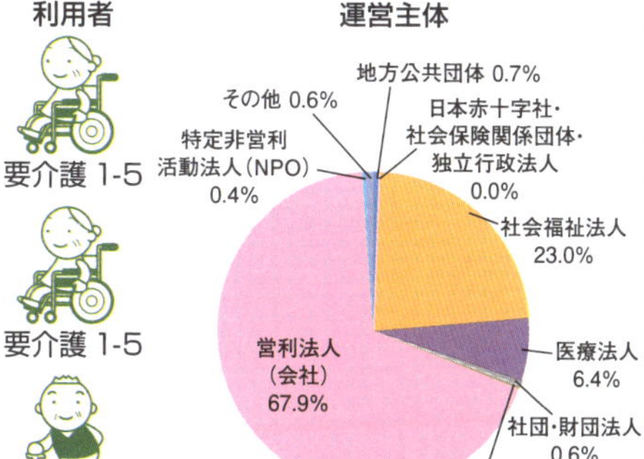

特定施設入居者生活介護費の基本報酬 1 日につき						介護予防特定施設入居者生活介護費の基本報酬 1 日につき		
要介護 1	要介護 2	要介護 3	要介護 4	要介護 5	外部サービス利用型	要支援 1	要支援 2	外部サービス利用型
5380 円	6040 円	6740 円	7380 円	8070 円	830 円	1820 円	3110 円	560 円

*1　1 点 10 円として計算、利用者の費用負担は上記の 1 割から 3 割
*2　赤字は増額、黒字は増減なし、青字は減額（詳細は巻末付録参照）

特定施設入居者生活介護の改正と改定のポイント

制度改正のポイント

- ・災害への地域と連携した対応の強化 ⇒ 制度改正編 質問 4
- ・認知症専門ケア加算の要件緩和 ⇒ 制度改正編 質問 5
- ・認知症に係る取り組みの情報公表の推進 ⇒ 制度改正編 質問 5
- ・認知症介護基礎研修の受講の義務づけ ⇒ 制度改正編 質問 5
- ・看取り期における本人の意思に沿ったケアの充実 ⇒ 制度改正編 質問 6
- ・リハビリテーション・機能訓練、口腔、栄養の取組の一体的な推進 ⇒ 制度改正編 質問 11

報酬改定のポイント

- ・新型コロナウイルス感染症に対応するための特例的な評価 ⇒ 制度改正編 質問 21
- ・看取り介護加算の見直し ⇒ 制度改正編 質問 24
- ・特別地域加算の見直し ⇒ 制度改正編 質問 30
- ・中山間地域等の小規模事業所加算の見直し ⇒ 制度改正編 質問 30
- ・中山間地域等に居住する者へのサービス提供加算の算定 ⇒ 制度改正編 質問 30
- ・生活機能向上連携加算の見直し ⇒ 制度改正編 質問 32
- ・個別機能訓練加算の見直し ⇒ 制度改正編 質問 32
- ・口腔・栄養スクリーニング加算の新設 ⇒ 制度改正編 質問 33
- ・科学的介護推進体制加算の新設 ⇒ 制度改正編 質問 34
- ・ADL 維持等加算の新設 ⇒ 制度改正編 質問 34（特定施設入居者生活介護のみ）
- ・サービス提供体制強化加算の見直し ⇒ 制度改正編 質問 36

サービス提供責任者とは

訪問介護計画の作成、利用申込みの調整、訪問介護員に対する技術指導を行う常勤職員。介護福祉士やヘルパー 1 級などの資格が必要。

サービス編

質問15 居宅介護支援と予防介護支援とは何ですか？

わかりやすいのは、ケアプランの作成ですね。

それで終わりですか？

いや、その後も利用者宅を訪問し、モニタリングします。

課題の分析、ケアプランの作成、事業者の調整を行います。

居宅介護支援と**予防介護支援**では、利用者が自宅で自立した日常生活を送れるように、利用者の心身の状況や置かれている環境に応じて課題を分析し、介護サービスを利用するためのケアプランを作成します。ケアマネジャーはまた、ケアプランに基づいて施設・人員・設備などの面から最も適切と思われる地域内の介護事業者に連絡し、利用者の受入れが可能かを確認し、契約締結を手伝います。要介護者を対象とする居宅介護支援は**介護支援事務所**、要支援者を対象とする予防介護支援は**地域包括支援センター**が提供します。居宅介護支援と予防介護支援の費用は保険者が全額負担するため、利用者には費用負担が発生しません。

利用状況をモニタリングし、ケアプランを見直します。

ケアマネジャーは、サービス開始後も定期的に利用者を訪問し、サービス利用状況をモニタリングし、毎月、市町村に連絡し、必要に応じてサービスの評価とケアプランの見直しを行います。そのため、ケアマネジャーは介護保険制度や介護サービスだけでなく、サービス事業者の評判などにも精通している必要があります。

15年度の制度改正では、ケアプラン点検の強化に向けて**課題整理総括表**と**評価表**が導入され、18年度の制度改正では管理者要件が厳格化されて主任ケアマネジャーとなり（3年間の経過措置期間あり）、21年度には経過措置期間が27年3月まで延長されています。

居宅介護支援と予防介護支援の利用者と基本報酬

居宅介護支援事業所

居宅介護支援

利用者

要介護 1-5

地域包括支援センター

介護予防支援

要支援 1-2

運営主体

100
90
80
70
60
50
40
30
20
10
0

居宅介護支援事業所
0.4
3.4
51.8
2.0
2.6
15.5
23.3
0.0
0.9

介護予防支援事業所（地域包括支援センター）
0.3
0.6
1.6
1.1
3.4
13.5
56.3
0.0
23.2

その他
特定非営利活動法人（NPO）
営利法人（会社）
協同組合
社団・財団法人
医療法人
社会福祉法人
日本赤十字社・社会保険関係団体・独立行政法人
地方公共団体

居宅介護支援費の基本報酬 1月につき						介護予防支援費の基本報酬 1月につき
40件未満		40件以上60件未満		60件以上		
要介護 1・2	要介護 3・4・5	要介護 1・2	要介護 3・4・5	要介護 1・2	要介護 3・4・5	要支援 1・2
10760円	13980円	5390円	6980円	3230円	4180円	4380円

*1　ケアマネジャー 1 人・1 月あたりの取扱件数
*2　1 点 10 円として計算、利用者の費用負担は上記の 1 割から 3 割
*3　赤字は増額、黒字は増減なし、青字は減額（詳細は巻末付録参照）

居宅介護支援の改正と改定のポイント

制度改正のポイント

居宅介護支援
- 看取り期におけるサービス利用前の相談・調整等に係る評価　⇒　制度改正編　質問 6
- 逓減制の見直し　⇒　制度改正編　質問 9

共通
- 認知症に係る取組の情報公表の推進　⇒　制度改正編　質問 5
- 看取り期における本人の意思に沿ったケアの充実　⇒　制度改正編　質問 6
- 生活援助の訪問回数の多い利用者等のケアプランの検証　⇒　制度改正編　質問 18
- サ高住等における適正なサービス提供の確保　⇒　制度改正編　質問 39

報酬改定のポイント

居宅介護支援
- 特定事業所加算の見直し　⇒　制度改正編　質問 36
- 退院時情報連携加算の新設　⇒　制度改正編　質問 29

共通
- 特別地域加算の見直し　⇒　制度改正編　質問 30
- 中山間地域等の小規模事業所加算の見直し　⇒　制度改正編　質問 30
- 中山間地域等に居住する者へのサービス提供加算の算定　⇒　制度改正編　質問 30
- 小規模多機能居宅介護事業所連携加算の廃止　⇒　制度改正編　質問 40

居宅介護支援事業所による代行業務とは

要介護認定申請やその他介護保険に関わる手続きを、利用者本人や家族に代わって、居宅介護支援事業所が行うこと。

サービス編

質問16 福祉用具の貸与や販売とは何ですか？

日常生活の便宜や機能訓練のための用具を貸与・販売します。

いくらでも、介護保険を利用して購入できるのですか？

いや、介護保険の支給限度額は年間10万円に設定されています。

日常生活の便宜・機能訓練用の用具を貸与・販売します。

介護保険法において「心身機能が低下し日常生活を営むのに支障がある要介護者等の日常生活上の便宜を図るための用具及び要介護者等の機能訓練のための用具であって、要介護者等の日常生活の自立を助けるためのもの」と定義される**福祉用具**の貸与・販売は、介護給付の対象となるサービスです。福祉用具を貸与・販売するにあたり事業者には、**福祉用具専門相談員**の資格を持ったスタッフと都道府県や市町村の指定が必要になります。福祉用具の貸与・販売では、福祉用具専門相談員がケアマネジャーと協力して、利用者の状況を把握し、課題を分析した上で目的に合った福祉器具を選ぶことになります。

販売の支給限度額は年間10万円に設定されています。

福祉用具貸与の対象となる福祉用具は歩行器やスロープなどで、車いすや特殊寝台は要支援1－2と要介護1の高齢者への貸与が認められていません。販売対象である**特定福祉用具**は簡易浴槽や腰掛便座など5種類で、限度額年間10万円の範囲内で、利用者に購入費用の7割から9割が支給されます。

福祉用具は、価格設定のルールがなく、情報が充分でないために、平均価格より明らかに高額あるいは低額に設定されることが問題になってきました。そのため、15年度の制度改正で**福祉用具の価格情報の公表制度**が創設され、18年度の制度改正で貸与価格の上限が設定され、その後たびたび更新されています。

福祉用具と特定福祉用具の利用者と貸与・販売の対象

福祉用具事業所

	利用者	
福祉用具貸与	 要介護 1-5	
特定福祉用具販売	 要介護 1-5	
介護予防福祉用具貸与	 要介護 1-2	

貸与の対象（福祉用具）

- 車いす（付属品含む）
- 歩行器
- 手すり
- 特殊寝台（付属品含む）
- 歩行補助つえ
- 体位変換器
- 床ずれ防止用具
- 認知症老人徘徊感知器
- 移動用リフト（つり具の部分を除く）
- 自動排泄処理装置
- スロープ

販売の対象（特定福祉用具）

- 簡易浴槽
- 腰掛便座
- 自動排泄処理装置の交換可能部
- 入浴補助用具（入浴用いす、浴槽用手すり、浴槽内いす、入浴台、浴室内すのこ、浴槽内すのこ、入浴用介助ベルト）
- 移動用リフトのつり具の部分

特殊寝台とは

床板が 3 つないしそれ以上に分割されており、背中を支える部分が起きあがるなど、必要に応じた姿勢をとることができるベッド。

福祉用具と特定福祉用具の改正と改定のポイント

制度改正のポイント

介護予防支援

- 認知症に係る取り組みの情報公表の推進
  ⇒ 制度改正編　質問 5
- サ高住等における適正なサービス提供の確保
  ⇒ 制度改正編　質問 39

報酬改定のポイント

- 特別地域加算の見直し
  ⇒ 制度改正編　質問 30
- 中山間地域等の小規模事業所加算の見直し
  ⇒ 制度改正編　質問 30
- 中山間地域等に居住する者へのサービス提供加算の算定
  ⇒ 制度改正編　質問 30

特殊尿器とは

センサーで尿を検知し、真空方式で自動的に尿を吸引する用具。寝たきりの高齢者などが使用する。

体位変換器とは

身体の下に棒・板・くさび状の用具などを差し込み、少ない力で身体を動かせるようにする用具。寝たきりの高齢者などが利用する。

サービス編

質問 17

介護保険の住宅改修とは何ですか？

要介護・支援者が自宅で暮らし続けるための住宅の改修です。

利用者には、何が必要になるのですか？

市区町村の窓口への事前の届出と審査です。

1章 2章 3章 4章 5章 6章 7章

手すりの取り付け、段差解消、便器取り替えなどです。

手すりの取り付け、**段差の解消**、**滑りの防止**、**移動の円滑化のための床または通路面の材料変更**、**引き戸等への扉の取り替え**、**洋式便所等への便器の取り替え**、**その他各工事に付帯する工事**といった高齢者向けの**住宅改修**も介護保険の対象となるサービスです。

利用者は改修にあたり、市区町村の窓口で事前に届け出て、審査の結果、改修が認められれば、**総額 20 万円を上限**に介護給付が支給されます。また 1 戸の住宅について 1 回が原則ですが、転居した場合あるいは要介護認定が **3 段階以上上がった場合**には、再度の申請が認められます。

受領委任払い制度の利用には市町村への登録が必要です。

住宅改修を行う事業者に対する指定制度はなく、一般の住宅リフォーム業者が**バリアフリー**、**ユニバーサル設計**などと謳ってサービスを提供しています。そのため、一部の悪質なリフォーム業者が必要のない改修工事まで計画に盛り込んだり、法外な工事費を請求したりするなどのトラブルも発生しています。こうした事態を受けて、一部の市町村では、**介護保険住宅改修施工事業者**の登録を受けた事業者に対して、事前申請により保険給付分を市町村から施行業者に直接支払う**受領委任払い制度**を利用可能にしています。また、国により見積書式の様式が示され、複数の事業者から見積もりを取るようにケアマネが説明することを義務化するなどの方策も採られています。

介護保険における住宅改修の利用者と改修の対象

	利用者	改修の対象
居宅介護住宅改修 →	要介護 1-5	●段差の解消 ●引き戸等への扉の取り換え ●手すりの取り付け ●洋式便所等への便器の取り換え ●滑りの防止 ●移動の円滑化のための床または通路面の材料変更 ●その他各工事に付帯する工事
介護予防住宅改修 →	要支援 1-2	

介護保険住宅改修施工事業者とは

介護保険における住宅改修で受領委任払い制度を利用できる事業者。
基本的に毎年、市町村が実施する研修会の受講などが必要になる。

償還払いと受領委任払いのながれ

ケアマネジャーなどに相談 → 事業者の選定 →

- **償還払い** → 市町村へ事前申請 → 市町村から確認通知 → 着工・完了 → 費用の全額を支払う → 市町村へ事後申請（完了届け提出） → 利用者に費用の7割から9割を支給
- **受領委任払い** → 市町村へ事前申請 → 市町村から確認通知 → 着工・完了 → 費用の1割から3割を支払う → 市町村へ事後申請（完了届け提出） → 事業者に費用の7割から9割を支給

受領委任払い　＝
介護保険住宅改修施工事業者の登録が必要

サービス編

質問18 介護老人福祉施設とは何ですか？

介護保険制度誕生以前からあった、老人福祉施設の１つね。

どんな特徴があるのですか？

比較的安価でサービスが受けられることと入所が難しいことよ。

入所者に介護や看護に重点を置いたケアを提供します。

特別養護老人ホーム（**特養**）とも呼ばれる**介護老人福祉施設**は、入所した要介護者に対して、入浴・食事・排泄の介護と各種レクリエーションなどを提供する施設です。86 年の老人福祉法改正に基づいて制度化された介護老人福祉施設では、医療よりも介護や看護に重点を置いたケアが提供されます。介護老人福祉施設の居室はかつて**４人部屋**（多床室）や**ユニットを構成しない個室**（従来型個室）がほとんどでしたが、最近は厚生労働省によって**ユニットケア化**（**ユニット型個室**）が進められています。ユニットケア化された施設には、少人数のユニットごとに共同生活室が設置され、そこで食事や談話ができるようになっています。

30万人以上が入所を希望しながら待機しています。

厚生労働省や地方自治体は介護給付の財源の問題から、介護老人福祉施設の新設を制限しているので、2016 年度時点で**36 万人以上が介護老人福祉施設への入所を希望しながら待機**していると言われています。そのためかつては申込順だった入所も、現在は、要介護度、生活状況、年齢、在宅介護期間や入院期間、家族及び介護者の有無、資産や収入額などを**点数化**して入所が判断されるようになっています。

入所者は残りの人生の時間を施設内で過ごすことがほとんどで、申込者にはなかなか順番が回ってこないため、2015 年の制度改正で入所対象者が**原則要介護３以上**となりました。その結果、前回調査よりも待機者数が 10 万人以上減っています。

介護老人福祉施設の利用者と基本報酬

介護老人福祉施設

介護老人福祉施設 → 要介護 3-5 が中心

地域密着型介護老人福祉施設 → 要介護 3-5 が中心

利用者

要介護 3-5 が中心

運営主体

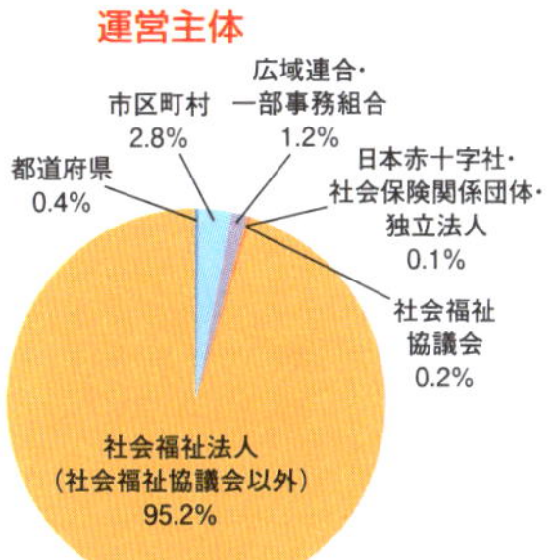

介護福祉施設サービス費（通常型）の基本報酬 1 日につき									
多床室					ユニット型個室				
要介護 1	要介護 2	要介護 3	要介護 4	要介護 5	要介護 1	要介護 2	要介護 3	要介護 4	要介護 5
5730 円	6410 円	7120 円	7800 円	8470 円	6520 円	7200 円	7930 円	8620 円	9290 円

*1　1 点 10 円として計算、利用者の費用負担は上記の 1 割から 3 割

*2　赤字は増額、黒字は増減なし、青字は減額（詳細は巻末付録参照）

介護老人福祉施設の改正と改定のポイント

制度改正のポイント

- ・災害への地域と連携した対応の強化　⇒　制度改正編　質問 4
- ・認知症専門ケア加算の算定要件等の緩和　⇒　制度改正編　質問 5
- ・認知症に係る取組の情報公表の推進　⇒　制度改正編　質問 5
- ・認知症介護基礎研修の受講の義務づけ　⇒　制度改正編　質問 5
- ・看取り期における本人の意思に沿ったケアの充実　⇒　制度改正編　質問 6
- ・リハビリテーション・機能訓練、口腔、栄養の取組の一体的な推進　⇒　制度改正編　質問 11
- ・多職種連携における管理栄養士の関与の強化　⇒　制度改正編　質問 11
- ・見守り機器等を導入した場合の人員配置基準の緩和　⇒　制度改正編　質問 15
- ・基準費用額の見直し　⇒　制度改正編　質問 20

報酬改定のポイント

- ・看取り介護加算の見直し　⇒　制度改正編　質問 24
- ・特別地域加算の見直し　⇒　制度改正編　質問 30
- ・中山間地域等の小規模事業所加算の見直し　⇒　制度改正編　質問 30
- ・中山間地域等に居住する者へのサービス提供加算の算定　⇒　制度改正編　質問 30
- ・生活機能向上連携加算の見直し　⇒　制度改正編　質問 32
- ・個別機能訓練加算の見直し　⇒　制度改正編　質問 32
- ・口腔衛生管理体制加算の見直し　⇒　制度改正編　質問 33
- ・栄養マネジメント加算の見直し　⇒　制度改正編　質問 33
- ・科学的介護推進体制加算の新設　⇒　制度改正編　質問 34
- ・ADL 維持等加算の見直し　⇒　制度改正編　質問 34
- ・自立支援促進加算の新設　⇒　制度改正編　質問 35
- ・褥瘡マネジメント加算等の見直し　⇒　制度改正編　質問 35
- ・排せつ支援加算の見直し　⇒　制度改正編　質問 35
- ・サービス提供体制強化加算の見直し　⇒　制度改正編　質問 36
- ・安全管理体制未実施減算と安全対策体制加算の新設　⇒　制度改正編　質問 40

サービス編

質問19

介護老人保健施設とは何ですか？

病院と介護福祉施設の中間的な存在ね。

ずっといられるのですか？

それが、3か月ごとに退所あるいは入所継続を判定されるの。

病状の安定した患者に看護や介護などを提供します。

老人保健施設（**老健**）とも呼ばれる**介護老人保健施設**は、入院の必要がなく病状の安定した要介護者に対して、医療や看護やリハビリテーション、入浴・食事・排泄といった介護を提供する施設です。介護老人福祉施設と病院との中間的存在である介護老人保健施設は、主に寝たきり老人や認知症患者などを受け入れています。入所期間が比較的短い介護老人保健施設では、多床室から個室、従来型からユニット型への切り替えがゆっくりで、約6割が多床室、ユニット型は1割弱に過ぎません。また、2008年、介護療養型医療施設の転換の受け皿となる**介護療養型老人保健施設**（**新型老健**）と呼ばれる施設も誕生しています。

3か月ごとに退所あるいは入所継続の判定が行われます。

介護老人保健施設への入所の可否は、施設スタッフや医師、行政担当者などで構成される委員会が、**要介護度**、**介護の必要性**、**介護者の状況**、**待機期間**、**資産や収入額**などから総合的に判断します。また、介護老人保健施設でのサービスはあくまでも在宅復帰を目的としたケアであるため、介護老人福祉施設のように終身制ではなく、入所期間である3ヶ月ごとに**退所**あるいは**入所継続**の判定が行われ、検討会議で退所可能であると判断された場合には退所しなくてはなりません。一方で、平均在所日数が1年弱と短いため、入居率は高いものの、入所基準を満たしていれば、一般に3か月-半年程度で入所可能なケースが多いようです（**複数施設への申込可**）。

介護老人保健施設の利用者と基本報酬

利用者　運営主体

介護老人保健施設

介護老人保健施設

要介護 3-5 が中心

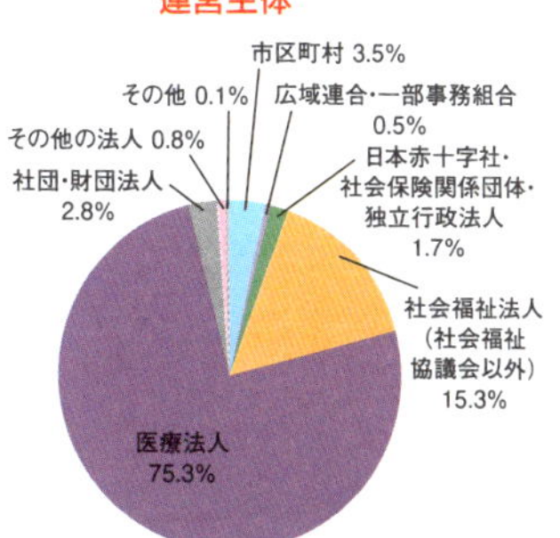

介護保険施設サービス費（基本型）の基本報酬（例）　1 日につき									
多床室					ユニット型個室				
要介護 1	要介護 2	要介護 3	要介護 4	要介護 5	要介護 1	要介護 2	要介護 3	要介護 4	要介護 5
7880 円	8360 円	8980 円	9490 円	10030 円	7960 円	8410 円	9030 円	9560 円	10090 円

*1　1 点 10 円として計算、利用者の費用負担は上記の 1 割から 3 割
*2　赤字は増額、黒字は増減なし、青字は減額（詳細は巻末付録参照）

介護老人保健施設の改正と改定のポイント

制度改正のポイント

- 災害への地域と連携した対応の強化　⇒　制度改正編　質問 4
- 認知症に係る取組の情報公表の推進　⇒　制度改正編　質問 5
- 認知症介護基礎研修の受講の義務づけ　⇒　制度改正編　質問 5
- 看取り期における本人の意思に沿ったケアの充実　⇒　制度改正編　質問 6
- リハビリテーション・機能訓練、口腔、栄養の取組の一体的な推進　⇒　制度改正編　質問 11
- 多職種連携における管理栄養士の関与の強化　⇒　制度改正編　質問 11
- リスクマネジメントの強化　⇒　制度改正編　質問 40
- 基準費用額の見直し　⇒　制度改正編　質問 20

報酬改定のポイント

- 新型コロナウイルス感染症に対応するための特例的な評価　⇒　制度改正編　質問 21
- 認知症専門ケア加算等の見直し　⇒　制度改正編　質問 23
- ターミナルケア加算の新設　⇒　制度改正編　質問 25
- 退所前連携加算の見直し　⇒　制度改正編　質問 27
- リハビリテーションマネジメント計画書情報加算の新設　⇒　制度改正編　質問 31
- 口腔衛生管理体制加算の見直し　⇒　制度改正編　質問 33
- 栄養ケア・マネジメントの未実施減算と栄養マネジメント強化加算の新設 ⇒　制度改正編　質問 33
- 科学的介護推進体制加算の新設　⇒　制度改正編　質問 34
- 自立支援促進加算の新設　⇒　制度改正編　質問 35
- 褥瘡マネジメント加算等の見直し　⇒　制度改正編　質問 35
- 排せつ支援加算の見直し　⇒　制度改正編　質問 35
- サービス提供体制強化加算の見直し　⇒　制度改正編　質問 36
- 安全管理体制未実施減算と安全対策体制加算の新設　⇒　制度改正編　質問 40

サービス編

質問20 介護療養型医療施設とは何ですか？

主に寝たきり患者に対する医療や看護を提供してるわ。

入院状況はどうなっているのですか？

数も減っているから、定員の９割以上が埋まっているわ。

主に回復期にある寝たきり患者にサービスを提供します。

介護療養型医療施設（**療養病床**）は、比較的病状の安定した要介護者に対して、医療や看護やリハビリテーション、入浴・食事・排泄といった介護を提供する施設です。医療ではなく介護・療養を目的とする入院（**社会的入院**）患者の多い介護療養型医療施設は、主に寝たきり老人や認知症患者など、自立生活が難しい要介護者を受け入れています。

17年度末に廃止が予定されていた介護療養型医療施設は、18年度の制度改正で、6年間の経過期間内に、介護医療院などに転換されることが決まっており、それに伴って介護報酬も改定されています。

あくまで医療機関であり、医学管理下のケアが中心です。

介護療養型医療施設への入院の可否は、介護老人保健施設と同様に、施設スタッフや医師、行政担当者などで構成される委員会が、**要介護度**、**介護の必要性**、**介護者の状況**などから総合的に判断します。介護療養型医療施設はあくまでも医療機関であり、提供されるのは本来、急性疾患からの回復期にある寝たきり患者に対する医学的管理下のケアが中心です。そのため、状態が改善してきた場合には、退所を求められることもあります。2012年から新設が認められなくなり、施設数が減少している介護療養型医療施設は、定員の９割以上が埋まっており、入所まで通常、数か月程度の期間を要すると言われています（**複数施設への申込可**）。

介護療養型医療施設の利用者と基本報酬

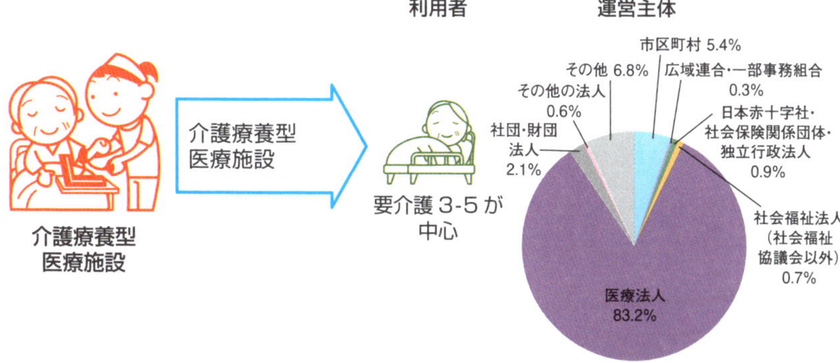

療養型介護療養施設サービス費（Ⅰ）（病院）の基本報酬 1 日につき									
多床室（看護 6：1、介護 4：1）					ユニット型個室				
要介護 1	要介護 2	要介護 3	要介護 4	要介護 5	要介護 1	要介護 2	要介護 3	要介護 4	要介護 5
6860 円	7810 円	9820 円	10700 円	11460 円	7060 円	8010 円	10020 円	10900 円	11660 円

*1　※ 1 点 10 円として計算、利用者の費用負担は上記の 1 割から 3 割
*2　赤字は増額、黒字は増減なし、青字は減額（詳細は巻末付録参照）

介護療養型医療施設の改正と改定のポイント

制度改正のポイント

- 災害への地域と連携した対応の強化　⇒　制度改正編　質問 4
- 認知症に係る取組の情報公表の推進　⇒　制度改正編　質問 5
- 認知症介護基礎研修の受講の義務づけ　⇒　制度改正編　質問 5
- 看取り期における本人の意思に沿ったケアの充実　⇒　制度改正編　質問 6
- リハビリテーション・機能訓練、口腔、栄養の取組の一体的な推進　⇒　制度改正編　質問 11
- 管理栄養士の関与の強化　⇒　制度改正編　質問 11

報酬改定のポイント

- 新型コロナウイルス感染症に対応するための特例的な評価　⇒　制度改正編　質問 21
- 移行計画未提出減算の新設　⇒　制度改正編　質問 39
- 口腔衛生管理体制加算の見直し　⇒　制度改正編　質問 33
- 栄養ケア・マネジメントの未実施減算と栄養マネジメント強化加算の新設　⇒　制度改正編　質問 33

常勤換算とは

全従業員の勤務時間の合計を、全員が常勤の場合に勤務すべき時間の合計（32 時間を下回る場合は 32 時間が基本）で割ることにより算出される、常勤・非常勤の従事者数を**常勤**に置き換えた場合の人数とその換算方法のこと。常勤職員の半分の時間を勤務する非常勤者は常勤換算で 0.5 人となる。

サービス編

質問 21

介護医療院とは何ですか？

慢性期の医療機能と看取り・ターミナルケア機能を提供するよ。

どうして新たに創設されることになったのですか？

廃止されることが決まっている介護療養型医療施設の受け皿だね。

制度改正で創設された、新しい施設サービスです。

2018 年度にサービスが創設された**介護医療院**では、現在介護療養病床が担っている**慢性期の医療機能**や**看取り・ターミナルケア機能**と、入浴・食事・排泄といった介護が一体的に提供されます。

介護医療院は、介護療養型医療施設に代わって、急性疾患からの回復期にある寝たきり患者に対する医学的管理下のケアが中心に提供する施設と位置付けられています。そのため、状態が改善してきた場合には、介護療養型医療施設と同様に、退所を求められることもあります。介護医療院の利用者には、主に要介護 3 − 5 の中度から重度の要介護者が想定されます。

介護医療院には、Ⅰ型とⅡ型があります。

介護医療院には、重篤な身体疾患を有する者及び身体合併症を有する 認知症高齢者などに介護療養型医療施設（**療養機能強化型 A・B**）に相当するサービスを提供するⅠ型と、容体は比較的安定した者に**介護老人保健施設**に相当するサービスを提供するⅡ型の 2 つがあります。Ⅰ型とⅡ型では、人員・設備・運営基準が異なります。

Ⅰ型の人員基準は入院患者 5 人に対して介護職員 1 人以上、48 人に対して医師 1 人以上であるのに対して、Ⅱ型の人員基準は入院患者 6 人に対して介護職員 1 人以上、100 人に対して医師 1 人以上です。病室、機能訓練室、廊下、食堂の設備基準も決められており、介護療養型医療施設より広い病室が必要になります。

介護医療院の利用者と基本報酬

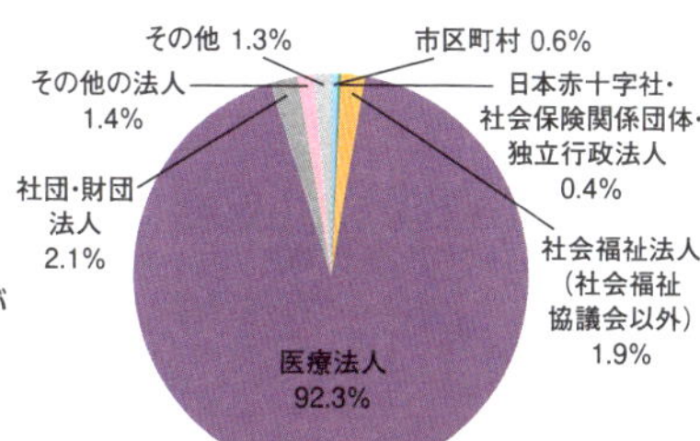

介護医療院サービス費（I）の基本報酬（例） 1日につき									
I型（多床室）					II型（多床室）				
要介護 1	要介護 2	要介護 3	要介護 4	要介護 5	要介護 1	要介護 2	要介護 3	要介護 4	要介護 5
8250円	9340円	11710円	12710円	13620円	8130円	9210円	11540円	12520円	13420円

*1 ※１点10円として計算、利用者の費用負担は上記の１割から３割
*2 赤字は増額、黒字は増減なし、青字は減額（詳細は巻末付録参照）

介護医療院の改正と改定のポイント

制度改正のポイント

- 災害への地域と連携した対応の強化 ⇒ 制度改正編 質問 4
- 認知症に係る取組の情報公表の推進 ⇒ 制度改正編 質問 5
- 認知症介護基礎研修の受講の義務づけ ⇒ 制度改正編 質問 5
- 看取り期における本人の意思に沿ったケアの充実 ⇒ 制度改正編 質問 6
- 有床診療所から介護医療院への移行促進 ⇒ 制度改正編 質問 7
- リハビリテーション・機能訓練、口腔、栄養の取組の一体的な推進 ⇒ 制度改正編 質問 11
- 多職種連携における管理栄養士の関与の強化 ⇒ 制度改正編 質問 11
- 基準費用額の見直し ⇒ 制度改正編 質問 20

報酬改定のポイント

- 認知症専門ケア加算の新設 ⇒ 制度改正編 質問 23
- 長期療養生活移行加算の新設 ⇒ 制度改正編 質問 27
- 薬剤管理指導の見直し ⇒ 制度改正編 質問 27
- 口腔衛生管理加算の見直し ⇒ 制度改正編 質問 33
- 栄養ケア・マネジメントの未実施減算と栄養マネジメント強化加算の新設 ⇒ 制度改正編 質問 33
- 科学的介護推進体制加算の新設 ⇒ 制度改正編 質問 34
- 自立支援促進加算の新設 ⇒ 制度改正編 質問 35
- 褥瘡マネジメント加算等の見直し ⇒ 制度改正編 質問 35
- 排せつ支援加算の見直し ⇒ 制度改正編 質問 35
- サービス提供体制強化加算の見直し ⇒ 制度改正編 質問 36
- 介護医療院の移行定着支援加算の廃止 ⇒ 制度改正編 質問 39
- 安全管理体制未実施減算と安全対策体制加算の新設 ⇒ 制度改正編 質問 40

5章では、何を学ぶのですか?

居宅サービスと施設サービス以外の介護保険のサービスを理解します。

それって、何ですか？

地域密着型サービスと地域支援事業です。

2000年の制度開始当初から、ありましたっけ？

両方とも、2006年から介護保険制度に組み込まれました。

どんな特徴があるのですか？

特徴は2つ。まず、その地域に住む住民だけを対象とすること。

もう1つの特徴は？

市町村の自由度が高いことです。

逆に言うと、市町村によって格差があるってことか……。

5章で学ぶこと

- 地域密着型サービスには何があるか?
- 地域支援事業には何があるか?

サービス編

[5章] 地域密着型サービスと地域支援事業

サービス編

質問22

定期巡回・随時対応型訪問介護看護とは何ですか？

訪問看護ステーションなどが提供するサービスだね。

サービス内容がわかりにくいのですが……

それは、４つのサービスを組み合わせて提供しているからだよ。

1章 2章 3章 4章 5章 6章 7章

医療と介護が連携し、サービスを組み合わせて提供します。

定期巡回・随時対応型訪問介護看護とは、ヘルパーなどが１日複数回利用者宅を巡回する**定期巡回サービス**、通報を受けて対応の要否を判断する**随時対応サービス**、訪問の要否に応じて訪問する**随時訪問サービス**、看護師が訪問して療養上の世話または診療の補助を行う**訪問看護サービス**を組み合わせて提供する24時間対応型サービスです。定期巡回・随時対応型訪問介護看護は、在宅で暮らす重度の医療ニーズが高い要介護者を対象としています。2021年度には、計画作成責任者と管理者の兼務が可能であること、訪問介護員は夜間・早朝に必ずしも事業所内にいる必要ないことなどが明確化されています。

訪問介護や訪問看護などとは併用できません。

定期巡回・随時対応型訪問介護看護は、４つすべてのサービスを一体的に行う**一体型事業所**、事業所が連携して行う**連携型事業所**のいずれかで提供されます。

一体型の場合、人員として、オペレーター、訪問介護員、看護職員、機能訓練指導員などが必要です。また、**定期巡回・随時対応型訪問介護看護計画**の作成責任者がケアプランの内容や利用者の状況を踏まえて、サービス提供日時を決めます。なお、サービス内容が重複することから、訪問介護（通院等乗降介助を除く）、訪問看護（連携型利用時を除く）、夜間対応型訪問介護は、定期巡回・随時対応型訪問介護看護と併用できません。

定期巡回・随時対応型訪問介護看護の利用者と基本報酬

ヘルパーセンター
＋
訪問看護
ステーション

介護老人福祉施設
の併設施設

定期巡回・
随時対応型
訪問介護看護

利用者

要介護 1-5

サービス内容

- 定期的な巡回
- 随時の通報による居宅訪問
- 療養上の世話
- 診療の補助
- 入浴・排泄の身体介護
- 食事などの生活支援
- 緊急時の対応

定期巡回・随時対応型訪問介護看護費（I）の基本報酬 1 月につき

訪問看護サービスを行わない場合					訪問看護サービスを行う場合				
要介護 1	要介護 2	要介護 3	要介護 4	要介護 5	要介護 1	要介護 2	要介護 3	要介護 4	要介護 5
56970円	101680円	168830円	213570円	258290円	83120円	129850円	198210円	244340円	296010円

*1　1 点 10 円として計算、利用者の費用負担は上記の 1 割から 3 割
*2　赤字は増額、黒字は増減なし、青字は減額

定期巡回・随時対応型訪問介護看護の改正と改定のポイント

制度改正のポイント

- 認知症に係る取組の情報公表の推進　⇒　制度改正編　質問 5

報酬改定のポイント

- 新型コロナウイルス感染症に対応するための特例的な評価　⇒　制度改正編　質問 21
- 認知症専門ケア加算の新設　⇒　制度改正編　質問 23
- 特別地域加算の算定　⇒　制度改正編　質問 30
- 中山間地域等の小規模事業所加算の算定　⇒　制度改正編　質問 30
- 中山間地域等に居住する者へのサービス提供加算の算定　⇒　制度改正編　質問 30
- 生活機能向上連携加算の見直し　⇒　制度改正編　質問 32
- サービス提供体制強化加算の見直し　⇒　制度改正編　質問 36

オペレーターとは

利用者のコールを受け付け、相談内容に対応し、必要に応じて訪問を指示する職種。医師、保健師、看護師、准看護師、介護福祉士、社会福祉士、介護支援専門員に限られる。

サービス編

質問23 夜間対応型訪問介護とは何ですか？

基本的には、訪問介護と同じサービスです。

なぜ、このようなサービスが誕生したのですか？

施設から自宅へ戻った人の夜間・緊急時のリスクに対応するためです。

3つのサービスを提供する夜間対応型サービスです。

夜間対応型訪問介護とは、夜間帯（18時-8時）にヘルパーなどが利用者宅を巡回して排せつの介助や安否確認（おおよそ30分程度）を行う**定期巡回サービス**、利用者または家族からの通報を受けて調整・対応する**オペレーションサービス**、利用者や家族の求めに応じてを受けて随時、訪問して介護する**随時訪問サービス**という3つのサービスを組み合わせて提供する夜間対応型のサービスです。夜間対応型訪問介護では、夜間における転倒、転落、急な体調不良への対応と夜間における**訪問介護**の提供により、要介護者が可能な限り自宅で自立した日常生活を送れるようにしているのです。

300人に1か所以上オペレーションセンターが必要です。

夜間対応型訪問介護には、通報に対応するオペレーター、定期巡回・随時訪問を担う訪問介護員などが必要となります。また、夜間対応型訪問介護の事業所の設置にあたっては、利用者**300人に1か所以上オペレーションセンターの設置**が求められます（利用者と親密な関係が築かれている場合は設置しないことも可能）。しかも、利用者数が伸びていないため、あまり普及が進んでいません。そのため2021年度の改正では、オペレーターの要件がさらに緩和されました（→制度改正編　質問16）。

夜間対応型訪問介護は、要介護1以上を対象とするサービスであり、要介護度にかかわらず、1か月あたり定額報酬と1回ごとの報酬が設定されています。

夜間対応型訪問介護の利用者と基本報酬

ヘルパーセンター

介護老人福祉施設の併設施設

夜間対応型訪問介護

利用者

要介護 1-5

サービス内容

- 夜間の定期巡回
- 随時の通報による居宅訪問
- 入浴・排泄の身体介護
- 食事などの生活支援
- 緊急時の対応

夜間対応型訪問介護費（オペレーションセンター設置）の基本報酬			
基本夜間対応型訪問介護費 1月につき	定期巡回サービス費 1回につき	随時訪問サービス費（1人） 1回につき	随時訪問サービス費（2人） 1回につき
10250円	3860円	5880円	7920円

*1　1点10円として計算、利用者の費用負担は上記の1割から3割
*2　赤字は増額、黒字は増減なし、青字は減額

夜間対応型訪問介護の改正と改定のポイント

制度改正のポイント

- 認知症に係る取組の情報公表の推進　⇒　制度改正編　質問5
- オペレーターの配置基準等の緩和　⇒　制度改正編　質問16
- サ高住等における適正なサービス提供　⇒　制度改正編　質問39

報酬改定のポイント

- 新型コロナウイルス感染症に対応するための特例的な評価　⇒　制度改正編　質問21
- 認知症専門ケア加算の新設　⇒　制度改正編　質問23
- 特別地域加算の算定　⇒　制度改正編　質問30
- 中山間地域等の小規模事業所加算の算定　⇒　制度改正編　質問30
- 中山間地域等に居住する者へのサービス提供加算の算定　⇒　制度改正編　質問30
- サービス提供体制強化加算の見直し　⇒　制度改正編　質問36

オペレーションセンターとは

利用者または家族からの通報を受けて対応の要否を判断する施設。利用者の心身状況、置かれている環境などを把握し、記録する。

サービス編

質問24 地域密着型と認知症対応型の通所介護とは何ですか？

地域の住民や認知症患者を受け入れる通所介護だね。

対象が限定される以外、通常の通所介護と違いはありますか？

認知症対応型通所介護には、介護予防サービスもあることかな。

地域の住民のみを受け入れる通所サービスです。

地域密着型通所介護とは、定員 18 人以下の小規模施設に地域の要介護者を受け入れて、食事、入浴、その他日常生活上の支援や生活機能訓練などを提供するサービスです。受け入れる人数が少ない地域密着型通所介護の介護報酬は、通常の通所介護よりも高く設定されています。また地域密着型通所介護のうち、難病患者や末期ガン患者のみを受け入れるサービスは**療養通所介護**と呼ばれます。

なお、2021 年度の制度改正により、療養通所介護については、利用者に入浴介助を提供しない場合、サービス提供量が少なすぎる場合について、基本報酬の減算が設けられました。

要介護・支援の認知症患者専用の通所サービスです。

認知症対応型通所介護では、認知症患者を日中、施設に受け入れて、認知症ケアや生活についての相談・助言などを提供します。認知症対応型通所介護は、要介護・要支援に認定された認知症患者専用のサービスです。認知症対応型通所介護には、独立した施設で行う**単独型**、特別養護老人ホームなどの併設施設で行う**併用型**、認知症対応型共同生活施設や地域密着型介護老人福祉施設・特定施設の食堂または共同生活室で行う**共用型**があります。同時にサービスを提供できる定員は単独型や併用型では **1 施設あたり 12 人以下**、共用型では **1 ユニットあたり 3 人以下**、利用者 3 名に対して 1 名の介護従業者が必要と決められています。

地域密着型・認知症対応型通所介護の利用者と基本報酬

デイサービスセンター

介護老人福祉施設・グループホームの併設施設

地域密着型通所介護

認知症対応型通所介護

介護予防認知症対応型通所介護

利用者

要介護 1-5

要支援 1-2（認知症）

サービス内容

- 通所介護における身体介護
- 通所介護における生活支援
- 認知症ケア
- 生活などの相談や助言
- リハビリテーション

地域密着型の基本報酬					認知症対応型（単独型）の基本報酬				
8時間以上9時間未満					8時間以上9時間未満				
要介護1	要介護2	要介護3	要介護4	要介護5	要介護1	要介護2	要介護3	要介護4	要介護5
7800円	9220円	10680円	12160円	13600円	10240円	11350円	12460円	13590円	14690円

*1　1点10円として計算、利用者の費用負担は上記の1割から3割
*2　赤字は増額、黒字は増減なし、青字は減額

認知症対応型通所介護の改正と改定のポイント

制度改正のポイント

共通

- 災害への地域と連携した対応の強化　⇒　制度改正編　質問4
- 認知症に係る取り組みの情報公表の推進　⇒　制度改正編　質問5
- 認知症介護基礎研修の受講の義務づけ　⇒　制度改正編　質問5
- 訪問介護の通院等乗降介助の見直し　⇒　制度改正編　質問8
- リハビリテーション・機能訓練、口腔、栄養の取組の一体的な推進　⇒　制度改正編　質問11

報酬改定のポイント

認知症対応型

- 栄養アセスメント加算の見直し　⇒　制度改正編　質問33

共通

- 新型コロナウイルス感染症に対応するための特例的な評価　⇒　制度改正編　質問21
- 感染症や災害で利用者が減少した場合の報酬上の対応　⇒　制度改正編　質問22
- 特別地域加算の算定　⇒　制度改正編　質問30
- 中山間地域等の小規模事業所加算の算定　⇒　制度改正編　質問30
- 中山間地域等に居住する者へのサービス提供加算の算定　⇒　制度改正編　質問30
- 生活機能向上連携加算の見直し　⇒　制度改正編　質問32
- 口腔・栄養スクリーニング加算の新設　⇒　制度改正編　質問33
- 口腔機能向上加算の見直し　⇒　制度改正編　質問33（療養通所介護は除外）
- 個別機能訓練加算の見直し　⇒　制度改正編　質問34（療養通所介護は除外）
- ADL維持等加算の見直し　⇒　制度改正編　質問34（療養通所介護は除外）
- 科学的介護推進体制加算の新設　⇒　制度改正編　質問34（療養通所介護は除外）

サービス編

質問25 （看護）小規模多機能型居宅介護とは何ですか？

1つの事業所で訪問、通所、短期入所を提供するサービスです。

どこで提供されているのですか？

小規模多機能ホームやグループホームの併設施設などでだよ。

通所、訪問、短期入所を1つの事業所で提供します。

小規模多機能型居宅介護とは、通所介護を中心に訪問介護と短期入所介護とを、利用者の利便性に応じて組み合わせて提供するサービスです。小規模多機能型居宅介護では原則として、登録定員が29人以下、1日あたりの利用定員が通所で15人以下(一定の要件を満たすと18名以下)、短期入所で9人以下と決められています。

小規模多機能型居宅介護の事業所には、運営主体の事業所でサービス提供する**本体型**、運営主体の事業所から車で約20分以内の距離にあるサテライト型事業所でサービス提供する**サテライト型**があり（サテライト型の登録定員は18人以下）、報酬は1か月あたりの定額で設定されています。

小規模多機能型居宅介護と訪問看護を組み合わせます。

看護小規模多機能型居宅介護とは、小規模多機能型居宅介護と訪問看護を組み合わせて主に**医療ニーズの高い要介護者**に提供するサービスで、**複合型サービス**とも呼ばれます。看護小規模多機能型居宅介護の登録・利用定員は小規模多機能型居宅介護と同様で、本体型のほか、サテライト型でのサービス提供も可能です。また報酬は1か月あたりの定額です。

なお、小規模多機能型居宅介護、看護小規模多機能型居宅介護のいずれも、1つの事業所が全サービスを提供するため、居宅介護支援、訪問介護、通所介護、短期入所介護などと組み合わせて利用することはできません。

（看護）小規模多機能型居宅介護の利用者と基本報酬

小規模多機能ホーム

有料老人ホームやグループホームの併設施設

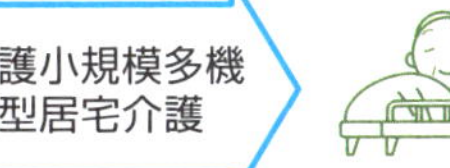

サービス	利用者
小規模多機能型居宅介護	要介護 1-5
介護予防小規模多機能型居宅介護	要支援 1-2
看護小規模多機能型居宅介護	要介護 1-5

サービス内容

- ●訪問サービスによる身体介護と生活援助
- ●通所サービスによる身体介護と生活援助
- ●短期入所サービスによる身体介護と生活援助
- ●生活などの相談や助言
- ●リハビリテーション

小規模多機能型居宅介護費の基本報酬（同一建物に居住するもの以外に対して行う場合）1月につき					看護小規模多機能型居宅介護費（複合型サービス）の基本報酬（同一建物に居住するもの以外に対して行う場合）1月につき				
要介護 1	要介護 2	要介護 3	要介護 4	要介護 5	要介護 1	要介護 2	要介護 3	要介護 4	要介護 5
104230円	153180円	222830円	245930円	271170円	124380円	174030円	244640円	277470円	313860円

*1　1点10円として計算、利用者の費用負担は上記の1割から3割
*2　赤字は増額、黒字は増減なし、青字は減額

（看護）小規模多機能型居宅介護の改正と改定のポイント

制度改正のポイント

共通

- ・認知症に係る取組の情報公表の推進　⇒　制度改正編　質問 5
- ・認知症介護基礎研修の受講の義務付け　⇒　制度改正編　質問 5
- ・看取り期における本人の意思に沿ったケアの充実　⇒　制度改正編　質問 6（介護予防は除外）
- ・通所困難な利用者の入浴機会の確保　⇒　制度改正編　質問 32
- ・緊急時の宿泊ニーズへの対応の充実　⇒　制度改正編　質問 28
- ・リハビリテーション・機能訓練、口腔、栄養の取組の一体的な推進　⇒　制度改正編　質問 11
- ・管理者交代時の研修の修了猶予措置　⇒　制度改正編　質問 16

報酬改定のポイント

小規模多機能型居宅介護

- ・生活機能向上連携加算の見直し　⇒　制度改正編　質問 32

看護小規模多機能型居宅介護（複合型サービス）

- ・栄養アセスメント加算の新設　⇒　制度改正編　質問 33
- ・褥瘡マネジメント加算の新設　⇒　制度改正編　質問 35

共通

- ・新型コロナウイルス感染症に対応するための特例的な評価　⇒　制度改正編　質問 21
- ・認知症行動・心理症状緊急対応加算の新設　⇒　制度改正編　質問 22
- ・特別地域加算の算定　⇒　制度改正編　質問 30
- ・中山間地域等の小規模事業所加算の算定　⇒　制度改正編　質問 30
- ・中山間地域等に居住する者へのサービス提供加算の算定　⇒　制度改正編　質問 30
- ・口腔・栄養スクリーニング加算の新設　⇒　制度改正編　質問 33
- ・科学的介護推進体制加算の新設　⇒　制度改正編　質問 34
- ・サービス提供体制強化加算の見直し　⇒　制度改正編　質問 36

サービス編

質問26 認知症対応型共同生活介護とは何ですか？

軽度認知症患者に共同生活の場と生活援助を提供します。

認知症対応型共同生活介護では、軽度の**認知症患者**が5-9人のユニット単位で互いに役割を分担しながら、共同で自立した生活を送るためのサービスを提供します。具体的には、食事や入浴や排せつなどの介護、リハビリテーションや口腔機能向上サービスなどで、認知症患者の心身機能の回復を図ります。自分でできることは自分でやってもらうことで、認知症患者の失われかけた能力を引き出すことを目標としているのです。

なお、介護予防認知症対応型共同生活介護は、**要支援1**の高齢者はサービスを利用できません

グループホームでは家庭に近い環境を作り上げます。

認知症対応型共同生活介護の施設である**グループホーム**には、民家型、アパート型、ミニ施設型など様々な形態があります。グループホームでは、少人数の顔なじみの認知症患者同士が互いにできる部分を補い合うことで、可能な限り家庭に近い環境を作り上げます。

グループホームは、現在、社会福祉法人や市町村、NPOなどによって運営されていますが、施設数が少なく、施設の規模が小さいため、入所まで通常、数か月から数年程度の期間を必要とすると言われています。なお、2021年度の制度改正では**サテライト型**が新設されています（→制度改正編　質問10）。

認知症対応型共同生活介護の利用者と基本報酬

グループホーム

認知症対応型共同生活介護 ⇒ 利用者：要介護 1-5（認知症）

介護予防認知症対応型共同生活介護 ⇒ 利用者：要支援 2（認知症）

サービス内容

- ●共同生活における身体介護
- ●共同生活における生活援助
- ●認知症ケア
- ●生活などの相談や助言
- ●リハビリテーション

認知症対応型共同生活介護費（Ⅰ型）の基本報酬 1日につき					短期利用共同生活介護費（Ⅰ型）の基本報酬 1日につき				
要介護1	要介護2	要介護3	要介護4	要介護5	要介護1	要介護2	要介護3	要介護4	要介護5
7590円	7950円	8180円	8350円	8520円	7870円	8230円	8470円	8630円	8800円

*1　1点10円として計算、利用者の費用負担は上記の1割から3割
*2　赤字は増額、黒字は増減なし、青字は減額

認知症対応型共同生活介護の改正と改定のポイント

制度改正のポイント

- ・認知症専門ケア加算等の要件見直し　⇒　制度改正編　質問5
- ・認知症に係る取組の情報公表の推進　⇒　制度改正編　質問5
- ・認知症介護基礎研修の受講の義務づけ　⇒　制度改正編　質問5
- ・看取り期における本人の意思に沿ったケアの充実　⇒　制度改正編　質問6（介護予防は除外）
- ・緊急時の宿泊ニーズへの対応の充実　⇒　制度改正編　質問28
- ・ユニット数の弾力化とサテライト型の創設　⇒　制度改正編　質問10
- ・リハビリテーション・機能訓練、口腔、栄養の取組の一体的な推進　⇒　制度改正編　質問11
- ・管理者交代時の研修の修了猶予措置　⇒　制度改正編　質問16
- ・外部評価に係る運営推進会議の活用　⇒　制度改正編　質問17
- ・計画作成担当者の配置基準の緩和　⇒　制度改正編　質問17

報酬改定のポイント

- ・新型コロナウイルス感染症に対応するための特例的な評価　⇒　制度改正編　質問21
- ・看取り介護加算の見直し　⇒　制度改正編　質問24（介護予防は除外）
- ・特別地域加算の算定　⇒　制度改正編　質問30
- ・中山間地域等の小規模事業所加算の算定　⇒　制度改正編　質問30
- ・中山間地域等に居住する者へのサービス提供加算の算定　⇒　制度改正編　質問30
- ・栄養管理体制加算の新設　⇒　制度改正編　質問33
- ・口腔・栄養スクリーニング加算の新設　⇒　制度改正編　質問33
- ・科学的介護推進体制加算の新設　⇒　制度改正編　質問34
- ・サービス提供体制強化加算の見直し　⇒　制度改正編　質問36

日常生活費とは

利用者、入所者、入院患者、その家族などが自由な選択に基づいて、介護サービス提供の一環として提供する日常生活上の便宜に係る経費。おむつ代、おやつ代、洗濯費、食費、理美容費などが含まれる。

サービス編

質問27 総合事業の訪問型サービスとは何ですか？

市町村が中心となって、利用者宅に訪問して提供するサービスです。

市役所が全部やるなんて、可能なんですか？

実施方法は、事業者指定や委託、補助や直接実施など様々です。

多様な団体やスタッフが提供する訪問型のサービスです。

介護予防・日常生活支援総合事業（**総合事業**）とは、市町村が中心となって地域の実情に応じて多様な介護予防と生活支援のサービスを提供する事業です。地域の住民、NPO、ボランティア団体などが主体的にサービスを提供することで、効果的かつ効率的な支援と介護給付費用の抑制を図る狙いがあります。総合事業の**訪問型サービス**では、ヘルパーや介護福祉士のほか、市町村の指定を受けた事業者の雇用労働者やボランティア、保健師や理学療法士などが利用者の住居を訪問して、入浴、食事などの**介助**、掃除、洗濯などの**日常生活の援助**、体力改善に向けた相談指導、移送時の乗車・降車の介助といったサービスを提供します。

訪問型サービスについて、5つの典型例が示されています。

要支援者と２次予防事業対象者に対する訪問型サービスの提供にあたり、市町村はその地域の実情に応じて、サービス内容、実施方法、基準、単価などを決めます。

厚生労働省は訪問型サービスの典型例として、介護予防訪問介護に準じるサービスを指定介護事業者が提供する**①訪問介護**、雇用労働者による**②緩和基準による訪問サービス**、ボランティア主体の**③住民主体による支援**と**⑤移動支援**、保健師などによる**④短期集中予防サービス**の５つをあげています。なお、2021年度から要介護１、２の高齢者も総合事業の対象となり、国が決めている上限額を超える報酬を市町村の判断で設定できるようになりました。

訪問型サービスの利用者とサービス内容

ヘルパーセンター
（指定・委託）
ボランティア団体
（補助・助成）
地域包括支援
センター

訪問型サービス →

利用者

要介護 1-2

要支援 1-2

2 次予防事業
対象者

サービス内容

①**訪問介護**：訪問介護員による身体介護、生活援助
②**緩和基準によるサービス**：生活援助など
③**住民主体の支援**：住民主体の自主活動として行う生活援助など
④**短期集中予防サービス**：保健師などによる居宅での相談指導など
⑤**移動支援**：移送前後の生活支援

短期集中予防サービスとは

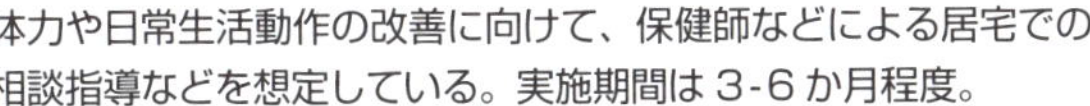

体力や日常生活動作の改善に向けて、保健師などによる居宅での相談指導などを想定している。実施期間は 3-6 か月程度。

訪問型サービスの人員・設備基準

人員基準	
①訪問介護	介護予防訪問介護の人員基準
②緩和基準によるサービス	介護予防訪問介護の人員基準を市町村が適切に緩和した基準
③住民主体の支援	個人情報保護などの最低限の基準
④短期集中予防サービス	サービス内容に応じて市町村が適切に設定した基準
⑤移動支援	個人情報保護などの最低限の基準
設備基準	
①訪問介護	介護予防訪問介護の設備基準
②緩和基準によるサービス	介護予防訪問介護の設備基準を市町村が適切に緩和した基準
③住民主体の支援	個人情報保護などの最低限の基準
④短期集中予防サービス	サービス内容に応じて市町村が適切に設定した基準
⑤移動支援	個人情報保護などの最低限の基準

サービス編

質問28 総合事業の通所型サービスとは何ですか？

基本的な考え方は、通所介護と一緒です。

でも、ボランティアなどがサービスを提供する場合、場所はどうするのですか？

市民センターのほか、住宅などが使われているみたい……

多様な団体が様々な場所で提供する通所型サービスです。

総合事業の**通所型サービス**とは、送迎バスで指定介護事業者の施設に通所する要介護者 1、2 の指定を受けた高齢者、要支援者、2 次予防事業対象者に向けた介護やリハビリなどです。市町村の指定を受けた事業者の雇用労働者やボランティアによる**ミニデイサービス**、ボランティアが主体となって運営する**運動教室**、保健師や理学療法士による**リハビリ教室**なども提供されています。アート体験やヨガ教室、子どもと遊ぶ会やフロア体操など、多様なサービス事業を実施する自治体もあります。

自治体のモデル事業では、通所型サービスの提供場所として、大学や喫茶店、町会会館やフィットネス事業所などが利用されています。

通所訪問型サービスについても典型例が示されています。

通所型サービスの提供にあたり、市町村はその地域の実情に応じて、サービス内容、実施方法、基準、単価などを決めます。厚生労働省は通所型サービスの典型例として、介護予防通所介護に準じるサービスを指定介護事業者が提供する**①通所介護**、雇用労働者とボランティアが提供する**②緩和基準によるサービス**、ボランティア主体で提供する**③住民主体による支援**、日常生活動作の改善が必要な人に向けて理学療法士などが提供する**④短期集中予防サービス**の 4 つをあげています。なお、2021 年度から要介護 1、2 の高齢者も総合事業の対象となり、国が決めている上限額を超える報酬を市町村の判断で設定できるようになりました。

通所型サービスの利用者とサービス内容

要介護 1-2

要支援 1-2

2 次予防事業
対象者

サービス内容

①**通所介護**：介護予防通所介護のサービス
②**緩和基準によるサービス**：ミニデイサービス、運動・レクリエーションなど
③**住民主体の支援**：体操、運動などの活動、自主的な通いの場
④**短期集中予防サービス**：生活機能改善のための機能訓練や栄養改善などのプログラム

ミニデイサービスとは

虚弱高齢者、単身生活高齢者、家にとじこもりがちな高齢者に対する半日程度のレクリエーション活動。ボランティアスタッフなどが運営。

通所型サービスの人員・設備基準

人員基準	
①通所介護	介護予防訪問介護の人員基準
②緩和基準によるサービス	介護予防訪問介護の人員基準を市町村が適切に緩和した基準
③住民主体の支援	個人情報保護などの最低限の基準
④短期集中予防サービス	サービス内容に応じて市町村が適切に設定した基準
設備基準	
①通所介護	介護予防訪問介護の設備基準
②緩和基準によるサービス	介護予防訪問介護の設備基準を市町村が適切に緩和した基準
③住民主体の支援	個人情報保護などの最低限の基準
④短期集中予防サービス	サービス内容に応じて市町村が適切に設定した基準

サービス編

質問29 総合事業の生活支援サービスと介護予防ケアとは何ですか？

市町村と民間企業が協働で提供する事業です。

介護予防ケアマネジメントって何ですか？

総合事業で提供されるサービスを効率的に提供するための事業だよ。

1章 2章 3章 4章 5章 6章 7章

訪問型・通所型サービス以外の生活支援サービスです。

総合事業のその他の**生活支援サービス**では、**栄養改善を目的とした配食サービス**、**住民ボランティアなどによる見守りや緊急時の対応**、**訪問型サービス・通所型サービスに準じる生活支援**（一体的な提供も含む）などを要介護者1、2の指定を受けた高齢者、要支援者、2次予防事業対象者に提供します。

生活支援サービス提供にあたり、厚生労働省は提供範囲のイメージを、家事援助・交流サロン・配食や見守り・声掛けなどを提供する**自治会単位の圏域**、食材配達・外出支援・介護者支援などを提供する**小学校区単位の圏域**、安否確認・権利擁護・移動販売などを提供する**市町村単位の圏域**のように示しています。

要介護状態になることを可能な限り防ぐサービスです。

総合事業の**介護予防ケアマネジメント**とは、基本チェックリストによる**高齢者に対するスクリーニング**（**一次アセスメント**）、地域包括支援センターにおける要支援者に向けた**介護予防ケアプランの作成**、総合事業の**サービス提供後の再アセスメント**、総合事業の**事業評価**（介護予防につながる成果の評価など）などです。いずれも、要支援者と2次予防事業対象者が要介護状態になることを可能な限り防ぎ、状態がそれ以上悪化しないようにするために実施されます。

なお、2021年度から要介護1、2の高齢者も総合事業の対象となり、国が決めている上限額を超える報酬を市町村の判断で設定できるようになりました。

生活支援サービスと介護予防ケアの利用者とサービス内容

利用者　　サービス内容

ヘルパーセンター・デイサービスセンター
（指定・委託）
ボランティア団体
（補助・助成）
市町村役所・地域包括支援センター

生活支援サービス →

要介護 1-2

要支援 1-2

介護予防ケアマネジメント →

2 次予防事業対象者

生活支援サービス：
①栄養改善を目的とした配食
②住民ボランティアなどによる見守り
③訪問型サービス・通所型サービスに準じる生活支援

介護予防ケアマネジメント：
①高齢者に対するスクリーニング（一次アセスメント）
②介護予防ケアプランの作成
③サービス提供後の再アセスメント
④事業評価

2次予防事業対象者とは

基本チェックリストによるスクリーニングの結果、今後、要支援あるいは要介護状態になる可能性が高いと判断された高齢者。

生活支援サービスの提供イメージ

事業主体：民間企業　NPO　協同組合　社会福祉法人　ボランティア

バックアップ

市町村を核とした支援体制の充実・強化
（コーディネーターの配置、協議体の設置などを通じた住民ニーズとサービス資源のマッチングや情報集約など）
⇨民間企業とも協働で支援体制を構築

総合事業の一般介護予防事業とは何ですか？

すべての高齢者を対象とした予防支援サービスです。

目的は何ですか？

効果的な介護予防の実現ですね。

介護予防把握・普及、介護予防・リハビリ活動支援などです。

一般介護予防事業では、地域全体で高齢者の介護予防・生活支援体制を構築するため、**介護予防把握事業**、**介護予防普及啓発事業**、**地域介護予防活動支援事業**、そして理学療法士などを活用した自立支援の取り組みを支援する**地域リハビリテーション活動支援事業**を実施します。

一般介護予防事業は、2015 年度以前における一般高齢者向けの**一次予防事業**と2 次予防事業対象者（旧**特定高齢者**）向けの**二次予防事業**が統合されることにより、前回の制度改正で誕生しました。そのため、一般介護予防事業の対象者はすべての高齢者となっています。

事業内容は様々ですが、大まかな目的は示されています。

一般介護予防事業の内容は市町村によって差がありますが、基本的な事業の目的は示されています。介護予防把握事業では**支援を必要とする高齢者を把握**して介護予防につなげ、介護予防普及啓発事業では**予防活動の普及・啓発**、地域介護予防活動支援事業では**住民主体の介護予防活動の育成・支援**、一般介護予防事業評価事業では介護保険事業計画に定める**目標値の達成状況の検証**と一般介護予防事業の**事業評価**を行います。そして 2015 年から追加された地域リハビリテーション活動支援事業では、通所・訪問・地域ケア会議・サービス担当者会議・通いの場などへの**機能訓練指導員の関与**を促進します。

一般介護予防事業の対象と事業

対象　　提供する事業

市町村役所
地域包括支援センター

一般介護予防事業 →

すべての高齢者

- 介護予防把握事業
- 介護予防普及啓発事業
- 地域介護予防活動支援事業
- 一般介護予防事業評価事業
- 地域リハビリテーション活動支援事業

基本チェックリストとは

要介護認定で非該当（自立）の人や要介護認定を受けていない人に対して、「介護が必要になる可能性があるか」の判定において利用されるリスト。判定の結果、可能性の高い人が２次予防事業対象者になる（→付録５）。

一般介護予防事業の事業内容（例）

事業名	事業内容の例
介護予防把握事業	基本チェックリストの配布・回収（年齢に応じて３年に１回‐毎年）、回収した基本チェックリストに基づくアドバイス表の送付や事業の案内、見守りなど
介護予防普及啓発事業	運動教室や健康教室などの対象者選定、対象者に対する教室の実施、敬老会館や高齢者センターにおける介護予防関連講座の実施
地域介護予防活動支援事業	
一般介護予防事業評価事業	介護予防計画に定める目標の達成状況の把握、一般介護予防事業の事業評価
地域リハビリテーション活動支援事業	地域ケア会議やサービス担当者会議へのリハビリテーション専門職の参加、運動教室や健康教室へのリハビリテーション専門職・口腔機能向上指導員・栄養改善指導員の派遣など

サービス担当者会議とは

利用者のケアプラン作成を担当するケアマネジャーが主催する会議。利用者にサービスを提供するヘルパーや介護福祉士、看護師や医師などが集まって意見を述べ、サービスを検討する。

包括的支援事業とは何ですか？

当初は利用者の相談やケアマネの指導でしたが……。

今回の制度改正で業務内容が変わったのですか？

というか、医療・介護連携の推進などの業務が増えました。

地域包括支援センターなどで高齢者に提供されます。

包括的支援事業は、要介護者が住み慣れた地域で自立して生活するために必要な環境を整備する事業です。包括的支援事業では、**介護予防ケアマネジメント業務**、**総合相談支援業務**、**権利擁護業務**、**包括的・継続的ケアマネジメント支援業務**などが行われており、2018年度からは**在宅医療・介護連携推進事業**、**認知症施策総合支援事業**、**生活支援サービス体制整備事業**が本格的に実施されました。

総合相談支援、権利擁護、ケアマネジメント支援については地域包括支援センターが、その他の事業については市町村が、すべての高齢者を対象として事業を進めています。

在宅医療・介護連携などが強化されています。

包括的支援事業のサービス内容などは市町村に任されていますが、基本的な事業の目的は示されています。それぞれ、総合相談支援業務では介護に関する相談・支援や事業者の紹介・仲介、権利擁護業務では成年後見制度の利用支援や高齢者に対する虐待防止・早期発見、包括的・継続的ケアマネジメント支援業務ではケアマネジャーに対する指導や支援困難事例への指導・助言などを行います。そして在宅医療・介護連携推進事業や認知症施策総合支援事業、生活支援サービス体制整備事業では、**医療機関と介護事業者の連携推進**、**早期認知症患者の症状悪化防止支援**、**生活支援・介護予防の体制整備**などを図ります。

包括的支援事業の利用者と事業

地域包括支援センター

市町村

包括的
支援事業

利用者

要支援 1-2

2次予防
事業対象者・
一般高齢者

提供する事業

- 介護予防ケアマネジメント業務
- 総合相談支援業務
- 権利擁護業務
- 包括的・継続的ケアマネジメント支援業務
- 在宅医療・介護連携推進事業
- 認知症施策総合支援事業
- 生活支援サービス体制整備事業
- 地域ケア会議の運営

地域ケア会議とは

地域包括支援センターまたは市町村が主催し、多職種協同で高齢者に対する支援の充実と、その基盤整備を進めるための会議。

包括的支援事業の事業内容

事業名	事業内容の例
介護予防ケアマネジメント業務	2次予防事業対象者に対する介護予防ケアプランの作成
総合相談支援業務	居宅介護や介護サービスに関する相談・支援、介護事業者の紹介・仲介
権利擁護業務	成年後見制度の利用支援、高齢者に対する虐待防止・早期発見、その他権利擁護に関する相談・支援
包括的・継続的ケアマネジメント支援業務	ケアマネジャーに対する個別指導、支援困難事例などへの指導・助言、地域ケアマネとのネットワークづくり・長期支援
在宅医療・介護連携推進事業	居宅医療を提供する医療機関と介護事業者の連携推進、その他関係者と介護事業者の連携支援
認知症施策総合支援事業	早期認知症患者の症状悪化防止の支援、その他総合的な支援
生活支援体制整備事業	日常生活の支援・介護予防に関する体制の整備、その他関係業務の促進
地域ケア会議推進事業	介護支援専門員、保健医療関係者、福祉関係者などで構成される、適切な支援検討のための会議開催に係る業務

成年後見制度とは

判断能力の不十分な方々を保護・支援するために、成年後見人が、本人の利益を考えながら、本人の代わりに契約などの法律行為を行ったり、本人にとって不利益な法律行為を後から取り消したりできるようにする制度。民法に基づく**法定後見**と任意後見契約に関する法律に基づく**任意後見**がある。

任意事業とは何ですか？

市町村が、独自に企画する事業やサービスだよ。

でも、市町村共通のものもあるんですよね？

介護給付費適正化事業と家族介護支援事業だね。

市町村が、独自の制度やサービスを企画・実行します。

地域支援事業の任意事業は、**介護給付費適正化事業**と**家族介護支援事業**以外については、市町村が地域に実情に応じて独自の制度やサービスを企画・実行するもので、そのサービス内容は様々です。

現在、市町村が実施しているサービスメニューには、親族などがいない高齢者に対する市長による成年後見制度の申し立て、福祉用具・住宅改修に関する相談受付と情報提供、住宅改修費支給申請書類の作成代行、生活相談員や介護相談員の派遣、**配食サービス**の実施、**シルバーハウジング**の助成・促進、重度要介護者に対する**紙おむつ購入助成券支給**などがあります。

任意事業では、情報提供や環境整備などを行います。

介護給付費適正化事業では、介護（予防）給付が不要なサービスに支給されていないかの検証、介護保険制度の趣旨徹底・事業展開のために必要な情報提供、利用者への適切なサービス提供に向けた環境整備などを行います。

一方、家族介護支援事業では、家族介護教室の実施、**はいかい探索システム**を通じた徘徊高齢者の位置情報の提供、重度要介護者の家族に対する**慰労金の支給**などを行うことになります。

なお、すべての高齢者を対象に行う事業である任意事業によるサービスは、市町村の人口規模や取り組みによって、かなり差があります。

任意事業の利用者とサービス内容

市町村

地域包括支援センター

民間事業者（指定・委託）

任意事業 →

要支援 1-2

２次予防事業対象者・一般高齢者

サービス内容

- 介護給付費適正化事業
- 家族介護支援事業
- その他の事業

シルバーハウジングとは

生活相談や安否の確認、緊急時対応のライフサポートアドバイザーを配置した公営住宅。

任意事業の事業内容（例）

人員基準	事業内容の例
介護給付費適正化事業	介護（予防）給付が不要なサービスに支給されていないかの検証、介護保険制度の趣旨徹底・事業展開のために必要な情報提供、利用者への適切なサービス提供に向けた環境整備など
家族介護支援事業	家族介護教室の実施、はいかい探索システムを通じた徘徊高齢者の位置情報の提供、重度要介護者の家族に対する慰労金の支給など
その他の事業	親族などがいない高齢者に対する市長による成年後見制度の申し立て、福祉用具・住宅改修に関する相談受付と情報提供、住宅改修費支給申請書類の作成代行、生活相談員や介護相談員の派遣、配食サービスの実施など

はいかい探索システムとは

認知症のある高齢者などが徘徊したときに、介護者へ位置情報の提供を行うシステム。介護者には GPS 位置情報専門端末機が貸与される。

サービス編

質問33 共生型サービスとは何ですか？

障害福祉と介護が互いのサービスを提供します。

これまで、障害福祉サービス事業所を利用していた障害者が高齢者となった場合、介護保険サービスの利用が優先されるため、従来から馴染みのある事業所を引き続き利用できないという事態がしばしば起こりました。また高齢化が進み人口が減少するなかで、障害福祉サービス、介護保険サービスともに、スタッフの確保が難しくなることは明らかです。

こうした状況を踏まえて18年度の制度改正で創設されたのが、**共生型サービス**です。共生型サービスでは、障害福祉サービス事業所が介護サービスを提供し、指定介護サービス事業所が障害者福祉サービスを提供することが可能です。

対象となるのは、基本的に居宅サービスです

共生型サービスの対象になるのは、訪問介護、通所介護（地域密着型を含む）、療養通所介護、短期入所生活介護（予防を含む）などの居宅サービスです。（看護）小規模多機能型居宅介護（予防を含む）については、通い、泊まり、訪問のそれぞれのサービスを該当する障害福祉サービスとして提供することが可能です。

障害福祉サービスと介護保険サービスでは人員・設備要件などが異なるため、共生型サービスを提供する事業所には、指定を受けやすくする特例が設けられます。ただし、いずれの事業所も本来的なサービス事業所の基準を満たしていないため、報酬は本来の報酬単価と区別して設定されます。

共生型サービスの対象

●共生型サービスのイメージ

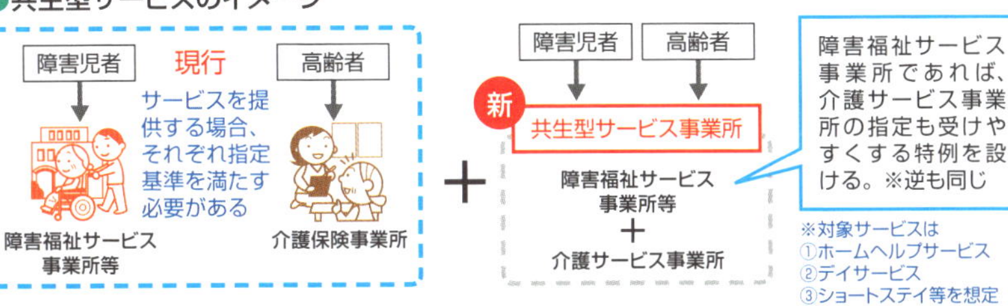

●共生型サービスの対象

	介護保険サービス		障害福祉サービス等
ホームヘルプサービス	訪問介護	↔	居宅介護 重度訪問介護
デイサービス	通所介護（地域密着型を含む）	↔	生活介護（主として重症心身障害者を通わせる事業所を除く） 自立訓練（機能訓練・生活訓練） 児童発達支援（主として重症心身障害児を通わせる事業所を除く） 放課後等デイサービス（同上）
	療養通所介護	↔	生活介護（主として重症心身障害者を通わせる事業所に限る） 児童発達支援（主として重症心身障害児を通わせる事業所に限る） 放課後等デイサービス（同上）
ショートステイ	短期入所生活介護（予防を含む）	↔	短期入所
「通い・訪問・泊まり」といったサービスの組み合わせを一体的に提供するサービス	（看護）小規模多機能型居宅介護（予防を含む）	↔	生活介護（主として重症心身障害者を通わせる事業所を除く） 自律訓練（機能訓練・生活訓練） 児童発達支援（主として重症心身障害者を通わせる事業所を除く）
	・通い	→	放課後等デイサービス（同上）
	・泊まり	→	短期入所
	・訪問	→	居宅介護 重度訪問介護　概要

●障害福祉サービスと介護保険サービスの比較

	生活介護（障害福祉）〈障害者〉				通所介護（介護保険）	
概要	昼間・入浴・排せつ・食事等の介護、調理・洗濯・掃除等の家事、生活等に関する相談及び助言を行うとともに、創作的活動又は生産活動の機会を提供する				入浴・排せつ・食事等の介護、生活等に関する相談及び助言・健康状態の確認その他日常生活上の世話、機能訓練を行う	
定員	原則20名以上				-	
人員配置	管理者	原則専従（非常勤でも可）			管理者	常勤専従
	医師	必要数（医療機関との連携等ができていれば不要）			医師	-
	サービス管理責任者（実務経験3～10年＋研修30.5時間）	利用者60人まで：1以上 利用者60人を超える部分：40：1 （常勤1以上）			生活相談員（社会福祉士、精神保健福祉士、社会福祉主事等）	1人
	看護職員、理学療法士又は作業療法士及び生活支援員の総数	平均障害支援区分4未満→6：1	生活支援員	1人（常勤1以上）	介護職員	5：1（利用者15人まで、1以上で可）（常勤1以上）
		平均障害支援区分4以上未満→5：1	看護職員	1人	看護職員	1人（定員10人以下では、不要）
		平均障害支援区分5以上→3：1	理学療法士又は作業療法士	必要数	機能訓練指導員（理学療法士又は作業療法士）	1人
設備	訓練・作業室	支障がない広さ			食堂及び機能訓練室	$3m^2$ ×利用定員
事業所等	約1万事業所				約4.3万事業所	

出典：「厚生労働省　資料」

6章では、何を学ぶのですか？

21 年度の制度改正で変更されたポイントを学びます。

今回、制度は大きく変わったのですか？

基本的には、前回の制度変更の延長線上かな。

新しく導入された制度はないのですか。

科学的介護の取組が推進されるようになったわ。

どういうものですか、それ？

介護の取組と改善効果をデータベースに蓄積して、次に活かすのよ。

なるほど、ほかには？

業務効率化のために、手続きの簡素化や署名・捺印の見直しなどが図られているわ。

それは、大歓迎です！

6章で学ぶこと

- 21年度　制度改正の全体像
- 制度改正によって、変更される業務内容
- 制度改正による、事業所の運営基準の変更など

制度改正編

［6章］
21年度 制度改正のポイント

制度改正の全体像

質問1 介護保険制度は何年ごとに見直されますか？
質問2 なぜ制度改正や報酬改定を行うのですか？
質問3 21年度の制度改正はどのように進められますか？

感染症や災害への対応力強化

質問4 なぜ、感染症や災害への対応力強化が必要なのですか？

地域包括ケアシステムの推進

質問5 認知症への対応力向上はどのように推進されますか？
質問6 看取りへの対応はどのように進められますか？
質問7 医療と介護の連携はどのように推進されますか？
質問8 在宅サービスの機能と連携はどのように強化されますか？
質問9 ケアマネジメントの質向上はどのように確保されますか？
質問10 地域特性に応じたサービス確保はどのように進められますか？

自立支援・重度化防止の取組の推進

質問11 リハビリや口腔衛生・栄養管理はどのように強化されますか？
質問12 科学的介護の取組はどのように進められますか？
質問13 在宅復帰、自立支援はどのように推進されますか？

介護人材の確保・介護現場の革新

質問14 介護職員の処遇や職場環境はどのように改善されますか？
質問15 サービス向上や業務効率化はどのように実現されますか？
質問16 人員配置基準はどのように見直されましたか？

制度の安定性・持続可能性の確保、その他

質問17 評価や会議、計画や文書管理はどのように効率化されますか？
質問18 評価の適正化や重点化はどのように行われますか？
質問19 高額介護サービス費や補足給付はどのように変わりますか？
質問20 その他、どのような見直しが行われていますか？

制度改正編

質問1 介護保険制度は何年ごとに見直されますか？

制度と報酬を3年ごとに見直すね。

でも、最初の制度改正って、確か2006年でしたよね。

2期目では見直さなかったからだよ。

原則として、3年ごとに制度や報酬が見直されます。

介護保険制度は、原則として3年ごとに制度が見直され（介護保険法の改正）、それに伴って**介護報酬**が改定されます（厚生労働省令の公布）。厚生労働省の社会保障審議会の**介護保険部会**が介護保険制度全般を、**介護給付費分科会**が介護報酬や運営基準などを検討し、そこでの議論に基づいて改正や改定の方針が決められるのです。ただし、法律が改正されるのは新しい**介護事業計画**が始まる前年で、法律改正から1年から1年半程度の猶予期間を置いた後、法律が施行されます。

科学的介護の取組などがポイントとなる2021年度の制度改正は2020年に法律が改正され、原則、2021年の4月から施行されます。

原則3年を1期として、事業計画を立てています。

介護保険制度では、保険者である市町村などが、**原則3年を1期として財政収支を見通し**、**介護保険事業**を運営しています。事業計画では、介護給付と介護保険料収入の見通しなどに応じて、介護報酬と保険料が決められます。

介護保険制度がスタートした2000年時点に3.6兆円だった介護給付（給付費用総額）は、2019年度には11.7兆円にまで膨らみ、1号保険料の平均額も開始時の2911円から5514円まで上がりました。

そして団塊の世代が75歳以上になる2025年には介護給付が21兆円、保険料が8200円になるとの試算もあります。

介護保険制度の改正と介護給付の推移

法律改正とトピック	介護事業計画	介護給付と介護報酬改定率と1号保険料
介護保険制度の開始 成年後見制度の開始 支給限度額の一本化 新型特養の制度化	**第1期** 2000～2002	介護給付=3.6兆円−5.2兆円 1号保険料=2,911円

介護保険料の見直し 介護報酬の改定 高齢者虐待防止法の施行	**第2期** 2003-2005	介護給付=5.7兆円−6.4兆円 介護報酬改定率=−2.3% 1号保険料=3,293円

介護保険法改正 (2005年改正、2006年施行) コムスン 不許可処分	**第3期** 2006-2008	介護給付=6.4兆円−6.9兆円 介護報酬改定率=−2.4% 1号保険料=4,090円 ※介護報酬改定率は、2005年度改定も含めた率

介護保険法改正 (2008年改正、2009年施行) 業務管理体制の整備徹底 サービス付き高齢者住宅の創設 処遇改善交付金を交付	**第4期** 2009-2011 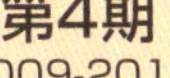	介護給付=7.4兆円−8.2兆円 介護報酬改定率=+3.0% 1号保険料=4,160円 ※処遇改善加算で+2%、報酬基本部分などで−0.8%

介護保険法改正 (2011年改正、2012年施行)	**第5期** 2012-2014 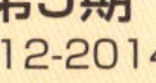	介護給付=8.8兆円−10.0兆円 介護報酬改定率=+1.2% 1号保険料=4,972円

介護保険法改正 (2014年改正、2015年施行)	**第6期** 2015-2017	介護給付=10.1兆円−10.8兆円 介護報酬改定率=−2.27% 1号保険料=5,514円
	↓	
介護保険法改正 (2017年改正、2018年施行) 居宅介護支援事業所の指定権限の 介護医療院の市町村への委譲	**第7期** 2018-2020	介護給付=11.1兆円−12兆円? 介護報酬改定率=+0.54% 介護保険料=5,869円

介護保険法改正 (2020年改正、2021年施行) 感染症や災害への対応力強化 科学的介護の取組	**第8期** 2021-2023 	介護報酬改定率=+0.7%

	第9期 2024-2026	

介護報酬改定率とは

前期の介護報酬を1としたときの増減率。サービスによって増減率は異なり、重視するサービスは、多くの場合、プラス改定となる。

制度改正編

質問2 なぜ制度改正や報酬改定を行うのですか？

制度改正は利用者や事業の状況に応じてサービスを見直すためです。

じゃあ、報酬改定は？

制度の持続とサービスの需給調整を図るためです。

制度改正は利用者のニーズなどに応じて行われます。

介護保険の制度改正は、利用者のニーズや介護事業の運営状況などに応じて、新たなサービスを創設したり、既存のサービスを見直したり、事業の枠組みを変更したりするために行われます。

例えば、2006年度の改正では、高齢者が住み慣れた地域で最後まで住み続けられるようにするために地域密着型サービスが創設され、介護予防事業が介護保険に組み入れられました。そして2015年度や2018年度の改正では、利用者の費用負担や保険料負担の見直しなどが行われ、2021年度の改正では感染症や災害への対応力強化や科学的介護の取組推進などが図られたのです。

介護報酬の改定は収支状況などに応じて行われます。

介護報酬の改定は、報酬が高すぎる・低すぎるために、引き上げ・引き下げが必要なサービスについて行われます。改定にあたっては、**介護事業経営実態調査**で介護サービス別の収支状況が把握されます。

2016年度の調査結果によれば、2015年の制度改正で様々なサービスの介護報酬が引き下げられ、人手不足などから人件費が上がった結果、通所介護（11.4→4.9）や特定施設入居者生活介護（12.2→2.5）、介護老人福祉施設（8.7→1.6）などはいずれも収支差率を大きく落としています。介護サービス事業者の経営が厳しくなった2021年度は、基本的に介護報酬が引き上げられています。

制度改正によるサービスの再編・追加・見直し

第4期 2009-2011
- 介護従事者の処遇改善策
- 介護事業者の業務管理体制の整備

第5期 2012-2014
- 介護職員による医療行為の一部緩和
- 地域密着型サービスにおける新サービスの創設

第6期 2015-2017
- 介護予防サービスと地域支援事業の再編
- 低所得者の負担軽減と高所得者の費用負担増

第7期 2018-2020
- 介護医療院の創設
- 高所得者の費用負担増

第8期 2021-2023
- 感染症や災害への対応力強化
- 科学的介護の取組の推進

収支差率とは

「(収入－費用)／収入×100%」という式で算出される事業収入に対する利益の割合。収支差率が高いほど、儲かっていることになる。

主な介護サービスの収支差率

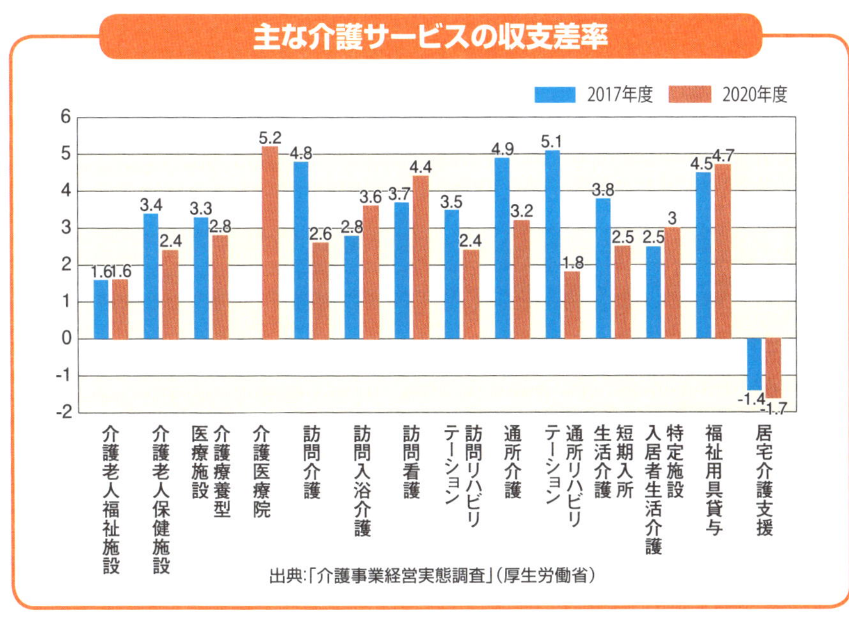

出典:「介護事業経営実態調査」(厚生労働省)

制度改正編

質問 3

21年度の制度改正はどのように進められますか？

感染症、災害への対策を除ければ、基本的に 18 年度改正と方向性は変わりません。

科学的介護の取組も重視されるみたいですね。

介護データベースが構築されるみたいです。

地域包括ケアのほか、感染症・災害対策も重視されます。

21 年度の制度改正の方向性は、基本的に 18 年度制度改正とほぼ変更ありません。制度改正の中心は、地域包括ケアシスステムの推進、自立支援重度化防止の取り組みの推進、介護人材の確保・介護現場の革新、制度の安定性・持続可能性の確保です。ただし、新型コロナウイルス感染症や自然災害などの影響を受けて、感染症対応力の強化、業務継続に向けた取組の強化が新たに打ち出されています。また、過疎地域などへの対応として、地域の特性に応じたサービスが提供できるようになりました。さらに、自立支援・重度化防止の取組の一環として、口腔、栄養専門家の関与が明確化され、科学的介護の取組が推進されるようになっています。

人材確保と生産性向上、サービス適正化も進められます。

介護人材の確保に向けては、2 つのアプローチが採られています。1 つは、18 年度に引き続き進められている処遇改善加算やハラスメント対策といった処遇改善や職場環境に対する施策。もう 1 つは、見守り機器や ICT 機器を活用した業務負担の軽減、署名・捺印の見直しや電磁的記録による文書保管といった業務効率化に関する施策です。特に様々なテクノロジーを活用することで、夜間の人員配置基準が緩和されています。また増え続ける介護給付を抑えるため、サービスごとの介護報酬や加算が変更されました。今回は特に、リハビリテーションの評価・提供回数の見直し、介護職員処遇改善加算の見直し、加算の整理統合などが行われています。

改正の方向性と本書での解説箇所

1 感染症や災害への対応力強化

※各事項は主なもの

感染症や災害が発生した場合であっても、利用者に必要なサービスが安定的・継続的に提供される体制を構築

○日頃からの備えと業務継続に向けた取組の推進
・感染症対策の強化　・業務継続に向けた取組の強化　・災害への地域と連携した対応の強化
・通所介護等の事業所規模別の報酬等に関する対応

2 地域包括ケアシステムの推進

住み慣れた地域において、利用者の尊厳を保持しつつ、必要なサービスが切れ目なく提供されるよう取組を推進

○認知症への対応力向上に向けた取組の推進
・認知症専門ケア加算の訪問サービスへの拡充
・無資格者への認知症介護基礎研修受講義務づけ
○看取りへの対応の充実
・ガイドラインの取組推進
・施設等における評価の充実
○医療と介護の連携の推進
・老健施設の医療ニーズへの対応強化
・長期入院患者の介護医療院での受入れ推進
○在宅サービス、介護保険施設や高齢者住まいの機能・対応強化
・訪問看護や訪問入浴の充実　・緊急時の宿泊対応の充実　・個室ユニットの定員上限の明確化
○ケアマネジメントの質の向上と公正中立性の確保
・事務の効率化による逓減制の緩和　・医療機関との情報連携強化　・介護予防支援の充実
○地域の特性に応じたサービスの確保
・過疎地域等への対応（地方分権提案）

3 自立支援・重度化防止の取組推進

制度の目的に沿って、質の評価やデータ活用を行いながら、科学的に効果が裏付けられた質の高いサービスの提供を推進

○リハビリテーション・機能訓練、口腔、栄養の取組の連携・強化
・計画作成や多職種間会議でのリハ、口腔、栄養専門職の関与の明確化　・リハビリテーションマネジメントの強化　・退院退所直後のリハの充実　・通所介護や特養等における外部のリハ専門職等との連携による介護の推進　・通所介護における機能訓練や入浴介助の取組の強化　・介護保険施設や通所介護等における口腔衛生管理や栄養マネジメントの強化

○介護サービスの質の評価と科学的介護の取組の推進
・CHASE・VISIT 情報の収集　・活用と PDCA サイクルの推進　・ADL 維持等加算の拡充
○寝たきり防止等、重度化防止の取組の推進
・施設での日中生活支援の評価
・褥瘡マネジメント、排せつ支援の強化

4 介護人材の確保・介護現場の革新

喫緊・重要な課題として、介護人材の確保・介護現場の革新に対応

○介護職員の処遇改善や職場環境の改善に向けた取組の推進
・特定処遇改善加算の介護職員間の配分ルールの柔軟化による取得促進　・職員の離職防止・定着に資する取組の推進　・サービス提供体制強化加算における介護福祉士が多い職場の評価の充実
・人員配置基準における両立支援への配慮　・ハラスメント対策の強化
○テクノロジーの活用や人員基準・運営基準の緩和を通じた業務効率化・業務負担軽減の推進
・見守り機器を導入した場合の夜間における人員配置の緩和　・会議や多職種連携における ICT の活用　・特養の併設の場合の兼務等の緩和　・3ユニットの認知症 GH の夜勤職員体制の緩和
○文書負担軽減や手続きの効率化による介護現場の業務負担軽減の推進
・署名・押印の見直し　・電磁的記録による保存等
・運営規程の掲示の柔軟化

5 制度の安定性・持続可能性の確保

必要なサービスは確保しつつ、適正化・重点化を図る

○評価の適正化・重点化
・区分支給限度基準額の計算方法の一部見直し
・訪問看護のリハの評価・提供回数等の見直し
・長期間利用の介護予防リハの評価の見直し　・居宅療養管理指導の居住場所に応じた評価の見直し　・介護療養型医療施設の基本報酬の見直し
・介護職員処遇改善加算 (IV)(V) の廃止　・生活援助の訪問回数が多い利用者等のケアプランの検証
○報酬体系の簡素化
・月額報酬化 (療養通所介護)
・加算の整理統合 (リハ、口腔、栄養等)

6　その他の事項

・介護保険施設におけるリスクマネジメントの強化
・高齢者虐待防止の推進　・基準費用額 (食費) の見直し

出典:「厚生労働省　資料」(制度改正編　質問4-20まで同様、質問15を除く)

制度改正編

質問4 なぜ、感染症や災害への対応力強化が必要なのですか？

介護の現場は、感染症や災害で被害を受けやすいからです。

でも、仕事もあるし、すぐには……。

3年間の経過措置期間が設けられているよ。

体制構築が、サービス事業者に義務付けられました。

感染症や災害が発生したときにも必要な介護サービスが継続的に提供できる体制の構築が、今回の改正により介護サービス事業者に義務付けられました。具体的には、すべての介護サービス事業者は、委員会の開催、指針の整備、研修の実施、訓練（シミュレーション）の実施などに取り組まなくてはなりません。また、災害対応では、地域との連携が必須となることから、地域住民と協力して、訓練することが求められます（小規模多機能型居宅介護などの例を参考）。ただし、体制構築には3年間の経過措置期間を設けられています。なお、体制構築にあたっては、厚生労働省が提供する**業務継続ガイドライン**（右ページ参照）が参考になります。

緊急包括支援交付金も、用意されています。

介護サービス事業者が感染症対策を徹底しつつ、必要不可欠な介護サービスを継続的に提供するため、厚生労働省は、**新型コロナウイルス感染症緊急包括支援交付金**を用意しています。

都道府県ごとに割り振られた予算から、介護サービス事業者に対して感染症対策に必要な物品や研修などのかかり増し費用の支援、新型コロナウイルス感染症が発生又は濃厚接触者に対応した施設・事業所に勤務し利用者と接する職員に対する慰労金（20万円）や上記以外の施設・事業所に勤務し利用者と接する職員に対する慰労金（5万円）の支給、介護サービス事業所の再開に向けた支援を行っています。

介護施設・事業所における業務継続ガイドライン

●介護施設･事業所における新型コロナウイルス感染症発生時の業務継続ガイドライン

ポイント

- ☑ 各施設・事業所において、新型コロナウイルス感染症が発生した場合の対応や、それらを踏まえて平時から準備・検討しておくべきことを、サービス類型に応じた業務継続ガイドラインとして整理。
- ☑ ガイドラインを参考に、各施設・事業所において具体的な対応を検討し、それらの内容記載することでBCPが作成できるよう、参考となる「ひな形」を用意。

主な内容

・BCPとは
・新型コロナウイルス感染症BCPとは（自然災害BCPとの違い）
・介護サービス事業者に求められる役割
・BCP作成のポイント
・新型コロナウイルス感染（疑い）者発生時の対応等（入所系・通所系・訪問系）等

●介護施設･事業所における自然災害発生時の事業継続ガイドライン

ポイント

- ☑ 各施設・事業所において、自然災害に備え、介護サービスの業務継続のために平時から準備・検討しておくべきことや発生時の対応について、サービス類型に応じた業務継続ガイドラインとして整理。
- ☑ ガイドラインを参考に、各施設・事業所において具体的な対応を検討し、それらの内容記載することでBCPが作成できるよう、参考となる「ひな形」を用意。

主な内容

・BCPとは
・防災計画と自然災害BCPの違い
・介護サービス事業者に求められる役割
・BCP作成のポイント
・自然災害発生に備えた対応、発生時の対応（書くService共通事項、通所固有、訪問固有、居宅介護支援固有事項）等

「新型コロナウイルス感染症緊急包括支援交付金」事業の流れ

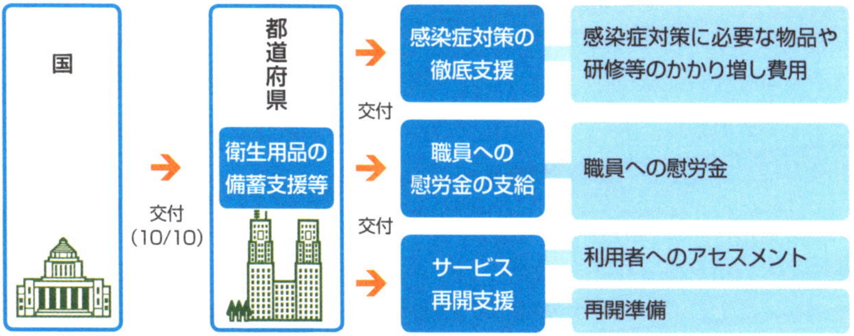

国 → 交付（10/10） → 都道府県（衛生用品の備蓄支援等） → 交付

感染症対策の徹底支援	感染症対策に必要な物品や研修等のかかり増し費用
職員への慰労金の支給	職員への慰労金
サービス再開支援	利用者へのアセスメント 再開準備

認知症への対応力向上はどのように推進されますか？

認知症関連の取組情報が公表されるようになったね。

やってないとマズイ雰囲気になるんですね。

現場は全員、認知症介護基礎研修を受けなくてはなりません。

認知症に係る取組状況の公表が求められます。

認知症患者が増加する中、介護サービス事業者の認知症対応力を向上させ、利用者の選択の幅を広げるために、居宅療養管理指導を除くすべての介護サービス事業者は、認知症に係る取組状況を公表することが求められるようになります。

公表が求められる情報は、**従業者の教育訓練のための制度**、**研修その他の従業者の資質向上に向けた取組の実施状況**、**事業所で実施している従業者の資質向上に向けた研修等の実施状況**、**実践的な職業能力の評価・認定制度である介護プロフェッショナルキャリア段位制度の取組**などです。公表にあたっては、受講人数などの入力も求められます。

認知症介護基礎研修の受講が義務付けられました。

認知症介護では、本人主体、尊厳尊重が求められるため、介護に直接関わるすべてのスタッフは全員、認知症に関する一定の知識を有していることが求められます。そのため、今回の改正により、医療・福祉関係の資格を持っていない介護に直接携わるスタッフについても、「**認知症介護基礎研修**＝新任の介護職員などが認知症介護に最低限必要な知識、技能を修得するための研修」を受講させることが、介護サービス事業者に求められるようになりました。

ただし、この措置には３年の経過措置期間が、新入職員の受講についても１年の猶予期間が設けられています。

認知症に係る取り組みの情報公表

●基本情報調査票（夜間対応型訪問介護の例）

現行

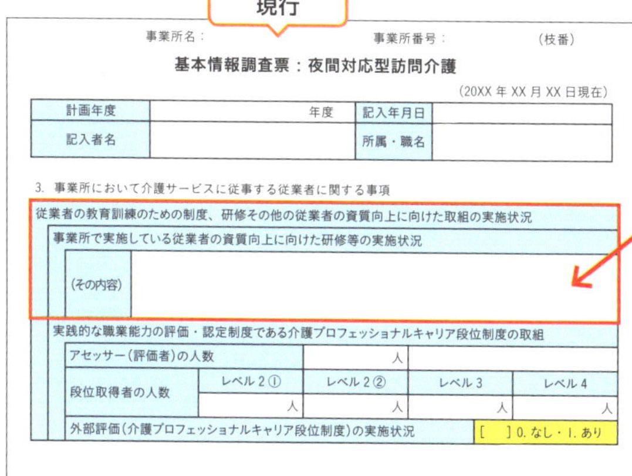
事業所名：　事業所番号：　（枝番）

基本情報調査票：夜間対応型訪問介護

（20XX 年 XX 月 XX 日現在）

計画年度	年度	記入年月日	
記入者名		所属・職名	

3. 事業所において介護サービスに従事する従業者に関する事項

従業者の教育訓練のための制度、研修その他の従業者の資質向上に向けた取組の実施状況

事業所で実施している従業者の資質向上に向けた研修等の実施状況

（その内容）

実践的な職業能力の評価・認定制度である介護プロフェッショナルキャリア段位制度の取組

	レベル２①	レベル２②	レベル３	レベル４
アセッサー（評価者）の人数	人			
段位取得者の人数	人	人	人	人
外部評価（介護プロフェッショナルキャリア段位制度）の実施状況	[　] 0. なし・1. あり			

見直し

認知症介護指導者研修、認知症介護実践リーダー研修、認知症介護実践者研修、その他の研修の欄を設け、受講人数を入力させる

認知症介護基礎研修の受講義務付け

（参考）介護従事者等の認知症対応力向上の促進

●認知症介護指導者養成研修、認知症介護実践リーダー研修、認知症介護実践者研修

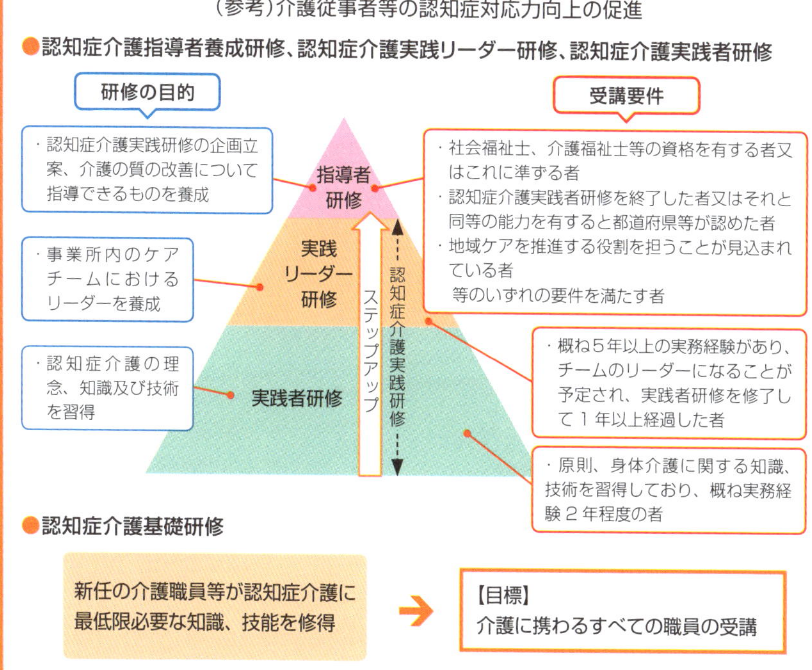

●認知症介護基礎研修

新任の介護職員等が認知症介護に最低限必要な知識、技能を修得

→

【目標】
介護に携わるすべての職員の受講

制度改正編

質問6 看取りへの対応はどのように進められますか

ガイドラインに基づく対応が必要です。

意思決定能力の低下にも備えなくてはならないんですよね。

時代に合わせて、ガイドラインも変わります。

ガイドラインに基づいて、看取りへの対応を進めます。

看取り期において本人や家族と十分に話し合い、医療・介護スタッフとの連携を充実させるため、ほぼすべての介護サービス事業者には、**人生の最終段階における医療・ケアの決定プロセスに関するガイドライン**の内容に沿った取り組みの介護サービスの実施が求められます。

こうした取り組みの背景にあるのは、**ACP**（**アドバンス・ケア・プランニング**）という概念です。ACPでは、意思決定能力が低下する場合に備えて、あらかじめ終末期を含めた今後の医療や介護について本人を主体に家族や友人、医療・介護スタッフが、繰り返し話し合い、本人の意思決定を支援します。

本人の意思を尊重した医療・ケアの方針決定が重要です。

ガイドライン（当初は**終末期医療の決定プロセスに関するガイドライン**）が策定されたきっかけは、富山県射水市における人工呼吸器取り外し事件でした。この事件を契機に、本人の意思を尊重した医療・ケアの方針決定の重要性が注目されるようになったのです。ガイドラインは定期的に改訂されており、直近では在宅医療・介護の現場で活用できるように見直され、本人が自らの意思を伝えられない状態になる前に信頼できる者を前もって定めておくことの重要性、信頼できる者の対象を、家族から家族など（親しい友人など）に拡大、話し合った内容を文書にまとめ、本人や家族などと医療介護のスタッフとの共有などが盛り込まれています。

人生の最終段階における医療・ケアの決定プロセスに関するガイドライン

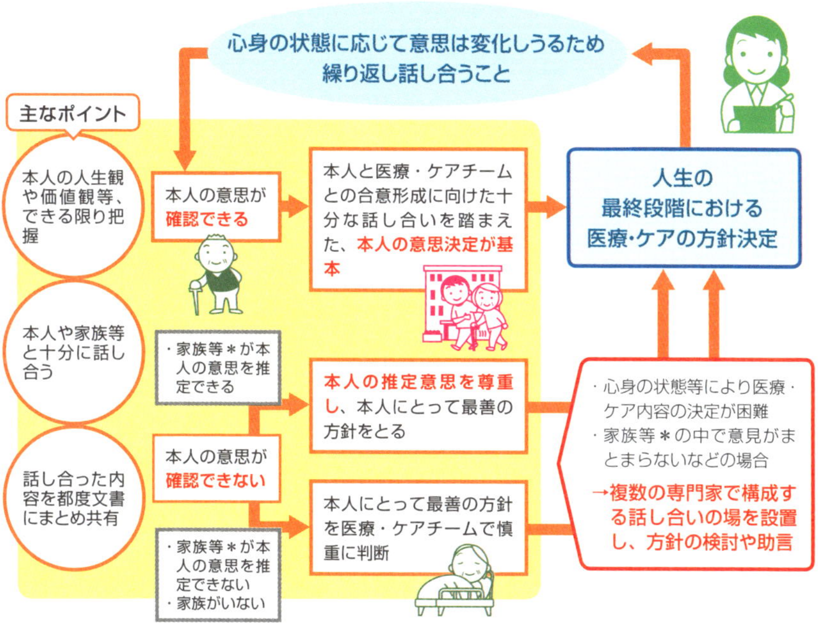

心身の状態に応じて意思は変化しうるため
繰り返し話し合うこと
主なポイント
本人の人生観や価値観等、できる限り把握
本人や家族等と十分に話し合う
話し合った内容を都度文書にまとめ共有
本人の意思が確認できる
本人と医療・ケアチームとの合意形成に向けた十分な話し合いを踏まえた、本人の意思決定が基本
人生の最終段階における医療・ケアの方針決定
・家族等＊が本人の意思を推定できる
本人の推定意思を尊重し、本人にとって最善の方針をとる
本人の意思が確認できない
本人にとって最善の方針を医療・ケアチームで慎重に判断
・家族等＊が本人の意思を推定できない
・家族がいない
・心身の状態等により医療・ケア内容の決定が困難
・家族等＊の中で意見がまとまらないなどの場合
→複数の専門家で構成する話し合いの場を設置し、方針の検討や助言

＊本人が自らの意思を伝えられない状態になる可能性があることから、話し合いに先立ち特定の家族等を自らの意思を推定するものとして前もって定めておくことが重要である。
＊家族等には広い範囲の人（親しい友人等）を含み、複数人存在することも考えられる。

人生の最終段階に関するアンケート

●人生の最終段階における医療について家族と話し合ったことがある人の割合（自身の死が近い場合に受けたい医療や受けたくない医療）

一般国民（2,179）
医師（921）
看護師（1,434）
施設介護職員（880）
0
20
40
60
80
100
無回答
まったく話し合ったことがない
一応話し合ったことがある
詳しく話し合っている

●「人生の最終段階における医療の決定プロセスに関するガイドライン」の利用状況

医師（921）
看護師（1,434）
施設介護職員（880）
0
20
40
60
80
100
無回答
死が間近な患者（入所者）に関わっていない
ガイドラインを知らない
参考にしていない
参考にしている

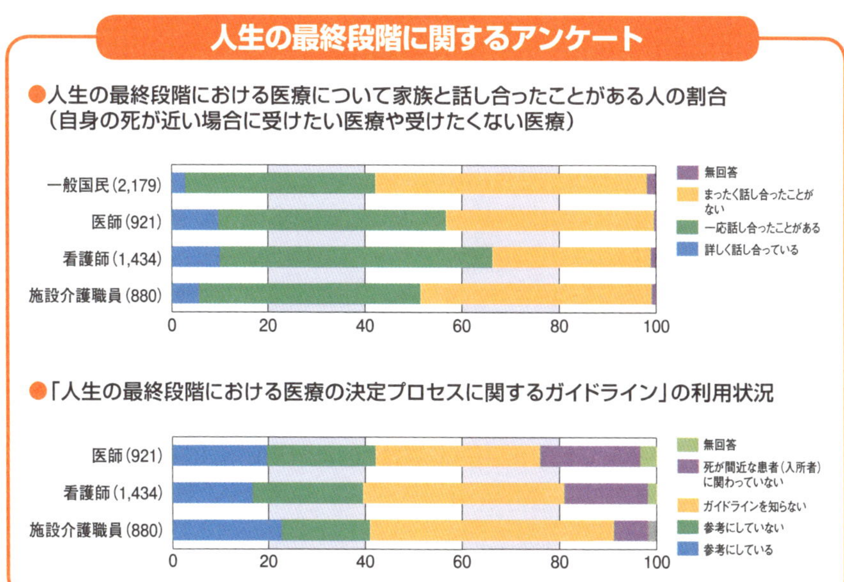

制度改正編

質問 7

医療と介護の連携はどのように推進されますか？

地域医療介護総合確保基金が創設されました。

医療と介護の連携では、団塊の世代が 75 歳以上となる 2025 年に向けて、効率的かつ質の高い医療提供体制の構築と地域包括ケアシステムの構築が急速に進められています。

そのため国は 14 年度から消費税増収分を活用した**地域医療介護総合確保基金**を各都道府県に創設し、各都道府県は診療報酬と介護報酬の役割分担、医療介護総合確保区域の設定などの都道府県計画を立て、地域密着型サービス施設等の整備、介護施設の開設準備経費の確保、特養多床室のプライバシー保護のための改修などを進めています。

介護医療院への移行も進められています。

介護医療院は、長期に渡る医療と介護のニーズを併せ持つ高齢者を対象とした介護保険施設です。ある意味、医療と介護の連携を施設内で行っており、医学的管理や看取りやターミナルケアといった医療機能と、身体介護や生活援助としての介護機能を提供しています。介護医療院の創設に伴って、介護療養型医療施設が順次転換されることが決まっていますが、経過措置の期限は 24 年 3 月末まで延長されています。また介護療養病床を有する診療所から介護医療院への移行を促進するため、入浴用リフトやリクライニングシャワーチェアなどにより身体の不自由な者が適切に入浴できる場合は、特別浴槽の設置を求めないことになりました。

地域医療介護総合確保基金

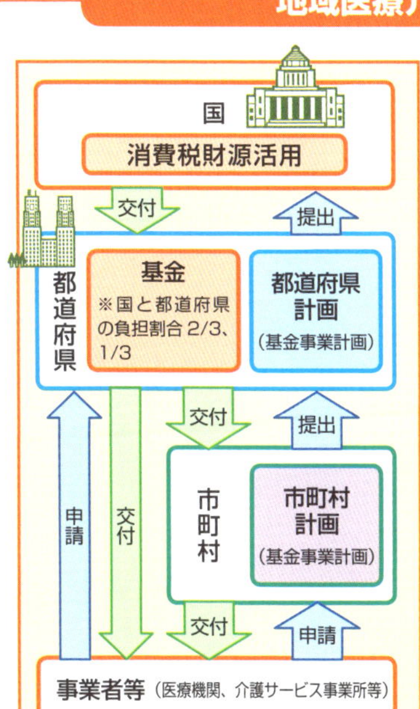

都道府県計画及び市町村計画（基金事業計画）

○基金に関する基本的事項
- 公正かつ透明なプロセスの確保（関係者の意見を反映させる仕組みの整備）
- 事業主体間の公平性など公平性・透明性の確保
- 診療報酬・介護報酬等との役割分担

○都道府県計画及び市町村計画の基本的な記載事項

医療介護総合確保区域の設定※１／目標と計画期間（原則１年間）／事業の内容、費用の額等／事業の評価方法※2

※１　都道府県は二次医療圏及び老人福祉圏域を念頭に置きつつ、地域の実情を踏まえて設定。市町村は、日常生活圏域を念頭に設定。

※２　都道府県は、市町村の協力を得つつ、事業の事後評価等を実施。国は都道府県の事業を検証し、基金の配分等に活用。

○都道府県は市町村計画の事業を取りまとめて、都道府県計画を作成

地域医療介護総合確保基金の対象事業

1　地域医療構想の達成に向けた医療機関の施設又は設備の整備に関する事業
2　居宅等における医療の提供に関する事業
3　介護施設等の整備に関する事業
4　医療従事者の確保に関する事業
5　介護事業者の確保に関する事業

介護医療院への移行スケジュール

制度改正編

質問8 在宅サービスの機能と連携はどのように強化されますか？

通院等乗降介助の運用が見直されたね。

ほかには、何が？

通所介護で地域との交流が強化されたんだ。

通院等乗降介助の算定基準が緩和されました。

車両への乗降介助等が介護保険の対象とする**通院等乗降介助**については（移送に係る運賃は介護保険の対象外）、利用者の身体的・経済的負担の軽減や利便性向上に向けて、算定基準が緩和されました。具体的には、目的地が複数ある場合でも、利用者の自宅が始点または終点になれば、その間の病院間の移送、通所系・短期入所系サービスの事業所から病院などへの移送に伴う乗降介助も、同一の事業所が行うことを条件に算定可能となったのです。ただし、通院等乗降介助が適用されるケースでは、通所系・短期入所系サービス事業所は送迎を行わないため、通所系では介護報酬に減算が適用され、短期入所系では送迎を行う場合の加算が算定されないようになります。

地域との交流が通所介護の運営基準に盛り込まれました。

これまで、地域密着型通所介護などの運営基準に盛り込まれていた**事業運営にあたっての地域との交流**が、通所介護の運営基準に盛り込まれるようになりました。交流対象は、地域住民やボランティア団体などです。見直しの背景には、利用者の心身機能の維持向上だけでなく、利用者が社会で役割を持てる、事業所がより地域に開かれた存在になるという狙いがあります。現在、地域の自治会・町内会や各種催し事への出席・参加支援、地域の公園や歩道などの清掃やごみ拾い活動への参加、事業所でのボランティア活動機会の提供、地域の自治会や町内会への積極的参加などの取り組みが行われており、利用者の達成感や満足感につながるという報告もあります。

訪問介護における通院等乗降介助の見直し

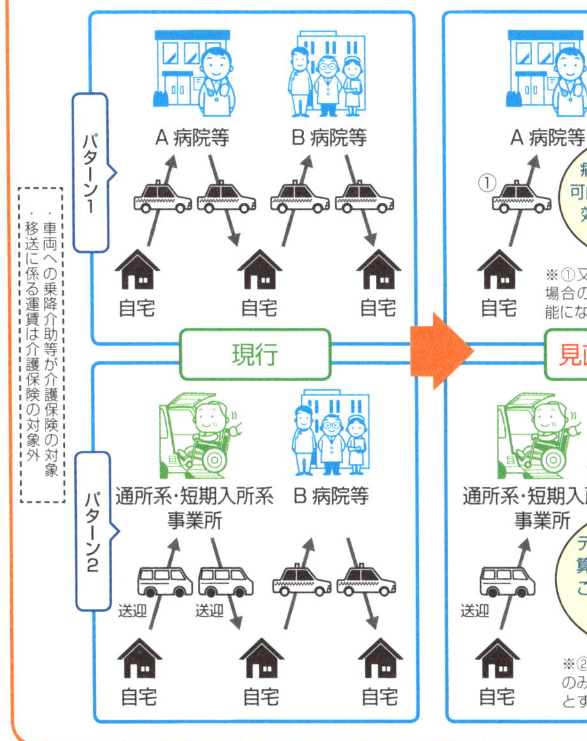

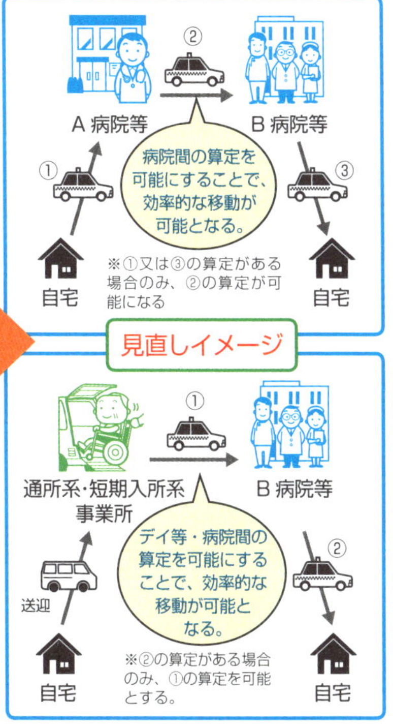

通所介護における地域などとの交流強化

●通所介護の運営基準

事業の運営にあたっては、地域住民、またはその自発的な活動等との連携及び協力を行う等の地域との交流に努めなければならない（第104条の2）

●地域密着型通所介護の運営基準

事業の運営にあたっては、地域住民、またはその自発的な活動等との連携及び協力を行う等の地域との交流に努めなければならない（第34条第3項）。

基準第34条第3項は、指定地域密着型通所介護の事業が地域に開かれた事業として行われるよう、指定地域密着型通所介護事業者は、地域の住民やボランティア団体等との連携及び協力を行う等の地域との交流に努めなければならないとしたものである（第3項2の2）。

制度改正編

質問9 ケアマネジメントの質向上はどのように確保されますか？

1つは、情報公表制度への情報公開です。

おかしなケアプランを見つけるのですね。

もう1つは、ICTを活用した居宅介護支援になります。

ケアプランの情報を情報公表制度で公表します。

ケアマネジメントの公正性や中立性を確保するため、居宅介護支援事業所は、ケアプランの情報を介護サービス情報公表制度で公表することが求められるようになりました。具体的には、過去6か月間に作成したケアプランにおける**訪問介護、通所介護、地域密着型通所介護、福祉用具貸与の各サービスの利用割合、訪問介護、通所介護、地域密着型通所介護、福祉用具貸与の各サービスごとの同一事業者によって提供されたものの割合**などを掲載しなくてはなりません。またケアマネジャーは、利用者が医療機関において医師の診察を受ける際に同席して、医師などと情報を連携し、そうした情報を踏まえてケアマネジメントを行うことが推奨されています。

居宅介護支援費（Ⅱ）の要件が緩和されました。

現在、居宅介護支援では、ケアマネジメントの質を確保するため、ケアマネジャー1人あたりの取り扱い件数が40件、60件を超えると、それぞれ介護報酬が低くなる設定になっています（40件未満は居宅介護支援費（Ⅰ）、40件以上60件未満は居宅介護支援費（Ⅱ）、60件以上は居宅介護支援費（Ⅲ）が適用）。ただ今回の改正により、一定のIT機器を活用したり、事務職員を配置したりしている場合には、この居宅介護支援費（Ⅱ）の適用が45件以上からとなる見直しが行われました。

この居宅介護支援費の**逓減制**の見直しについては、特定事業所加算における**介護支援専門員1人当たりの受け入れ可能な利用者数**についても適用されます。

サービス提供情報を介護情報公表システムで公表

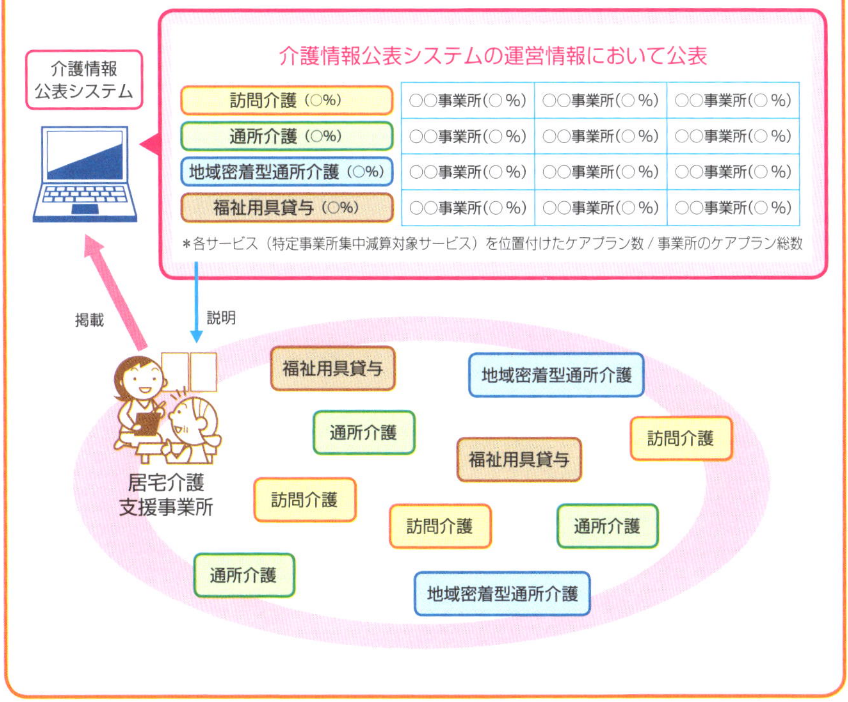

介護情報公表システムの運営情報において公表
介護情報公表システム
訪問介護（○%）　○○事業所(○%)　○○事業所(○%)　○○事業所(○%)
通所介護（○%）　○○事業所(○%)　○○事業所(○%)　○○事業所(○%)
地域密着型通所介護（○%）　○○事業所(○%)　○○事業所(○%)　○○事業所(○%)
福祉用具貸与（○%）　○○事業所(○%)　○○事業所(○%)　○○事業所(○%)
＊各サービス（特定事業所集中減算対象サービス）を位置付けたケアプラン数 / 事業所のケアプラン総数
掲載
説明
居宅介護
支援事業所
福祉用具貸与
地域密着型通所介護
通所介護
福祉用具貸与
訪問介護
訪問介護
訪問介護
通所介護
通所介護
地域密着型通所介護

逓減制の見直し

例:要介護3·4·5の場合（黒字:現行の単位数、赤字:改定後の単位数）

現行
（1,373単位）（1,398単位）
居宅介護
支援費Ⅰ
（686単位）（698単位）
居宅介護
支援費Ⅱ
（411単位）（418単位）
居宅介護
支援費Ⅲ
40件
60件
（介護支援専門員１人当り取扱件数）
改定後:ICT等を活用する場合
⇒ 一定の条件を満たした場合
⇒ 45件以上に適用
（1,398単位）
居宅介護
支援費Ⅰ
（677単位）
居宅介護
支援費Ⅱ
（406単位）
居宅介護
支援費Ⅲ
40件45件
60件
（介護支援専門員１人当り取扱件数）

※ ICT 等の活用の有無にかかわらず、事業所がその周辺の中山間地域等の事業所の存在状況からやむを得ず利用者を受け入れた場合、例外的に件数に含めない。

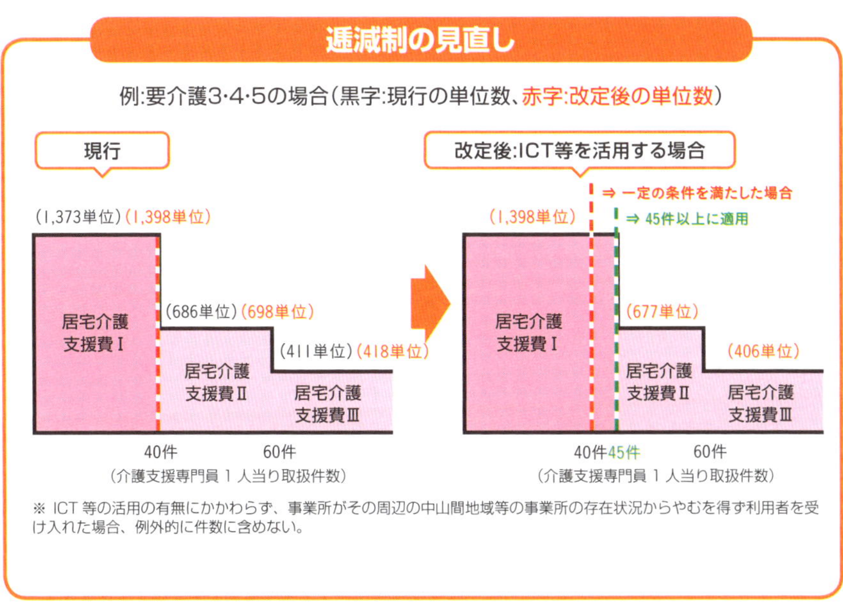

制度改正編

質問10 地域特性に応じたサービス確保はどのように進められますか？

グループホームのサテライト型が新設されてます。

運営基準も見直されていますか。

そうだね、管理者、計画作成者の基準が緩和されたよ。

グループホームのサテライト型事業所が新設されました。

認知症患者が増える中で、地域の特性に応じた施設の充実に向けて、地域密着型サービスである認知症対応型共同生活介護のユニット数が弾力化され、サテライト型事業所が新設されました。ユニット数の弾力化については、定員 29 人以下の地域密着型サービスにおいて、ユニット数が「**原則 1 又は 2、地域の実情により事業所の効率的運営に必要と認められる場合は 3**」から「**1 以上 3 以下**」に変更されています。また、スタッフを有効活用しつつ、利用者に身近な地域でサービスを提供するサテライト型事業所では、適切なサービス提供体制を維持するため、ユニット数が本体事業所を上回らず、本体事業所とのユニット数の合計が最大 4 までと決められています。

サテライト型では、運営基準が見直されています。

サテライト型事業所の運営基準は、いくつかの点で本体事業所よりも緩和されています。まず、管理者は本体と兼務可能であり、計画作成担当者が認知症介護実践者研修を修了していることは求められますが、ケアマネジャーであることは求められません。

また、サテライト型事業所の場所は、自動車などによる移動に要する時間がおおむね 20 分以内の近距離であることを求められるものの、本体事業所と同一建物や同一敷地にあることは不可とされています。

そして介護報酬は、通常の（介護予防）認知症対応型共同生活介護と同額に設定されています。

認知症グループホームのサテライト型事業所の新設

	基準（イ）		本体事業所	サテライト型事業所（新設）
人員	代表者		認知症の介護従事経験若しくは保険医療・福祉サービスの経営経験があり、認知症対応型サービス事業解説者研修を終了した者	→ 本体の代表者
人員	管理者		常勤・専従であって、３年以上認知症の介護の従事経験がある認知症対応型サービス事業管理者研修を終了した者	→ 本体の管理者が兼務可能
人員	介護従業者	日中	常勤換算方式で３：１以上	常勤換算方式で３：１以上
人員	介護従業者	夜間	時間帯を通じてユニットごとに１以上	時間帯を通じてユニットごとに１以上
人員	計画作成担当者介護支援専門員		介護専門員であって、認知症介護実践者研修を終了した者	→ 認知症介護実践者研修を終了した者　１以上

※ 代表者・管理者・介護支援専門員である計画作成担当者は、本体との兼務等により、サテライト型事業所に配置しないことができる

	基準（イ）	本体事業所	サテライト型事業所（新設）
設備等	立地	住宅地等の地域住民との交流の機会が図られる地域	本体事業所と同様
設備等	管理者	家庭的な環境と地域住民との交流の下にサービスが提供されると認められる場合、広域型特別養護老人ホーム等と同一建物に併設も可能	本体事業所と同様
設備等	居室	7.43m²（和室 4.5 畳）以上で原則個室	本体事業所と同様
設備等	その他	居間・食堂・台所・浴室等日常生活に必要な設備	本体事業所と同様
設備等	※以下はサテライト型事業所に係る特有の要件等		
設備等	サテライト型事業所の本体となる事業所	―	→ 認知症グループホーム ※事業開始後１年以上の本体事業所としての実績を有すること、又は、入居者が当該本体事業所において定められた入居定員の 100 分の 70 を超えたことがあること
設備等	本体事業所とサテライト型事業所との距離等	―	自動車等による移動に要する時間がおおむね 20 分以内の近距離、本体事業所と同一建物や同一敷地内は不可
設備等	指定	―	→ 本体、サテライト型事業所それぞれが受ける ※医療・介護・福祉サービスについて３年以上の実績を有する事業者であること ※予め市町村に設置される地域密着型サービス運営委員会等の意見を聴くこと
設備等	ユニット数	１人以上３人以下	→ 本体事業所のユニット数を上回らず、かつ、本体事業所のユニット数との合計が最大４まで
設備等	介護報酬	―	→ 通常の（介護予防）認知症対応型共同生活介護の介護報酬と同額 ※本体事業所とサテライト事業所はそれぞれユニット数に応じた介護報酬を換算

サテライト型事業所のユニット数

※ 介護従業者は本体事業所とサテライト型事業所にそれぞれ配置することが必要。

注 本体事業所がサテライト型事業所へ駆けつけることができる体制や適切な指示ができる連絡体制などを確保するとともに、以下を条件。
①利用申込みに係る調整、サービス提供状況の把握、職員に対する技術指導等が一体的に行われること
②職員の勤務体制、勤務内容等が一元的に管理されること。必要な場合に随時、本体事業所や他のサテライト型事業所との相互支援が行える体制（例えば、当該サテライト型事業所の従業者が急病等でサービスの提供ができなくなった場合は、主な事業所から急遽代替要員を派遣できるような体制）
③苦情処理や損害賠償等に際して、一体的な対応ができる体制
④事業の目的や運営方針、営業日や営業時間、利用料等を定める同一の運営規程が定められること
⑤人事、給与・福利厚生等の勤務条件等による職員管理が一元的に行われていること

制度改正編

質問11 リハビリや口腔衛生・栄養管理はどのように強化されますか？

リハビリ関連の計画書が、整理簡素化されました。

栄養管理については？

より、重視されるようになっています。

リハビリテーション関連の計画書が見直されます。

リハビリテーションの実施にあたっては、利用者一人ひとりの身体状況、希望・要望、自宅環境などに合った目標を設定した計画書の作成が必要になります。この計画作成業務を効率化するため、重複項目なども多い**リハビリテーション計画書**と**個別機能訓練計画書**の項目を共通化し、リハビリテーション計画書の固有の項目について、整理簡素化を図ることになりました。

また施設系サービスでは、**口腔衛生管理体制**の確保が求められています。口腔衛生の管理にあたっては、歯科医師や歯科衛生士からの技術的助言・指導（年２回以上）に基づいて、入所者の状態に応じた口腔衛生管理が求められるようになりました。

栄養管理がより重視されるようになりました。

施設系サービスでは、**適切な食事形態・摂取方法の提供**、**食事摂取量の維持・改善・経口摂取の維持**といった**栄養管理**がより重視されるようになりました。これは看取りへの対応や褥瘡の発生・改善において栄養管理が重要であるためです。そのため、多職種連携における管理栄養士の役割や関与が明確化され、薬剤師・歯科衛生士・管理栄養士が居宅療養管理指導を行う際には、必要に応じて関連情報を医師や歯科医師に連携することが求められるようになっています。

リハビリテーション・機能訓練、口腔管理、栄養管理は一体的に進めることで、利用者の状態の維持・改善を図っていくのです。

リハビリ計画書・個別機能訓練計画書の見直し

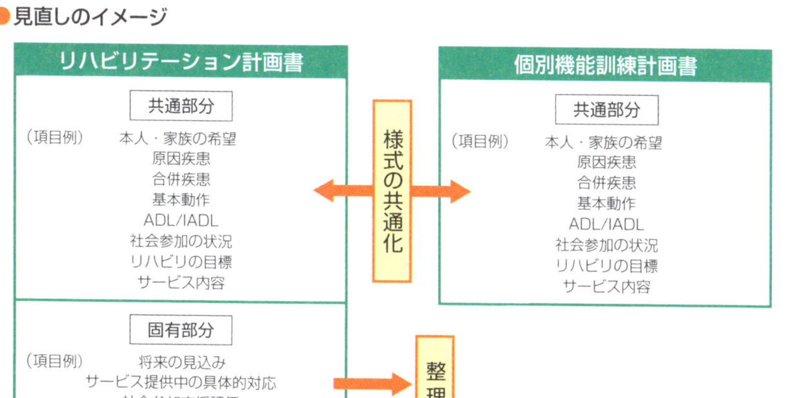
●見直しのイメージ
リハビリテーション計画書
共通部分
（項目例）
本人・家族の希望
原因疾患
合併疾患
基本動作
ADL/IADL
社会参加の状況
リハビリの目標
サービス内容
固有部分
（項目例）
将来の見込み
サービス提供中の具体的対応
社会参加支援評価
様式の共通化
整理
個別機能訓練計画書
共通部分
（項目例）
本人・家族の希望
原因疾患
合併疾患
基本動作
ADL/IADL
社会参加の状況
リハビリの目標
サービス内容

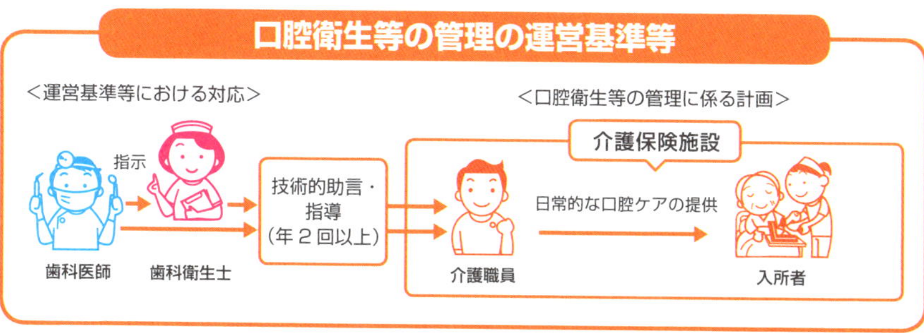
口腔衛生等の管理の運営基準等
<運営基準等における対応>
<口腔衛生等の管理に係る計画>
指示
歯科医師
歯科衛生士
技術的助言・指導（年２回以上）
介護保険施設
介護職員
日常的な口腔ケアの提供
入所者

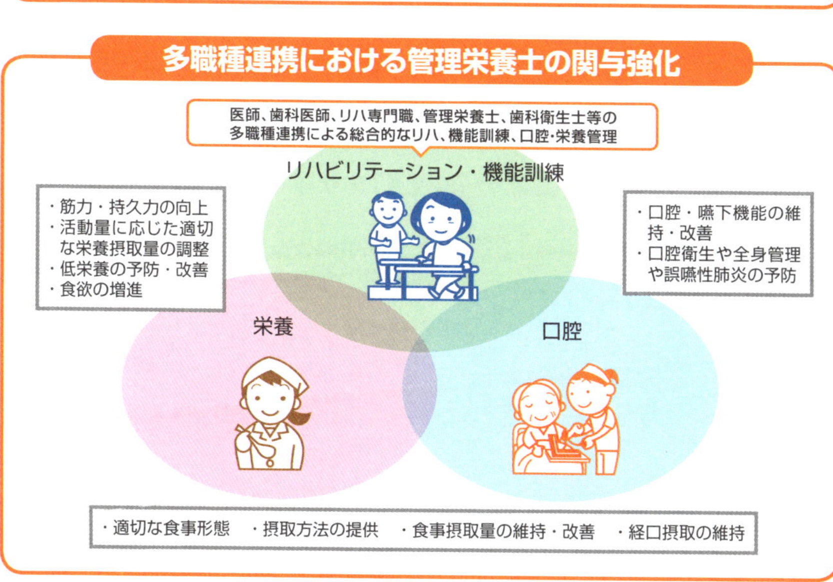
多職種連携における管理栄養士の関与強化
医師、歯科医師、リハ専門職、管理栄養士、歯科衛生士等の
多職種連携による総合的なリハ、機能訓練、口腔・栄養管理
リハビリテーション・機能訓練
・筋力・持久力の向上
・活動量に応じた適切な栄養摂取量の調整
・低栄養の予防・改善
・食欲の増進
・口腔・嚥下機能の維持・改善
・口腔衛生や全身管理や誤嚥性肺炎の予防
栄養
口腔
・適切な食事形態　・摂取方法の提供　・食事摂取量の維持・改善　・経口摂取の維持

制度改正編

質問 12

科学的介護の取組はどのように進められますか？

LIFEを運用することで、進められます。

厚生労働省では、市町村から要介護認定情報（2009 年度～）や介護保険レセプト情報（2012 年度～）を収集し、16 年度より通所・訪問リハビリテーションデータ収集システム（**VISIT**）、20 年度より高齢者の状態やケアの内容等データ収集システム（**CHASE**）を運用してきました。そして、21 年 4 月からこれらを一体的に運用することで、**科学的介護情報システム**（**Long-term care Information system For Evidence、LIFE**）として運用開始する予定です。LIFE 運用の狙いは、リハビリテーションの質の評価データを収集・フィードバックして、科学的介護の取組を推進し、介護サービスの質向上を図ることです。

介護サービス提供におけるPDCAサイクルを実現します。

介護サービスの質の向上を図る観点から、居宅介護支援を除くすべての介護サービス事業者には以下のようなサービス運用の見直しが求められます。

具体的には、ADL、栄養、口腔・嚥下、認知症に関する利用者データを CHASE に提出し、フィードバックを受け、それに基づいて事業所運営やサービス提供の方法を検証し、利用者のケアプランなどを修正するのです。特に、詳細な既往歴や服薬情報、家族の情報など、より精度の高いフィードバックを受けることができる項目を提出・活用することも推奨されています。これにより、介護サービス提供における PDCA サイクルを実現し、介護サービスの質の向上を図っていくのです。

介護保険データベースと CHASE・VISIT 情報

介護保険総合データベース（介護 DB）

・市町村から要介護認定情報（2009 年度～）、介護保険レセプト情報（2012 年度～）を収集。
・2018 年度より介護保険法に基づきデータ提供義務化

通所・訪問リハビリテーションの質の評価データ収集等事業のデータ

・通称 " VISIT" (monitoring & eValuation for rehablitation Servlces for long-Term care)
・通所リハビリテーション事業所や訪問リハビリテーション事業所から、リハビリテーション計画書等の情報を収集（2017 年度～）
・2018 年度介護報酬改定で、データ提出を評価するリハビリマネジメント加算（IV）を新設

上記を補完する介入、状態等のデータ

・通称" CHASE"（Care, HeAlth Status & Events）
・「科学的裏付けに基づく介護に係る検討会」において具体的な内容を検討し、データベースに用いる初期項目（265 項目（※））を選定
・収集経路は、今後、収集内容を踏まえて検討
・2020 年度からの本格運用を目指す（※）

CHASE・VISIT 情報の収集・活用

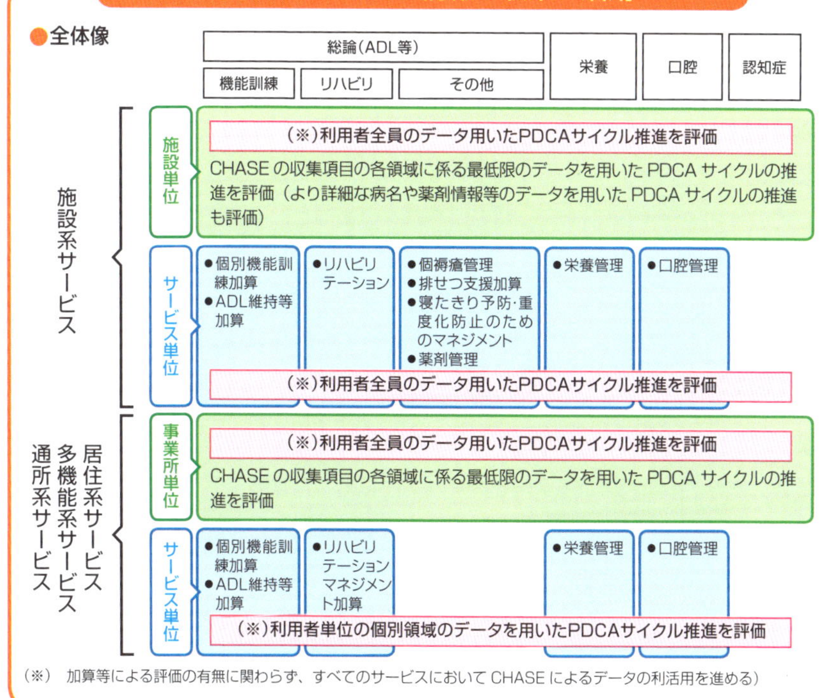

（※） 加算等による評価の有無に関わらず、すべてのサービスにおいて CHASE によるデータの利活用を進める）

制度改正編

質問13 在宅復帰、自立支援はどのように推進されますか？

大きなトピックは、在宅復帰・在宅療養支援等指標の見直しです。

それ以外には？

医学的なアセスメントに基づくケアの実施だよ。

在宅復帰・在宅療養支援等指標が見直されます。

介護老人保健施設については、在宅復帰・在宅療養支援機能を推進するために、**在宅復帰・在宅療養支援等指標**が見直されます。

具体的には、居宅サービス実施数に係る指標における訪問リハビリテーションの比重が高められます。また、リハビリテーション専門職配置割合に係る指標では、理学療法士、作業療法士、言語聴覚士の３職種の配置が評価されるようになりました。さらに、医師の詳細な指示に基づくリハビリテーションの実施も重視されています。

このように、介護老人保健施設は在宅復帰支援施設としての役割を担うことがより求められるようになっているのです。

医学的なアセスメントに基づき、ケアを実施します。

施設サービスでは、利用者の**自立支援の推進**がより重視されるようになりました。医師が定期的に入居者を**医学的なアセスメント**を実施し、医師、ケアマネジャー、介護職員、その他の職種による会議を開催することで、多職種協働で策定した自立支援計画を立てます。その上で、計画に基づくケアを実施することにより、自立支援・重度化防止を推進するのです。

なお、前述の LIFE（→制度改正編　質問 12）にこうした情報を提供し、フィードバックを受けることで、介護サービス事業者は少なくとも３ヶ月に１回程度、自立支援計画を見直していくことになります。

在宅復帰・在宅療養支援等指標

在宅復帰・在宅療養支援等指標： 下記評価項目（①～⑩）について、項目に応じた値を足し合わせた値（最高値:90）				
①在宅復帰率	50% 超 20	30% 以上 10		30% 以上 10
②ベッド回転率	10% 以上 20	5% 以上 10		5% 未満 0
③入所前後訪問指導割合	30% 超 10	10% 以上 5		10% 未満 0
④退所前後訪問指導割合	30% 超 10	10% 以上 5		10% 未満 0
⑤居宅サービスの実施数	3 サービス 5	2 サービス 3 ⇒ 2 サービス（訪問リハビ リテーションを含む）3	1 サービス 2 ⇒ 2 サービス 1	0 サービス 0 ⇒ 0、 1 サービス 0
⑥リハ専門職の配置割合	5 以上 5 ⇒ 5 以上（PT, OT, ST いず れも配置）5	3 以上 3 ⇒ 5 以上 3	（設定なし） ⇒ 3 以上 2	3 未満 0
⑦支援相談員の配置割合	3 以上 5	2 以上 3		2 未満 0
⑧要介護4又は5の割合	50% 以上 5	35% 以上 3		35% 未満 0
⑨喀痰吸引の実施割合	10% 以上 5	5% 以上 3		5% 未満 0
⑩経管栄養の実施割合	10% 以上 5	5% 以上 3		5% 未満 0

※下線部が見直し箇所

自立支援計画に従ったケアの提供

①定期的なアセスメントの実施

・すべての入所者について、リハビリテーション・機能訓練、日々の過ごし方等に係るケア等の実施により、利用者の状態の改善が期待できるか等の医学的アセスメントを所定の様式（※）に準じて実施する。

②ケアプランの策定・ケアの内容等に係る会議の実施

・医師、ケアマネジャー、介護職員等が連携して会議を実施し、上記アセスメントを踏まえた、リハビリテーション・機能訓練、日々の過ごし方等について、所定の様式（※）に準じて計画を策定する。

計画に従ったケアの実施

③ CHASE を活用した PDCA サイクルの推進

・厚生労働省（CHASE）にデータを提出し、フィードバックを受けることで、ケア計画の見直し等において活用し、PDCA サイクルを推進する。

※様式の具体的内容

・医学的アセスメント　・リハビリテーション・機能訓練の必要性
・日々の過ごし方（離床時間、座位保持時間、食事・排せつ・入浴の場所や方法、社会参加的活動等）

制度改正編

質問 14 介護職員の処遇や職場環境はどのように改善されますか？

職場環境の改善が図られているね。

それは、うれしいですね。

あと、ハラスメント対策についても明確化されたよ。

職場環境整備に向けて、常勤換算が見直されます。

介護現場における、仕事と育児や介護との両立が可能となるように環境整備が進められます。

常勤の計算にあたり、介護スタッフが介護･育児の短時間勤務制度を利用する場合、週 30 時間以上の勤務でも**常勤換算での計算上、1（常勤）**と認められるようになりました。また常勤での配置が求められる介護スタッフが産前産後休業や育児・介護休業などを取得した場合に同等の資質（例：経験年数○年以上、所定の研修を修了している、など）を有する**複数の非常勤職員を常勤換算**することも認められたのです。

なお、医療現場においても同様の運用見直しが行われています。

事業者には、ハラスメント防止対策が求められます。

介護現場では以前より、スタッフ間、スタッフと利用者などの間でセクハラ、パワハラが問題になっていました。そこで今回の改正では、すべての介護サービス事業者に**ハラスメント対策**を実施することが明確化されたのです。介護サービス事業者には、ハラスメントを防止するための方針を明示するとともに、相談体制の整備、ハラスメント発生時における適切な対応、そして再発防止に向けた措置が求められます。

具体的には、被害を発見したら、責任者や指名を受けた者が相談・苦情を報告し、事実関係を迅速かつ正確に確認し、被害者・加害者・第三者へのヒアリングを実施、適切な対応と再発防止に向けた措置を行うことになります。

常勤配置の取扱いの明確化

施設基準上求められる常勤の従業員が産前・産後休業及び育児・介護休業を取得した場合に、同等の資質を有する複数の非常勤従業者を常勤換算することで施設基準を満たすことを原則認める。

例）常勤医師 1 名、常勤看護師 1 名の配置要件の場合

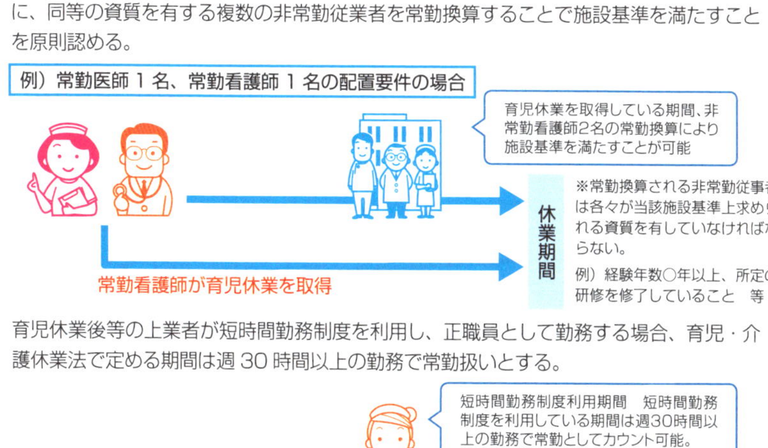

育児休業後等の上業者が短時間勤務制度を利用し、正職員として勤務する場合、育児・介護休業法で定める期間は週 30 時間以上の勤務で常勤扱いとする。

短時間勤務制度利用期間　短時間勤務制度を利用している期間は週30時間以上の勤務で常勤としてカウント可能。

短時間勤務制度利用期間

ハラスメントに対する対策の流れ

被害者を実感、もしくは発見したら
↓
事業所責任者、又は指名を受けたものに相談･苦情を報告
↓
事業所責任者又は指名を受けたものは、事案に係る事実関係を迅速かつ正確に確認
↓
原則2人の相談員で対応

- ①被害者へのヒヤリング
- ②加害者へのヒヤリング
- ③第三者へのヒヤリング（適宜）

聴取の内容は記載する（加害者の看護経過記録）

※第三者とはケアマネ等も含む

↓
事実関係があると判断したら、加害者に対する措置及び被害に対する措置
↓

加害者への注意勧告及び措置
- ･注意勧告
- ･担当者の変更
- ･2人以上での訪問
- ･サービスの停止　等

被害者への措置
- ･対応状況からの説明
- ･加害者からの謝罪
- ･関係者と、サービス見直しや必要な調整を行う
- ･メンタル的な影響を確認し、家族などと精神的なサポート体制の確認と対応を検討する　等

事業所の対応
- ･統括会議及び、所長会議への報告
- ･アクシデント報告書の作成
- ･事案の内容や状況に応じ、被害者と加害者の関係改善に向けての援助
- ･事案に応じて、事業所全体で、対応の検討（ただし、秘密保持の観点で、開示の判断は保留する）
- ･ケアマネや主治医等、関係者には、必要に応じて報告
- ･管轄行政の指導基準によっては行政への報告も必要

↓
再発防止に向けた措置

出典:「介護現場におけるハラスメント対策マニュアル」（厚生労働省）

制度改正編

質問15 サービス向上や業務効率化はどのように実現されますか？

利用者の見守りに、ICT 機器が導入されます。

見守りだけですか。

会議や多職種連携でも、活用されるよ。

介護現場においても、ICT機器の導入が進められます。

20 年度に実施された介護ロボットの導入効果を踏まえて、介護保険施設や短期入所施設、特定施設などにおいて、**見守り機器**や**インカム**、スマートフォンや介護記録ソフトなどの ICT 機器の導入が進められます。

導入にあたっては、介護サービス事業者は委員会を設置して数カ月間試用することで、**利用者の安全やケアの質**、**職員の負担軽減**、**機器不具合の発生状況**、**ICT 活用教育の実施**などを検証します。その上で、効果が認められ、入所者全員に見守り機器を使用、見守り機器やインカムなどの ICT 機器を使用、安全体制を確保などの要件を満たせば、夜間の人員配置基準が緩和されます。

テレビ電話などによる会議や多職種連携も実施されます。

テレビ電話や ICT 機器を活用した各種会議や多職種連携の実施、利用者に対する確認や指導も一定程度認められるようになりました。

医療・介護の関係者のみで実施される会議・連携については、**医療・介護関係事業者における個人情報の適切な取扱のためのガイダンス**と**医療情報システムの安全管理に関するガイドライン**に基づき、テレビ電話などを活用して実施されます。一方、利用者に対する確認や指導については、**薬剤師による居宅療養管理指導**と**療養通所介護における状態確認**が上記に加えて、利用者等の同意を得た上で ICT を活用しての実施が可能となります。

高齢者施設における見守りの問題

介護者

- 介護人材の不足
- 職員の疲弊・ストレス↑
- 転倒に対する考え方
  （高齢者が転倒するのは仕方がない）
- 介護の質（知識・技術）

利用者

- コールしない・できない
- 認知機能の低下
- 身体機能の低下
- 気遣い・遠慮
- 鑑賞されたくない
- 自由に行動したい

↓

転倒リスクの高い方・利施設する方への対応策として、見守り支援機器を活用

他職種連携におけるICTの活用イメージ

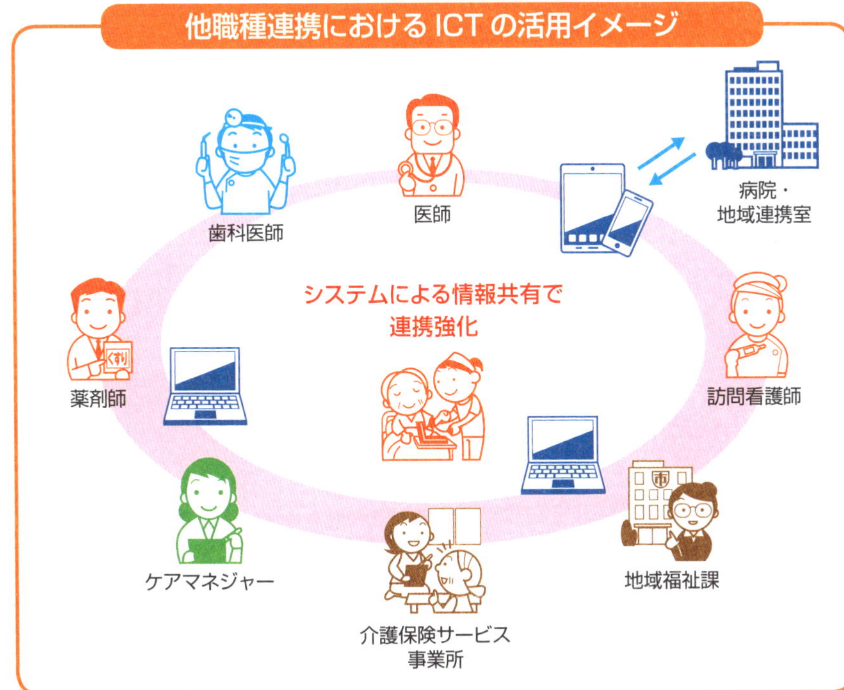

制度改正編

質問16 人員配置基準はどのように見直されましたか？

地域密着型の管理者の要件や人員配置基準が見直されました。

オペレーターの兼務は、ありがたいですね。

介護保険施設の人員基準も緩和されてるよ。

地域密着型では、人員要件が緩和されています。

地域密着型では、人員要件が見直されています。認知症対応型共同生活介護では、管理者交代時に新たな管理者が研修修了を見込まれる場合は研修を修了していなくても良いとされ（新規指定時は除外）、夜間･深夜時間帯の職員体制が緩和されています。

また、定期巡回・随時対応型訪問介護看護と夜間対応型訪問介護では、計画作成責任者（定期巡回・随時対応型訪問介護看護）と面接相談員（夜間対応型訪問介護）について管理者との兼務が可能となり、オペレーターと随時訪問サービスを行う訪問介護員は夜間・早朝、必ずしも事業所内にいる必要がなくなりました。さらに、併設施設では、介護スタッフがオペレーターを兼務することも認められています。

介護保険施設の人員基準も緩和されました。

介護保険施設の人員基準も見直されています。広域型介護老人福祉施設や介護老人保健施設と、小規模多機能型居宅介護事業所を併設する場合、入所者の処遇や事業所の管理上支障がない場合、管理者・介護職員の兼務が可能となりました。

また、従来型とユニット型を併設する介護保険施設では、介護・看護職員の兼務が可能となっています（入所者の処遇に支障がないことが条件）。さらに、地域密着型老人福祉施設では、他の施設と連携することを条件に、サテライト型居住施設の生活相談員や入所者の処遇に支障がない限りにおける栄養士や管理栄養士を置かないことが認められました。

認知症グループホームの管理者交代時の研修の修了猶予措置

<概念図>

	代表者	管理者	計画作成担当者
交代時の研修の取扱い	半年後又は次回研修日程のいずれか早い日までに修了すればよい	なし ↓ 市町村からの推薦を受けて都道府県に研修の申込を行い、当該管理者が研修を修了することが確実に見込まれる場合はよい	市町村からの推薦を受けて都道府県に研修の申込を行い、当該計画作成担当者等が研修を修了することが確実に見込まれる場合はよい
根拠	解釈通知	なし ↓ 解釈通知	Q&A
取扱開始時期	2018 年度～	なし ↓ 2021 年度～	2006 年度～

（参考）各サービスにおいて必要な研修

認知症対応型通所介護	―	認知症介護実践者研修 ＋ 認知症対応型サービス事業開設者研修	―
認知症グループホーム	認知症対応型サービス事業管理者研修		認知症介護実践者研修
小規模多機能型居宅介護			認知症介護実践者研修 ＋ 小規模多機能型サービス等 計画作成担当者研修
看護小規模多機能型居宅介護			

介護保健施設の人員配置基準の見直し

<広域型特養･介護法人保険施設と小規模多機能型居宅介護が併設する場合の兼務の可否>

小規模多機能型居宅介護に併設する 施設・事業所	介護職員の兼務	管理者の兼務
地域密着型介護老人福祉施設 地域密着型特定施設 認知症対応型共同生活介護事業所 介護療養型医療施設又は介護医療院	○	○
広域型の特別養護老人ホーム 介護老人保健施設	×	×
（留意事項）・兼務できる施設・事業所は、「併設する施設・事業所」		

▶

小規模多機能型居宅介護に併設する 施設・事業所	介護職員の兼務	管理者の兼務
地域密着型介護老人福祉施設 地域密着型特定施設 認知症対応型共同生活介護事業所 介護療養型医療施設又は介護医療院	○	○
広域型の特別養護老人ホーム 介護老人保健施設	○	○
（留意事項）・兼務できる施設・事業所は、「併設する施設・事業所」		

<特養と特養を併設する場合の介護･看護職員の兼務の可否>

	従来型	ユニット型
従来型	○	×→○
ユニット型	×→○	×

※　○入所者の処遇に支障がない場合にのみ可能

制度改正編

質問17 評価や会議、計画や文書管理はどのように効率化されますか？

「第三者による外部評価」の業務が見直されてます。

自己評価の報告というのは、助かりますね。

文書作成・管理の業務にも、ICT が使われるんだ。

「第三者による外部評価」の業務が効率化されました。

認知症対応型共同生活介護では、**第三者による外部評価**を業務効率化するため、既存の外部評価は維持しつつ、自己評価を第三者が出席する運営推進会議に報告・公表する仕組みが導入されました。2ヶ月に１回以上開催される**運営推進会議**に加えて、１年に１回以上、自己評価または外部評価を実施することになります。

また、ケアマネジャーである計画作成担当者の配置については、ユニットごとに１名以上から事業所ごとに１名以上に緩和され、２人以上の計画作成担当者を配置する場合には、いずれか１人が介護支援専門員の資格を有していれば OK になりました（ただし、全員が研修修了者であることは必要）。

文書の作成や管理の業務負担が軽減されています。

利用者の利便性を向上させ、介護サービス事業者の業務負担を軽減するため、サービス利用に伴う文書の作成や管理は見直しが行われています。まず、ケアプランや重要事項説明書などの説明・同意については、書面だけでなく電磁的記録による対応が原則認められ、代替手段を明示することで署名・捺印を求めないことも可能になりました。また、重要事項説明書に記載する従業員の**員数を○○人以上と記載**することが可能になり、**従業者の職種、員数及び職務の内容の変更届**は年１回で足りることが明確化されています。さらに、諸記録の**電磁的記録での保存**、**ファイルなどによる重要事項の掲示**が可能になっています。

外部評価に係る運営推進会議の効率化

事業所が、運営推進会議と外部評価のいずれかを選択

	定期巡回・随時対応型訪問介護看護	地域密着型通所介護・認知症対応型通所介護	小規模多機能型居宅介護	認知症グループホーム	地域密着型特定施設入居者生活介護	地域密着型介護老人福祉施設	看護小規模多機能型居宅介護
運営推進会議※	○ 6月に1回以上開催 1年に1回以上は自己評価及び外部評価を実施	○ 6月に1回以上開催	○ 2月に1回以上開催 1年に1回以上は自己評価及び外部評価を実施	○ 2月に1回以上開催 追加 1年に1回以上は自己評価及び外部評価を実施	○ 2月に1回以上 開催	○ 2月に1回以上開催	○ 2月に1回以上開催 1年に1回以上は自己評価及び外部評価を実施
外部評価	― ※2015年度～介護・医療連携推進会議に統合	―	― ※2015年度～運営推進会議に統合	○ 都道府県が指定する外部評価機関によるサービスの評価を受け、結果を公表	―	―	― ※2015年度～運営推進会議に統合

※定期巡回・随時対応型訪問介護看護は介護・医療連携推進会議

計画作成担当者の配置基準の緩和

		認知症グループホーム	小規模多機能型居宅介護	地域密着型介護老人福祉施設	地域密着型特定施設入居者生活介護
計画作成担当者(介護支援専門員)	配置員数	ユニットごとに1人以上 ↓ 事業所ごとに1人以上	事業所ごとに1人以上	施設ごとに1人以上	事業所ごとに1人以上
	人員要件	介護支援専門員 かつ 認知症介護実践者研修修了者	介護支援専門員 かつ 認知症介護実践者研修修了者 + 小規模多機能型サービス等 計画作成担当者研修修了者	介護支援専門員	介護支援専門員
	その他の要件	2ユニット以上の場合、2人の計画作成担当者が必要となるが、いずれか1人が介護支援専門員の資格を有していれば足りる(2人とも研修修了者であることは必要) ↓ 2人以上の計画作成担当者を配置する場合、いずれか1人が介護支援専門員の資格を有していれば足りる(全員が研修修了者であることは必要)	―	―	―

制度改正編

質問18 評価の適正化や重点化はどのように行われますか？

同一建物減算の区分支給基準額が見直されました。

それは、ごもっともですね。

あと、ケアプランの検証も重視されてます。

1章 2章 3章 4章 5章 6章 7章

同一建物減算の区分支給基準額が見直されました。

訪問系サービスや通所系サービスでは、事業所と同一建物に居住する利用者、事業所と同一建物に居住する利用者、事業所と同一敷地内または隣接する敷地内に所在する建物に居住する利用者にサービスを提供したり、敷地外に所在する同一建物に居住する利用者が一定数を超えたりすると、介護報酬が減算となります。この**同一建物減算**に伴う**区分支給限度基準額**の取り扱い方法が 21 年度の制度改正で見直されました。具体的には、通所系サービス、多機能系サービスでは、減算を受ける者と受けない者を公平性に扱うため、区分支給限度基準額は減算適用前の単位数が適用されることになります。

ケアプランの検証の業務が見直されています。

18 年度の制度改正で導入された**生活援助の訪問回数が多い利用者のケアプランの検証**について、ケアプランの検証や届け出の頻度について見直しが行われました。具体的には、地域ケア会議だけでなく、市役所職員やリハビリ専門職による**サービス担当者会議**でも検証が行われるようになり、検証したケアプランの次回届け出は 1 年後となることが決まっています。また区分支給限度基準額の利用割合が高く、訪問介護が利用の大部分のケアプランを作成する居宅介護支援事業所を洗い出し、点検・検証する仕組みが導入されています。訪問系・通所系サービスや福祉用具貸与については、同一建物に居住する者以外へのサービス提供が求められるようになりました。

区分支給限度基準額計算方法の適正化

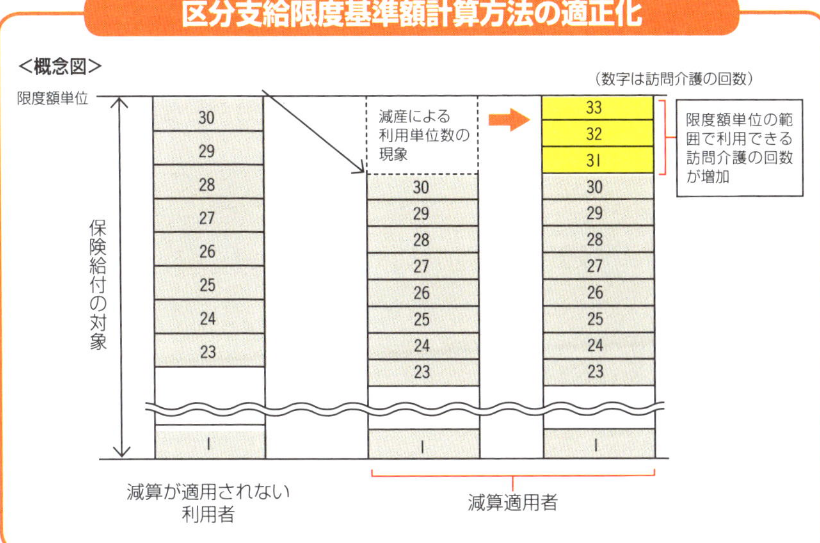

生活援助の訪問回数の多い利用者のケアプランの検証

<イメージ図>

訪問回数の多い訪問介護対策

検証対象の抽出	○基訪問介護（生活援助中心型）の回数が「全国平均利用回数 +2 標準偏差（2SD）」に該当するケアプランの保険者届出 （※届出頻度：当該回数以上の場合は当該月ごと ⇒ 検証した場合は 1 年後） ○区分支給限度基準額の利用割合が高く、かつ訪問介護が利用サービスの大部分を占めるケアプランの保険者届出 *2021 年 10 月 1 日施行
検証方法の強化	市町村による検討のためのマニュアルの策定
検証の実施	保険者によるケアプランの検証 地域ケア会議や行政職員等を派遣する形で行うサービス担当者会議等によるケアプランの検証

必要に応じて、利用者の自立支援・重度化防止や地域資源の有効活用の観点から、サービス内容の是正を促す

制度改正編

質問19 高額介護サービス費や補足給付はどのように変わりますか？

高額介護費の上限額が引き上げられています。

たしかに、それでいいかも。

ただ、補足給付も縮小されたけどね。

額介護サービス費の上限額が引き上げられました。

高額介護サービス費とは、公的介護保険の1か月間の自己負担額の合計が所得に応じた上限額を超えた場合、その超過分の金額が高額介護サービス費として払い戻される制度です。この上限額が18年度制度改正に引き続き、21年度制度改正でも引き上げられました。

これまで、現役並み所得相当として一律に扱われていた年収約383万円以上（世帯上限額＝44,400円）が細分化され、改正後には年収約1,160万円以上（世帯上限額140,100円）、年収約770-1,160万円（世帯上限額93,000円）、年収約383-770万円（44,400円）となり、高所得者の自己負担が引き上げられています。

介護保険制度の補足給付も縮小されています。

介護保険制度における補足給付とは、低所得の施設入所者等に対する食費・光熱費・室料等負担への補助です。介護保険施設や短期入所生活・療養介護では食費や居住費などが全額自己負担となるため、低所得者への配慮から所得段階に応じて補足給付が提供されます。この補足給付における「利用者本人の年金収入等が80万円超かつ世帯全員の住民税が非課税＝第3段階」の区分が「**第3段階①＝世帯全員が住民税非課税で、かつ利用者本人の年金収入等が80万円超 かつ120万以下**」と「**第3段階②＝世帯全員が市町村民税非課税かつ本人の年金収入等が120万円超**」に分けられました。その結果、21年8月から第3段階②の利用者は負担が増えます。

高額介護サービス費の引き上げ

現状 収入要件	現状 世帯の上限額	改正後 収入要件	改正後 世帯の上限額
現役並み所得相当（年収約383万円以上）	44,400円 第2号被保険者を含む同一世帯の者のサービス自己負担額の合計	①年収約1,160万円	140,100円
		②年収約770万～約1,160万円	93,000円
		③年収約383万～約770万円	44,400円
一般（1割負担者のみ世帯は年間上限あり）	44,400円	一般	44,400円
市町村民税世帯非課税等	24,600円	市町村民税世帯非課税等	24,600円
年金80万円以下等	15,000円	年金80万円以下等	15,000円

※「改正後」の所得区分・上限額は、医療保険の「高額療養費制度」と同じ。

補足給付対象者の縮小（例：特養における短期入所生活介護）

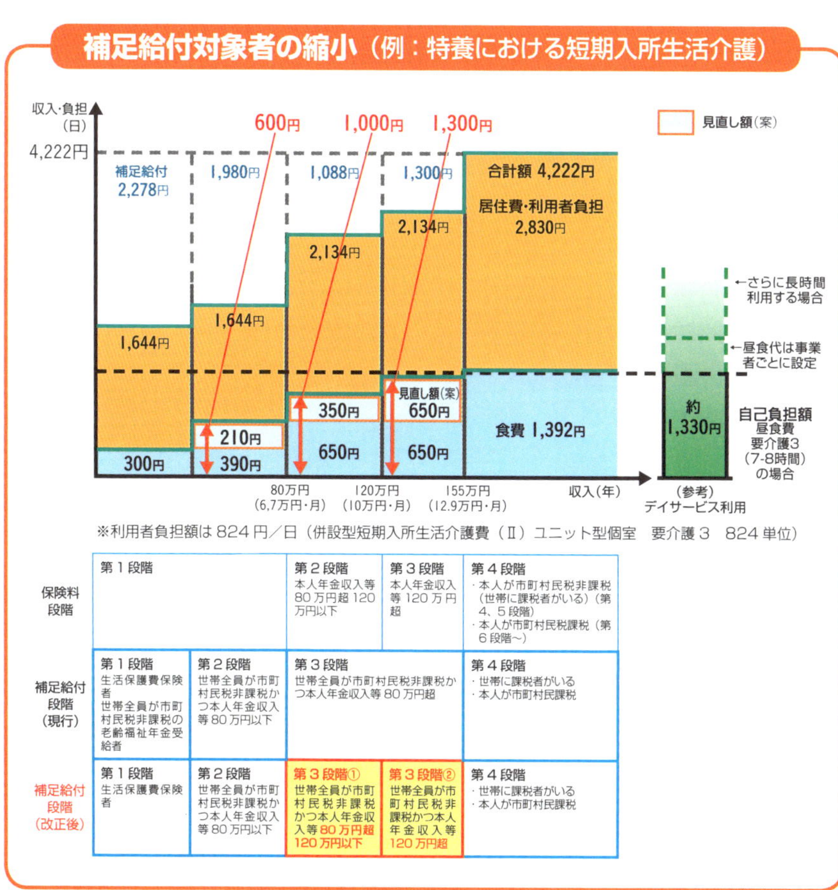

※利用者負担額は824円／日（併設型短期入所生活介護費（Ⅱ）ユニット型個室　要介護3　824単位）

保険料段階	第1段階		第2段階 本人年金収入等80万円超120万円以下	第3段階 本人年金収入等120万円超	第4段階 ・本人が市町村民税非課税（世帯に課税者がいる）（第4、5段階） ・本人が市町村民税課税（第6段階～）
補足給付段階（現行）	第1段階 生活保護費保険者 世帯全員が市町村民税非課税の老齢福祉年金受給者	第2段階 世帯全員が市町村民税非課税かつ本人年金収入等80万円以下	第3段階 世帯全員が市町村民税非課税かつ本人年金収入等80万円超		第4段階 ・世帯に課税者がいる ・本人が市町村民課税
補足給付段階（改正後）	第1段階 生活保護費保険者	第2段階 世帯全員が市町村民税非課税かつ本人年金収入等80万円以下	第3段階① 世帯全員が市町村民税非課税かつ本人年金収入等80万円超120万円以下	第3段階② 世帯全員が市町村民税非課税かつ本人年金収入等120万円超	第4段階 ・世帯に課税者がいる ・本人が市町村民課税

制度改正編

質問20 その他、どのような見直しが行われていますか？

食費の基準費用額が引き上げられたんだ。

地味に大きな負担ですね。

地域区分の特例も、設けられているよ。

食費の基準費用額も引き上げられています。

介護保険制度における**基準費用額**とは、介護保険施設や短期入所生活・療養介護で提供される食費・居住費の提供に必要な額です。21 年度制度改正では、食費の基準費用額についても、介護保険施設における食費の平均的な費用との差を踏まえて、1日 1,392 円から 1,445 円に 53 円引き上げられます。それに伴って、補足給付の対象となる利用者の食費の負担限度額は、第 1 段階で月 9 千円、第 2 段階で月 1.2 万円、第 3 段階で月 2 万円ほど増えることになりました。

なお、食費の基準費用額の見直しも、補足給付と同様に、21 年 8 月から施行されることとなります。

介護保険の地域区分について、特例が設けられました。

介護保険の地域区分とは、地域間における人件費の差を勘案して、地域間の介護保険費用の配分を調整するため、公務員の地域手当に準拠して設定されています。地域区分に応じて決められている**地域・人件費割合別単価**（→基礎編　質問 17）に基づき、介護報酬が決まってきます。

21 年度の制度改正では、この地域区分が**①高い地域区分の地域にすべて囲まれている場合、②公務員の地域手当の設定がなく、高い地域区分の地域と隣接しているなどの場合**に選択可能になりました。①、②に該当する地域は、隣接地域の地域区分の一番低い地域区分を選択できるようになっています。

基準費用額の見直し

基準費用額（食費）（日額）		
＜現行＞	＜改定後＞	※2021年8月施行
1,392円／日 ⇒	1,445円／日（+53円）	

＜参考:現行の仕組み＞　※利用者負担段階については、2021年8月から見直し予定

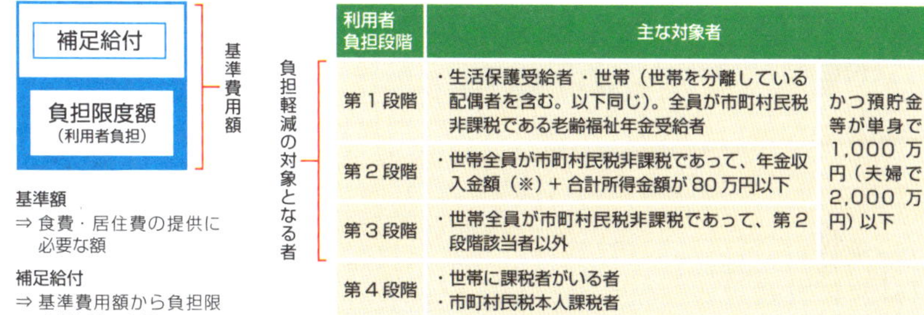

利用者負担段階	主な対象者	
第1段階	・生活保護受給者・世帯（世帯を分離している配偶者を含む。以下同じ）。全員が市町村民税非課税である老齢福祉年金受給者	かつ預貯金等が単身で1,000万円（夫婦で2,000万円）以下
第2段階	・世帯全員が市町村民税非課税であって、年金収入金額（※）＋合計所得金額が80万円以下	
第3段階	・世帯全員が市町村民税非課税であって、第2段階該当者以外	
第4段階	・世帯に課税者がいる者 ・市町村民税本人課税者	

※2016年8月移行は、非課税年金も含む。

基準額
⇒食費・居住費の提供に必要な額

補足給付
⇒基準費用額から負担限度額を除いた額

＜参考:現行の基準費用額（食費のみ）＞

サービス区分	基準費用額（日額（月額））	負担限度額（日額（月額））		
		第1段階	第2段階	第3段階
食費	1,392円（4.2万円）	300円（0.9万円）	390円（1.2万円）	650円（2.0万円）

地域区分の見直し

①は②の場合は、隣接地域の地域区分のうち
一番低い区分までの範囲で見直すことを認める。

① 高い地域区分の地域に全て囲まれている場合（低い級地に囲まれている場合の引き下げも可能）
② 公務員の地域手当の設定がない（0%）地域であって、当該地域よりも高い地域区分の地域が複数隣接しており、かつその中に4級地以上の級地差がある地域が含まれている場合（引き下げは、地域手当の設定がある地域も可能で、同一都道府県内で隣接する地域の状況に基づき判断）

①に該当する事例

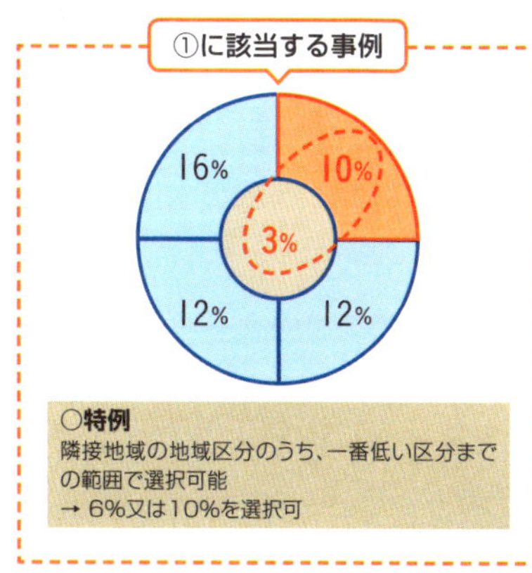

○特例
隣接地域の地域区分のうち、一番低い区分までの範囲で選択可能
→ 6%又は10%を選択可

②に該当する事例

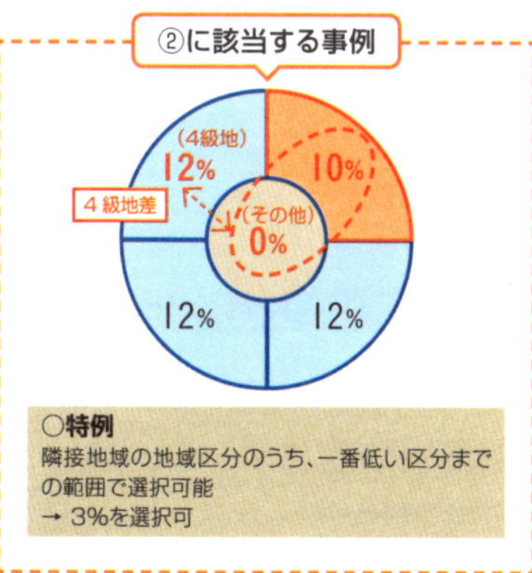

○特例
隣接地域の地域区分のうち、一番低い区分までの範囲で選択可能
→ 3%を選択可

7章では、何を学ぶのですか？

最後に、、21年度の報酬改定で変更されたポイントを学びます。

今回、介護報酬は上がったのですか？

それが、ほとんどのサービスがプラス改定なのよ。

新型コロナに対応するための特例的な評価もあるみたいですね。

9月までで、0.05%だから、限定的よ。

それ以外では、21年度報酬改定では何が特徴的ですか？

リハビリと、口腔衛生・栄養管理を一体的に進めることが評価されているわ。

なるほど、ほかには？

科学的介護の取組に向けた報酬も設定されたわね。

つまり、制度改正を支援するために報酬が設けられているのですね。

7章で学ぶこと

- 21年度　報酬改定の全体像
- 報酬改定によって、加算・減算されるサービス
- 報酬改定による、算定要件の変更など

制度改正編

［7章］
21年度　報酬改定のポイント

制度改正編

質問21 基本報酬や処遇改善加算はどのように変わりましたか？

基本的に、ほとんどのサービスで報酬が上がったね。

給料も上がるんですかね～。

それはわからないな、コロナの影響もあるし。

基本報酬は、実質的には+0.65%のプラス改定です。

第８期の介護保険事業計画は、介護報酬改定率が +0.7% で、このうち 0.05% は**新型コロナウイルス感染症に対応するための特例的な評価**（21 年９月末まで）なので、実質的には +0.65%のプラス改定となりました。

またサービス別に見ても、理学療法士などによる訪問看護や介護療養型医療施設などを除いて、ほぼすべてのサービスで基本報酬が引き上げられています。比較的引き上げ幅が大きかったのは、居宅療養管理指導、通所リハビリテーション、短期入所生活介護、居宅介護支援などで、それ以外のサービスについては比較的小さな引き上げ幅となっています。

処遇改善加算（Ⅳ）と（Ⅴ）は廃止されます。

厚生労働省では、介護の現場で働く介護職員の方の処遇改善を図るため、**介護職員処遇改善加算**を用意し、加算額を介護サービス事業所に給付しています。17年の制度改正で５区分に分けられた介護職員処遇改善加算のうち、21年度の報酬改定では、介護職員処遇改善加算（Ⅳ）と（Ⅴ）は廃止されます。ただし、21年３月末時点で同加算を算定している介護サービス事業者には、1年間の経過措置期間が設けられています。

また介護職員処遇改善加算の算定要件が見直され、キャリアアップ体制、心身のメンタル、ストレスケアなどの対策、モチベーションアップやコミュニケーション促進といった定着率アップの取組みなどを当該年度実施することが必要となります。

2021 年度の介護報酬定率

介護報酬改定率 ＝ +0.7%

このうち、0.05%は新型コロナウイルス感染症に対応するための特例的な評価（2021年9月末まで）

実質的な介護報酬改定率 ＝ +0.65%

処遇改善加算の見直し

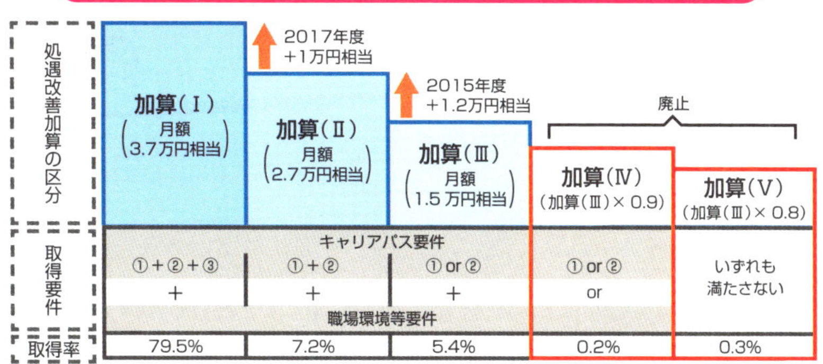

＜キャリアパス要件＞

①職位・職責・職務内容等に応じた任用要件と賃金体系を整備すること
②資質向上のための計画を策定して研修の実施又は研修の機会を確保すること
③経験若しくは資格等に応じて昇給する仕組み又は一定の基準に基づき定期に昇給を判定する仕組みを設けること

＜職場環境等要件＞

○賃金改善を除く、職場環境等の改善

処遇改善加算の対象サービスと加算率

●処遇改善加算対象サービス

サービス区分	介護職員処遇改善加算の区分に応じた加算率				
	加算Ⅰ	加算Ⅱ	加算Ⅲ	加算Ⅳ	加算Ⅴ
・訪問介護 ・夜間対応型訪問介護 ・定期巡回・随時対応型訪問介護看護	13.7%	10.0%	5.5%	加算（Ⅲ）により算出した単位×0.9	加算（Ⅲ）により算出した単位×0.8
・訪問入浴介護	5.8%	4.2%	2.3%		
・通所介護 ・地域密着型通所介護	5.9%	4.3%	2.3%		
・通所リハビリテーション	4.7%	3.4%	1.9%		
・特定施設入居者生活介護 ・地域密着型特定施設入居者生活介護	8.2%	6.0%	3.3%		
・認知症対応型通所介護	10.4%	7.6%	4.2%		
・小規模多機能型居宅介護 ・看護小規模多機能型居宅介護	10.2%	7.4%	4.1%		
・認知症対応型共同生活介護	11.1%	8.1%	4.5%		
・介護老人福祉施設 ・地域密着型介護老人福祉施設入所者生活介護 ・短期入所生活介護	10.2%	7.4%	4.1%		
・介護老人保健施設 ・短期入所療養介護（老健）	10.2%	7.4%	4.1%		
・介護療養型医療施設 ・介護医療院	2.6%	1.9%	1.0%		

出典:「厚生労働省　資料」

制度改正編

質問22

感染症や災害への対応に向けた報酬改定には何がありますか？

規模区分の変更の特例が設定されました。

高い区分の報酬を算定できるんですよね。

利用のべ人員数の減少に応じた加算もあります。

通所介護、通所リハビリで、基本報酬の特例が設定されます。

新型コロナウイルス感染症や自然災害の影響で利用者が減少した通所介護、通所リハビリテーションのサービス事業所については、減少した利用者数などに応じて基本報酬の特例が設定されています。

大規模型事業所については、**規模区分の変更の特例**によって、事業所規模別の報酬区分の決定にあたり前年度の平均利用のべ人員数ではなく、利用のべ人員数の減が生じた月の実績を基礎とすることが可能になります。これにより、大規模型Ⅰは通常規模型、大規模型Ⅱは大規模型Ⅰまたは通常規模型の基本報酬、つまりより高い基本報酬の算定が可能となるのです。

同一規模区分内で減少した場合の加算も用意されました。

また同一規模区分内で減少した場合については、**同一規模区分内で減少した場合の加算**が適用されます。具体的には、利用のべ人員数が減った月の実績が前年度の平均利用のべ人員数よりも5%以上減少していると、3か月間に渡って基本報酬を3%加算することが可能になります。

同一規模区分内で減少した場合の加算、規模区分の変更の特例のいずれも、利用者減の翌月に届出すれば、翌々月から適用され、加算分が区分支給限度基準額の算定に含まれません（請求単位数の特例はいずれかの対応が実施されるまでの間）。なお、両方に該当する場合には、後者が適用されることになっています。

感染症や災害で利用者が減少した場合の報酬上の対応

基本報酬改定による変更

＜現行＞　＜改定後＞
なし　→　ア 通所介護又は通所リハの大規模型Ⅰについて、通所介護又は通所リハの通常規模型の基本報酬
通所介護又は通所リハの大規模型Ⅱについて、通所介護又は通所リハの大規模型Ⅰ又は通常規模型の基本報酬
イ 基本報酬の100分の3の加算（新設）

⇒　適用されるサービス：通所介護、通所リハビリテーション、地域密着型通所介護、認知症対応型通所介護（介護予防含む）

通所介護の場合の加算イメージ

（※）「同一規模区分内で減少した場合の加算」「規模区分の変更の特例」の両方に該当する場合は、後者を適用。

（7時間以上8時間未満の場合）

同一規模区分内で減少した場合の加算

○利用者減の月の実績が、前年度の平均のべ利用者数等から5%以上減少している場合に、基本報酬の3%の加算を算定可能。

規模区分の変更の特例

○利用者減がある場合、前年度の平均のべ利用者数ではなく、利用者減の月の実績を基礎とし、
・大規模型Ⅰは通常規模型、
・大規模型Ⅱは大規模型Ⅰ又は通常規模型を算定可能。

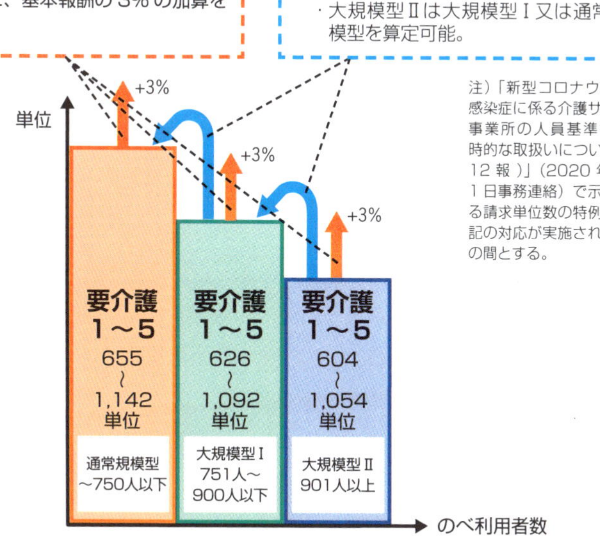

注）「新型コロナウイルス感染症に係る介護サービス事業所の人員基準等の臨時的な取扱いについて（第12報）」（2020年6月1日事務連絡）で示している請求単位数の特例は、上記の対応が実施されるまでの間とする。

制度改正編

質問23 認知症への対応力向上に向けた報酬改定には何がありますか？

認知症専門加算が見直されました。

加算できる事業所も増えたんですよね。

緊急時の宿泊ニーズに応えられるようになります。

認知症専門ケア加算などが見直されています。

認知症への対応力向上に向けて、認知症専門ケア加算などが見直されています。

まず、訪問介護、訪問入浴介護、夜間対応型訪問介護、定期巡回・随時対応型訪問介護看護についても、他のサービス同様、認知症専門ケア加算が新たに創設されました。また、**認知症ケアに関する専門研修を修了した者の配置**だけでなく、**認知症ケアに関する専門性の高い看護師の配置**に該当する介護サービス事業所についても、認知症専門ケア加算や認知症加算を算定できるようになります。なお、認知症ケアに関する専門研修については、質を確保しつつ、eラーニングの活用などにより受講しやすい環境整備を行うことが推奨されています。

認知症高齢者の緊急時の宿泊ニーズに対応します。

在宅の認知症高齢者の緊急時の宿泊ニーズに対応するため、小規模多機能型居宅介護、看護小規模多機能型居宅介護といった多機能系サービスについても、施設系サービスなどと同様に、**認知症行動・心理症状緊急対応加算**が新たに創設されました。

認知症行動・心理症状緊急対応加算が適用されるのは、医師が**認知症特有の行動や症状が現れて、在宅での生活が困難で、緊急に短期利用居宅介護が必要であると判断した認知症高齢者**です。

なお、認知症行動・心理症状緊急対応加算は利用を開始した日から数えて7日間を限度として算定可能です。

認知症専門ケア加算等の見直し

＜現行＞　＜改定後＞
なし　→　認知症専門ケア加算（I）3単位／日（新設）※
　　　　　認知症専門ケア加算（II）4単位／日（新設）※

＊定期巡回・随時対応型訪問介護看護、夜間対応型訪問介護（Ⅱ）については、認知症専門ケア加算（Ⅰ）90単位／月、認知症専門ケア加算（Ⅱ）120単位／月

⇒　新たに適用されるサービス：訪問介護、訪問入浴介護、夜間対応型訪問介護、定期巡回・随時対応型訪問介護看護

⇒　これまで適用されていたサービス：通所介護（地域密着型、療養型含む）、短期入所生活介護（介護予防も含む）、短期入所療養介護（介護予防も含む）、特定施設入居者生活介護（地域密着型も含む）、介護老人福祉施設（地域密着型も含む）、介護老人保健施設、介護療養型医療施設、介護医療院、認知症対応型共同生活介護（介護予防も含む）

＜その他の変更点＞

認知症専門ケア加算（通所介護、地域密着型通所介護、療養通所介護においては認知症加算）の算定の要件の一つである、認知症ケアに関する専門研修（認知症専門ケア加算(I):認知症介護実践リーダー研修、認知症専門ケア加算(II):認知症介護指導者養成研修、認知症加算:認知症介護指導者養成研修、認知症介護実践リーダー研修、認知症介護実践者研修）を修了した者の配置について、認知症ケアに関する専門性の高い看護師（日本看護協会認定看護師教育課程「認知症看護」の研修、日本看護協会が認定している看護系大学院の「老人看護」及び「精神看護」の専門看護師教育課程、日本精神科看護協会が認定している「精神科認定看護師」）を、加算の配置要件の対象に加える。

認知症行動・心理状況緊急対応加算の見直し

＜現行＞　＜改定後＞
なし　→　認知症行動・心理症状緊急対応加算200単位／日（新設）

⇒　新たに適用されるサービス：小規模多機能型居宅介護（介護予防も含む）、看護小規模多機能型居宅介護

⇒　これまで適用されていたサービス：短期入所生活介護（介護予防も含む）、短期入所療養介護（介護予防も含む）、介護老人福祉施設（地域密着型も含む）、介護老人保健施設、介護療養型医療施設、介護医療院、認知症対応型共同生活介護（介護予防も含む）

制度改正編

質問24 看取り介護加算はどのように見直されますか？

「死亡日45日前～31日前」という区分の新設が大きいかな。

看取りを目的とした加算が増えている印象です。

グループホームでも、看取りができるようになったからね。

「死亡日45日前～31日前」という区分が設定されます。

中重度者や看取りへの対応を充実させるために、介護老人福祉施設、特定施設、認知症グループホームなどにおける**看取り介護加算**が見直されました。

見直しの大きなポイントが、現行の死亡日以前30日前からの算定に加えて、**死亡日45日前～31日前**という新たな区分の加算が設定されたことです。また、特定施設については、看取り期に夜勤または宿直の看護職員を配置する**看取り介護加算（Ⅱ）**が新設されています。これは、有料老人ホームにおける看取りを目的とした加算です。いずれも、サービスの提供にあたって、本人の意思を尊重した医療・ケアの方針決定支援が求められます。

認知症グループホームにおける看取りも重視されます。

今回の報酬改定では、認知症グループホームにおける看取りも重視されており、看取り介護加算の算定要件が細かく決められています。具体的には、看取り指針を決め、入居の際に利用者などに説明して同意を得る、医師、看護職員、介護職員、介護支援専門員などが協議して、適宜、看取り指針を見直す、看取りに関する職員研修を実施する、**医療連携体制加算を算定**していることが求められます。また、看取りを実施する利用者は、**医師が医学的知見に基づき回復の見込みがないと診断した者、医師、看護職員、介護支援専門員などが作成した介護計画に同意している者、看取り指針の説明を受け、同意した上で介護を受けている者**などと決められています。

1章 2章 3章 4章 5章 6章 7章

介護老人福祉施設における看取り介護加算の見直し

＜現行＞
看取り介護加算（Ⅰ）

死亡日 30 日前～ 4 日前 144 単位 / 日
死亡日前々日、前日 680 単位 / 日
死亡日 1,280 単位 / 日　変更なし

看取り介護加算（Ⅱ）

死亡日 30 日前～ 4 日前 144 単位 / 日
死亡日前々日、前日 780 単位 / 日
死亡日 1,580 単位 / 日　変更なし

⇒

＜改定後＞
看取り介護加算（Ⅰ）
死亡日 45 日前～ 31 日前 72 単位 / 日（新設）
変更なし
変更なし

看取り介護加算（Ⅱ）
死亡日 45 日前～ 31 日前 72 単位 / 日（新設）
変更なし
変更なし

⇒　適用されるサービス：介護老人福祉施設、地域密着型介護老人福祉施設

特定施設における看取り介護加算の見直し

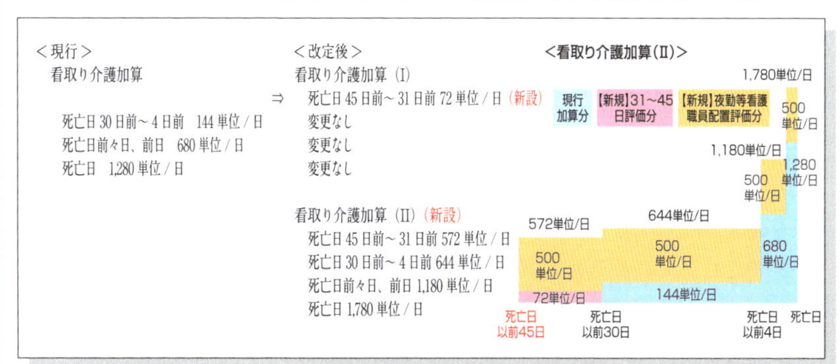

＜現行＞
看取り介護加算

死亡日 30 日前～ 4 日前　144 単位 / 日
死亡日前々日、前日　680 単位 / 日
死亡日　1,280 単位 / 日

⇒

＜改定後＞
看取り介護加算（Ⅰ）
死亡日 45 日前～ 31 日前 72 単位 / 日（新設）
変更なし
変更なし
変更なし

看取り介護加算（Ⅱ）（新設）
死亡日 45 日前～ 31 日前 572 単位 / 日
死亡日 30 日前～ 4 日前 644 単位 / 日
死亡日前々日、前日 1,180 単位 / 日
死亡日 1,780 単位 / 日

⇒　適用されるサービス：特定施設入居者生活介護、地域密着型特定施設入居者生活介護

グループホームにおける看取り介護加算の見直し

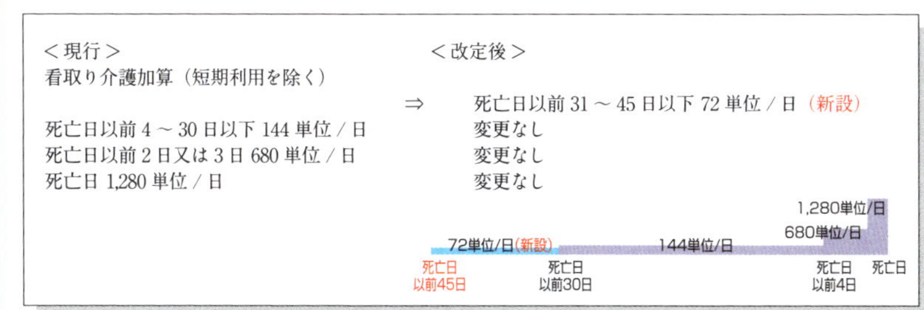

＜現行＞
看取り介護加算（短期利用を除く）

死亡日以前 4 ～ 30 日以下 144 単位 / 日
死亡日以前 2 日又は 3 日 680 単位 / 日
死亡日 1,280 単位 / 日

⇒

＜改定後＞
死亡日以前 31 ～ 45 日以下 72 単位 / 日（新設）
変更なし
変更なし
変更なし

⇒　適用されるサービス：認知症対応型共同生活介護

ターミナルケア加算、2時間ルールは、どのように見直されますか？

「死亡日45日前～31日前」という区分が設定されました。

介護老人保健施設では、中重度者や看取りへの対応を充実させるため、**ターミナルケア加算**が見直されています。

見直しのポイントは介護老人福祉施設などと同様に、現行の死亡日以前30日前からの算定に加えて、**死亡日45日前～31日前**という新たな区分の加算が設定されたことです。ターミナルケア加算の算定要件として、**人生の最終段階における医療・ケアの決定プロセスに関するガイドライン**の内容に沿った取組を行うこと、看取りに関する協議の参加者に支援相談員を明記すること、本人の意思を尊重した医療・ケアの方針決定に対する支援に努めることが求められます。

「2時間ルール」の運用が弾力化されます。

今回の制度改正では、訪問介護における看取り期の対応も評価されるようになっています。

看取り期には頻繁な訪問介護と柔軟な対応が求められるため、**1日に2回以上訪問介護を提供するときは、原則としてサービスの時間間隔を2時間以上空ける**という訪問介護の**2時間ルール**の運用を弾力化し、2時間未満の間隔で訪問介護が行われた場合にも、所要時間を合算せずに、それぞれの所定単位数の算定が可能になりました。たとえば、身体介護25分を2回、1時間空けて提供したときには、身体介護50分ではなく、身体介護25分×2回＝500単位を算定します。

介護老人保健施設におけるターミナルケア加算の見直し

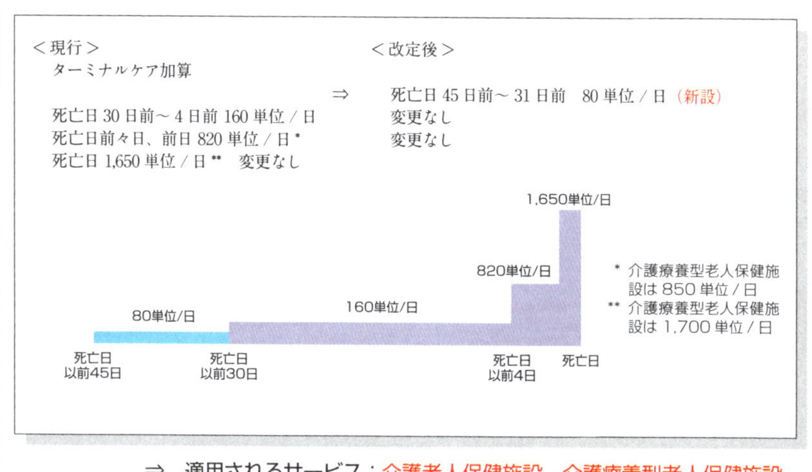

⇒　適用されるサービス：介護老人保健施設、介護療養型老人保健施設

訪問介護の 2 時間ルールの弾力化

●所要時間を合算せずにそれぞれの所定単位数の算定を可能とする。

＜単位数＞

身体介護中心型	20 分未満	167 単位
	20 分以上 30 分未満	250 単位
	30 分以上 1 時間未満	396 単位
	1 時間以上 1 時間 30 分未満	579 単位
	+ 以降 30 分を増すごとに	84 単位
生活援助中心型	20 分以上 45 分未満	183 単位
	45 分以上	225 単位

※単位数はすべて 1 回あたり。
※今回改定後の単位数

＜説明＞

看取り期には頻回の訪問介護が必要とされ、柔軟な対応が求められることを踏まえ、看取り期の利用者に訪問介護を提供する場合に、訪問介護に係る 2 時間ルールの運用を弾力化し、2 時間未満の間隔で訪問介護が行われた場合に、所要間を合算せずにそれぞれの所定単位数の算定を可能とする。

⇒　適用されるサービス：訪問介護

制度改正編

質問26 栄養管理、医療ニーズに対する報酬改定には何がありますか？

外部栄養士による居宅療養管理指導の評価が新設されました。

総合医学管理加算も新設されましたしね。

医療連携体制加算も見直されています。

管理栄養士が提供する居宅療養管理指導が見直されます。

21年度報酬改定では、外部の医療機関や介護保険施設の管理栄養士、日本栄養士会や都道府県栄養士会が運営する**栄養ケア・ステーション**の管理栄養士が提供する**居宅療養管理指導**に関する評価が新設されました（介護保険施設の場合、常勤で1以上または栄養マネジメント強化加算の算定要件の数を超えて管理栄養士を配置していることが求められる）。

また、介護老人保健施設が提供する短期入所療養介護については、退所時にかかりつけ医に情報提供を行う総合的な医学的管理を評価する新たな加算として、**総合医学管理加算**が創設されています。

認知症対応型の医療連携体制加算が見直されました。

認知症対応型共同生活介護では、医療ニーズのある入居者の受け入れを促進するため、**医療連携体制加算**が見直されました。

具体的には、医療連携体制加算（Ⅱ）（Ⅲ）に該当する医療的ケアが必要な者の受入要件として、**喀痰吸引の実施**、**経鼻胃管や胃瘻など**に加えて、**人工呼吸器の装着**、**中心静脈注射の実施**、**人工腎臓の実施**、**新機能障害や呼吸障害などによる常時モニター測定**、**褥瘡治療**、**気管切開**が追加されています。

ただし、医療連携体制加算の単位については見直されておらず、介護予防認知症対応型共同生活介護は該当しません。

外部管理栄養士による居宅療養管理指導の算定

＜現行＞		＜改定後＞
なし	⇒	二 管理栄養士が行う場合 (2) 居宅療養管理指導費（II） 当該指定居宅療養管理指導事業所以外の管理栄養士が行った場合 （一）単一建物居住者１人に対して行う場合 （二）単一建物居住者２人から９人以下に対して行う場合 （三）（一）及び（二）以外の場合

⇒ 適用されるサービス：居宅療養管理指導（介護予防含む）

短期入所療養介護における総合医学管理加算の見直し

	＜現行＞		＜改定後＞
総合医学管理加算	なし	⇒	275 単位／日（新設）

⇒ 適用されるサービス：短期入所療養介護（介護予防含む）

グループホームにおける医療連携体制加算の見直し

		医療連携体制加算（I）	医療連携体制加算（II）	医療連携体制加算（III）
単位数		39 単位／日	49 単位／日	59 単位／日
算定要件	看護体制要件	・事業所の職員として、又は病院、診療所若しくは訪問看護ステーションとの連携により、看護師を１名以上確保していること。	・事業所の職員として看護職員を常勤換算で１名以上配置していること。	・事業所の職員として看護師を常勤換算で１名以上配置していること。
	人員要件	・事業所の職員である看護師、又は病院、診療所若しくは訪問看護ステーションの看護師との連携により、24 時間連絡できる体制を確保していること		
	医療的ケアが必要な者受入要件	—	・算定日が属する月の前 12 月間において、次のいずれかに該当する状態の入居者が１人以上であること。 （1）喀痰（かくたん）吸引を実施している状態 （2）経鼻胃管や胃瘻（ろう）等の経腸栄養が行われている状態 <u>（3）呼吸障害等により人工呼吸器を使用している状態</u> <u>（4）中心静脈注射を実施している状態</u> <u>（5）人工腎臓を実施している状態</u> <u>（6）重篤な心機能障害、呼吸障害等により常時モニター測定を実施している状態</u> <u>（7）人工膀胱又は人工肛門の処置を実施している状態</u> <u>（8）褥瘡に対する治療を実施している状態</u> <u>（9）気管切開が行われている状態</u>	
	指針の整備要件	・重度化した場合の対応に係る指針を定め、入居の際に、利用者又はその家族等に対して、当該指針の内容を説明し、同意を得ていること。		

※追加する医療的ケアは下線部。
※１　別区分同士の併算定は不可。
※２　介護予防は含まない。

⇒ 適用されるサービス：認知症対応型共同生活介護

制度改正編

質問27 介護保険施設の医療連携では何が見直されますか？

早期の在宅復帰の促進に向けた加算が見直されました。

科学的介護の取組も評価されますよね。

療養機能と生活機能の充実が重要です。

入所者の早期の在宅復帰が促進されます。

介護老人保健施設の入所者の早期の在宅復帰を促進するため、**退所前連携加算**や**かかりつけ医連携薬剤調整加算**が見直されました。退院前連携加算は、**入対処前連携加算**に変更になり、退所後の情報連携連携だけでなく、入所予定日30日以内または入社後30日以内に入所者が退所後に利用を希望する居宅介護事業者と連携して、退所後の居宅サービスなどの利用方針を定めることも評価されます（入退所前連携加算（Ⅰ））。また、介護老人保健施設におけるかかりつけ医との連携を推進するかかりつけ医連携薬剤調整加算では、服薬情報を厚生労働省に提出しフィードバックを受けること、入所中や退所後に処方される内服薬の種類が減少していることが評価されています。

利用者の療養機能と生活機能を充実させます。

介護医療院については、利用者の療養機能と生活機能を充実させるために、**長期療養生活移行加算**と**薬剤管理指導の新たな区分**が新設されました。

長期療養生活移行加算の対象は療養病床に1年間以上入院していた患者であり、入所日から90日間に限り算定可能です。また薬剤管理指導については、服薬情報を厚生労働省に提出してフィードバックを受けることで初回に加算されます。これには、科学的介護の取り組みを推し進める狙いもあります。

なお、介護療養型医療施設の廃止に伴う移行については、新たに**移行計画未提出減算**が設定されました。

介護老人保健施設における連携加算の見直し

退所前連携加算の見直し

＜現行＞
退所前連携加算　500 単位　⇒

＜改定後＞
入退所前連携加算（I）　600 単位（新設）
入退所前連携加算（II）　400 単位（新設）

⇒　適用されるサービス：介護老人保健施設

かかりつけ医療連携薬剤調整加算の見直し

＜現行＞
かかりつけ医連携薬剤調整加算　125 単位　⇒

＜改定後＞
かかりつけ医連携薬剤調整加算（I）　100 単位（新設）
かかりつけ医連携薬剤調整加算（II）　240 単位（新設）
かかりつけ医連携薬剤調整加算（III）100 単位（新設）

⇒　適用されるサービス：介護老人保健施設

介護医療院・介護療養型医療施設における加算・減算の見直し

長期療養生活移行加算の新設

＜現行＞
なし　⇒

＜改定後＞
長期療養生活移行加算　60 単位／日（新設）

⇒　適用されるサービス：介護医療院

薬剤管理指導の見直し

＜現行＞
薬剤管理指導　350 単位／回（週 1 回、月 4 回まで）　⇒

＜改定後＞
変更なし
20 単位／月（新設）
※ 1 月の最初の算定時に加算

⇒　適用されるサービス：介護医療院

移行計画未提出減算の新設

＜現行＞
なし　⇒

＜改定後＞
移行計画未提出減算 10%／日減算（新設）

⇒　適用されるサービス：介護療養型医療施設

制度改正編

質問28 在宅サービスの強化に向けた報酬改定には何がありますか？

看護体制強化加算の見直しです。

看護職員の割合も緩和されてますね。

ここでも、緊急時の宿泊ニーズへの対応が重視されます。

訪問系では、「看護体制強化加算」が見直されました。

訪問系サービスでは、訪問入浴介護の円滑かつ臨機応変なサービス提供のために**初回加算**が新設され、訪問看護で医療ニーズのある要介護者などの在宅療養を支えるために**看護体制強化加算**が見直されました。

訪問入浴介護では、事前に居宅訪問して利用調整を行うことを評価する一方で、清拭や部分浴についてはサービス提供の実態を踏まえて減算幅が拡大されています。訪問看護については、月ごとに加算される単位が減らされる一方で、利用者総数に占める特別管理加算を算定した利用者の占める割合、従業員に占める看護職員の割合などが緩和されています。

緊急時の宿泊ニーズへの対応が強化されています。

医療ニーズのある要介護者の在宅療養を支えるため、認知症対応型共同生活介護、短期入所療養介護などにおいて、**緊急時の宿泊ニーズへの対応**が強化されました。認知症対応型共同生活介護では１事業所１名までとされている受入人数が１ユニット１名まで、７日以内とされている受入日数がやむを得ない事情がある場合には14日以内、個室とされていた部屋の要件が見直されています。短期入所療養介護についても受入日数がやむを得ない事情がある場合には14日以内と緩和され、（看護）小規模多機能型居宅介護については登録者の数が登録定員を超えて宿泊定員の範囲内での空いている宿泊室の利用が認められるようになりました。

訪問入浴介護における初回加算の新設

＜現行＞
ア　なし
⇒
＜改定後＞
初回加算　200単位／月（新設）

イ　清拭又は部分浴を実施した場合は
30%／回を減算

清拭又は部分浴を実施した場合は
10%／回を減算

⇒　適用されるサービス：訪問入浴介護（介護予防含む、訪問入浴介護事業所）

訪問看護における看護体制強化加算の見直し

＜現行＞
（訪問看護の場合）
看護体制強化加算（I）600単位／月　⇒
看護体制強化加算（II）300単位／月

（介護予防訪問看護の場合）
看護体制強化加算300単位／月

＜改定後＞
看護体制強化加算（I）550単位／月
看護体制強化加算（II）200単位／月

看護体制強化加算100単位／月

⇒　適用されるサービス：訪問看護（介護予防含む）

緊急時の宿泊ニーズへの対応に関する見直し

認知症対応型共同生活介護の緊急時短期利用居宅介護費（カッコ内は2ユニット以上の場合）

要支援2 788（776）単位

要介護1 792（780）単位
要介護2 828（816）単位

要介護3 853（840）単位
要介護4 869（857）単位
要介護5 886（873）単位

⇒　適用されるサービス：認知症対応型共同生活介護（介護予防含む）

短期入所療養介護の緊急短期入所受入加算

＜現行＞
緊急短期入所受入加算　90単位／日　⇒

＜改定後＞
変更なし

⇒　適用されるサービス：短期入所療養介護

（看護）小規模多機能型居宅介護の短期利用居宅介護費

要支援1 423単位／日　要支援2 529単位／日　要介護1 570単位／日
要介護2 638単位／日　要介護3 707単位／日　要介護4 774単位／日　要介護5 840単位／日
※今回改定後の単位数

⇒　適用されるサービス：小規模多機能型居宅介護（介護予防含む）、看護小規模多機能型居宅介護

制度改正編

質問29 ケアマネジメント質向上に係る報酬改定には何がありますか？

事業所連携による特定事業所加算です。

退院時情報連携加算って何ですか。

医療機関での診察に、ケアマネが同席するんだ。

事業所連携による特定事業所加算が新設されています。

質の高いケアマネジメントの推進を図るため、居宅介護支援事業所の特定事業所加算では、事業所間連携でサービスを提供する小事業所を評価する区分が新設されています（**特定事業所加算（A）**）。また、特定事業所加算については、病院との連携や見取りへの対応が求められることから、特定事業所加算から切り離されて、**特定事業所医療連携加算**と改称されています。

医療機関との情報連携も評価されます。利用者が医療機関において診察を受ける際にケアマネジャーが同席して情報連携し、そうした情報に基づきケアマネジメントを実施する場合には**退院時情報連携加算**が適用されます。

サービス利用に至らなかった場合も、評価されます。

看取り期においてケアマネジメント業務を行ったものの、利用者の死亡によりサービス利用に至らなかった場合にも、モニタリングやサービス担当者会議開催などの準備が進められている場合には、居宅介護支援の基本報酬の算定が可能になります。算定にあたっては、ケアプランや給付管理票などの必要書類の作成･管理が求められます。

介護予防支援については、居宅外部事業所への外部委託を推し進めるため、委託時に適切な情報連携を評価する加算として、**委託連携加算**が新設されています。外部委託する場合、利用者１人につき、介護予防支援を委託した初回に限り、所定単位数が算定されます。

特定事業所加算の見直し

＜現行＞		＜改定後＞
特定事業所加算（Ⅰ）500 単位／月	⇒	特定事業所加算（Ⅰ）505 単位／月
特定事業所加算（Ⅱ）400 単位／月	⇒	特定事業所加算（Ⅱ）407 単位／月
特定事業所加算（Ⅲ）300 単位／月	⇒	特定事業所加算（Ⅲ）309 単位／月
なし	⇒	特定事業所加算（A）100 単位／月（新設）

＜現行＞		＜改定後＞
特定事業所加算（Ⅳ） 125 単位／月	→	特定事業所医療介護連携加算 125 単位／月

⇒ 適用されるサービス：居宅介護支援

退院時情報連携加算の新設

＜現行＞		＜改定後＞
なし	⇒	退院時情報連携加算 50 単位／月（新設）

⇒ 適用されるサービス：居宅介護支援

看取り期における居宅介護支援費の算定

退院 → 状態変化 → 死亡

退院に向けて利用者の状態変化のタイミングに合わせて、アセスメントやサービス担当者会議等の必要なケアマネジメント業務を行い、ケアプランを作成

状態変化：利用者・家族からの相談、調整や、サービス事業者等の調整、ケアプランの変更等

死亡：
- 現行：サービス利用の実績がない場合、居宅介護支援費算定不可
- 改定後：サービス利用の実績がない場合であっても、居宅介護支援費算定可

＜現行＞		＜改定後＞
サービス利用の実績がない場合は請求不可	⇒	居宅介護支援費を算定可

⇒ 適用されるサービス：居宅介護支援

委託連携加算の新設

＜現行＞		＜改定後＞
なし	⇒	委託連携加算 300 単位／月（新設）

⇒ 適用されるサービス：介護予防支援

制度改正編

質問30 地域特性に応じたサービスに係る報酬改定には何がありますか？

特別地域加算などが、地域密着型にも適用されます。

自治体の裁量も増えたみたいですね。

算定要件などが、自治体の判断で緩和できるんだ。

1章 2章 3章 4章 5章 6章 7章

地域特性に応じたサービスを評価する加算があります。

特別地域加算とは離島振興対策実施地域、奄美群島、振興山村、小笠原諸島、沖縄の離島、豪雪地帯、過疎地域などでサービス確保が困難な地域でサービスを提供する場合に1日につき所定単位数の**15%**を算定できる加算、**中山間地域等における小規模事業所加算**とは豪雪地帯、半島振興対策実施地域、特定農山村、過疎地域などでサービスを提供する場合に1日につき所定単位数の**10%**を算定できる加算、**中山間地域等に居住する者へのサービス加算**とは離島振興対策実施地域、豪雪地帯、振興山村、半島振興対策実施地域、特定農山村地域などに居住者に通常事業実施地域を超えてサービスを提供する場合に1日につき所定単位数の**15%**を算定できる加算です。

地域密着型でも、地域特性が評価されるようになりました。

21年度制度改正では、離島や中山間地域等の要介護者に対する介護サービス提供を促進するため、地域密着型サービスの**特別地域加算**、**中山間地域等における小規模事業所加算**、**中山間地域等に居住する者へのサービス加算**が新設されました。

また過疎地域においては、地域の実情に応じた柔軟なサービス提供に向けて自治体の裁量で算定要件を緩和できるようになっています。小規模多機能型居宅介護や看護小規模多機能型居宅介護の登録定員や利用定員を超えてのサービス提供が可能になり、特別地域加算、中山間地域等における小規模事業所加算、中山間地域等に居住する者へのサービス加算を申請できるようになっています。

特別地域加算の算定

	単位数	要件
特別地域加算	15/100	厚生労働大臣が定める地域に所在する事業所がサービス提供を行った場合に算定。【対象地域】①離島振興対策実施地域②奄美群島③振興山村④小笠原諸島⑤沖縄の離島⑥豪雪地帯、特別豪雪地帯、辺地、過疎地域等であって、人口密度が希薄、交通が不便等の理由によりサービスの確保が著しく困難な地域

⇒　適用されるサービス：夜間対応型訪問介護、小規模多機能型居宅介護（介護予防含む）、看護小規模多機能型居宅介護

中山間地域等の小規模事業所加算の算定

	単位数	要件
中山間地域等の小規模事業所加算	10/100	厚生労働大臣が定める地域に所在する事業所がサービス提供を行った場合に算定。【対象地域】①豪雪地帯及び特別豪雪地帯②辺地③半島振興対策実施地域④特定農山村⑤過疎地域

⇒　適用されるサービス：夜間対応型訪問介護、小規模多機能型居宅介護（介護予防含む）、看護小規模多機能型居宅介護

中山間地域等に居住する者へのサービス加算の算定

	単位数	要件
中山間地域等に居住する者へのサービス提供加算	5/100	厚生労働大臣が定める地域に居住している利用者に対して、通常の事業の実施地域を越えて、サービス提供を行った場合に算定。【対象地域】①離島振興対策実施地域②奄美群島③豪雪地帯及び特別豪雪地帯④辺地⑤振興山村⑥小笠原諸島⑦半島振興対策実施地域⑧特定農山村地域⑨過疎地域⑩沖縄の離島

⇒　新たに適用されるサービス：夜間対応型訪問介護、認知症対応型通所介護（介護予防含む）

特定地域加算・中山間地域等に関する加算要件の緩和

⇒　自治体からの申請で算定要件の緩和を指定できるようになったサービス：訪問介護、定期巡回・随時対応型訪問介護看護、夜間対応型訪問介護、訪問入浴介護（介護予防含む）、訪問看護（介護予防含む）、訪問リハビリテーション（介護予防含む）、居宅療養管理指導（介護予防含む）、通所介護、地域密着型通所介護、療養通所介護、認知症対応型通所介護（介護予防含む）、通所リハビリテーション（介護予防含む）、短期入所生活介護（介護予防含む）、短期入所療養介護（介護予防含む）、特定施設入居者生活介護（介護予防、地域密着型含む）、認知症対応型共同生活介護（介護予防含む）、地域密着型介護老人福祉施設入所者生活介護、福祉用具貸与（介護予防含む）、居宅介護支援、介護予防支援

制度改正編

質問31 リハビリマネジメント加算はどのように見直されますか？

加算（Ⅰ）と（Ⅳ）が廃止されました。

（Ⅱ）と（Ⅲ）が分化されたんですよね。

施設系でも、加算が新設されてます。

訪問・通所リハビリで加算（Ⅰ）（Ⅳ）が廃止されました。

報酬体系の簡素化と事務負担軽減に向けて、訪問・通所リハビリテーションの**リハビリテーションマネジメント加算**が見直されました。

具体的には、既存のリハビリテーションマネジメント加算（Ⅰ）（Ⅳ）が廃止され、加算（Ⅱ）が加算（A）イとロに、加算（Ⅲ）が加算（B）イとロに分化されています。イとロの違いは、リハビリテーション計画の国への提出とフィードバックの「あり＝ロ」と「なし＝イ」です。これは、定期的なリハビリテーション会議によるリハビリテーション計画の見直しが算定要件とされるリハビリテーションマネジメント加算（Ⅱ）（Ⅲ）において、介護サービス事業所が**科学的介護**のPDCAサイクルを推進するためです。

施設系でも、科学的介護によるリハビリが評価されます。

介護老人保健施設や介護医療院のリハビリテーションについても、科学的介護の取り組みを評価する**リハビリテーションマネジメント計画書情報加算**と**理学療法、作業療法又は言語聴覚療法に係る加算**が新設されました。この加算では、訪問・通所リハビリテーション同様に、リハビリデータの提出とフィードバックが求められます。なお今回の改定では、業務効率化も図られています。まず、リハビリテーション計画書の項目にデータ提供する場合の必須項目と任意項目を設定することで、データ収集の負担を低減しています。またリハビリテーション会議は、利用者の了解を得た上で、テレビ会議など、ICT機器を使った参加が可能になりました。

訪問リハビリのリハビリテーションマネジメント加算の見直し

＜現行＞		＜改定後＞
リハビリテーションマネジメント加算（I） 230単位／月	⇒	廃止 リハビリテーションマネジメント加算（A）イ 180単位／月
リハビリテーションマネジメント加算（II） 280単位／月	⇒	リハビリテーションマネジメント加算（A）ロ 213単位／月（新設）
リハビリテーションマネジメント加算（III） 320単位／月	⇒	リハビリテーションマネジメント加算（B）イ 450単位／月 リハビリテーションマネジメント加算（B）ロ 483単位／月
リハビリテーションマネジメント加算（IV） 420単位／月	⇒	廃止（加算（B）ロに組み替え）
（介護予防） リハビリテーションマネジメント加算 230単位／月	⇒	廃止

⇒ 適用されるサービス：訪問リハビリテーション

通所リハビリのリハビリテーションマネジメント加算の見直し

＜現行＞		＜改定後＞
リハビリテーションマネジメント加算（I） 330単位／月	⇒	廃止
リハビリテーションマネジメント加算（II） 同意日の属する月から6月以内 850単位／月 同意日の属する月から6月超 530単位／月	⇒	リハビリテーションマネジメント加算（A）イ 同意日の属する月から6月以内 560単位／月 同意日の属する月から6月超 240単位／月 リハビリテーションマネジメント加算（A）ロ（新設） 同意日の属する月から6月以内 593単位／月 同意日の属する月から6月超 273単位／月
リハビリテーションマネジメント加算（III） 同意日の属する月から6月以内 1,120単位／月 同意日の属する月から6月超 800単位／月	⇒	リハビリテーションマネジメント加算（B）イ 同意日の属する月から6月以内 830単位／月 同意日の属する月から6月超 510単位／月 リハビリテーションマネジメント加算（B）ロ 同意日の属する月から6月以内 863単位／月 同意日の属する月から6月超 543単位／月
リハビリテーションマネジメント加算（IV） 同意日の属する月から6月以内 1,220単位／月 同意日の属する月から6月超 900単位／月 （3月に1回を限度）	⇒	廃止（加算（B）ロに組み替え）
（介護予防） リハビリテーションマネジメント加算 330単位／月	⇒	廃止

⇒ 適用されるサービス：通所リハビリテーション

リハビリテーションマネジメント計画書情報加算等の新設

＜現行＞		＜改定後＞
なし	⇒	リハビリテーションマネジメント計画書情報加算（老健） 33単位／月（新設） 理学療法、作業療法又は言語聴覚療法に係る加算（医療院） 33単位／月（新設）

⇒ 適用されるサービス：介護老人保健施設、介護医療院

制度改正編

質問32 リハビリ関連で、他にどのような報酬改定がありますか？

ICT を活用したリハビリの評価です。

入浴介助加算も新設されましたね。

個別機能訓練加算も見直されています。

ICTを活用したリハビリも評価されます。

通所系、短期入所系、居住系、施設系では、外部のリハビリ専門職との連携を図るため、ICT 機器を活用して介護サービス事業所を訪問せずに利用者の状況を把握して評価する**生活機能向上連携加算（Ⅰ）**が新設されました。また訪問系、多機能系向けの**生活機能向上連携加算（Ⅱ）**でも、サービス担当者会議前後にリハビリテーション会議を開催できるようになっています。

また通所介護・リハビリテーションでは、医師などが事前に訪問して個別の入浴計画を作成し、同計画に基づいて入浴介助することを評価する**入浴介助加算（Ⅱ）**が新設されています。

科学的介護の推進に向けた加算が新設されました。

通所介護、特定施設、介護老人福祉施設における個別機能訓練加算も見直されています。通所介護では、配置時間を決めずにリハビリ専門職を配置する**個別機能訓練加算（Ⅰ）イ**とサービス提供時間帯を通じてリハビリ専門職を配置する**個別機能訓練加算（Ⅰ）ロ**のほか、個別機能訓練計画を厚生労働省に提出しフィードバックを受ける**個別機能訓練加算（Ⅱ）**が新設されました。

特定施設や介護老人福祉施設においても、個別機能訓練計画を厚生労働省に提出しフィードバックを受ける**個別機能訓練加算（Ⅱ）**が新設されています。ここでも、科学的介護が推進されているのです。

生活機能向上連携加算の見直し

＜現行＞	＜改定後＞
生活機能向上連携加算　200 単位／月　⇒	生活機能向上連携加算（I）100 単位／月（新設） （※ 3 月に 1 回を限度） 生活機能向上連携加算（II）200 単位／月（現行と同じ） ※（I）と（II）の併算定は不可。

⇒　適用されるサービス：訪問介護、通所介護（地域密着型、認知症対応型、介護予防認知症対応型含む）、短期入所生活介護（介護予防含む）、特定施設入居者生活介護（地域密着型、介護予防含む）、認知症対応型共同生活介護（介護予防含む）、介護老人福祉施設入所者生活介護（地域密着型含む）、定期巡回・随時対応型訪問介護看護、小規模多機能型居宅介護（介護予防含む）

入浴介助加算の見直し

通所介護の入浴介助加算

＜現行＞	＜改定後＞	
入浴介助加算　50 単位／日　⇒	入浴介助加算（I）　40 単位／日 入浴介助加算（II）　55 単位／日（新設）	※（I）と（II）は併算可。

⇒　適用されるサービス：通所介護（地域密着型、認知症対応型、介護予防認知症対応型含む）

通所リハビリテーションの入浴介助加算

＜現行＞	＜改定後＞	
入浴介助加算　50 単位／日　⇒	入浴介助加算（I）　40 単位／日 入浴介助加算（II）　60 単位／日（新設）	※（I）と（II）は併算可。

⇒　適用されるサービス：通所リハビリテーション

個別機能訓練加算の見直し

通所介護と介護老人福祉施設の個別機能訓練加算

＜現行＞	＜改定後＞	
個別機能訓練加算（I）　46 単位／日　⇒ 個別機能訓練加算（II）　56 単位／日	個別機能訓練加算（I）イ　56 単位／日 個別機能訓練加算（I）ロ　85 単位／日 個別機能訓練加算（II）　20 単位／月（新設）	※イとロは併算定不可 ※加算（I）に上乗せして算定

⇒　適用されるサービス：通所リハビリテーション（地域密着型含む）

特定施設入居者生活介護と介護老人福祉施設の個別機能訓練加算

＜現行＞	＜改定後＞	
個別機能訓練加算　12 単位／日　⇒	個別機能訓練加算（I）　12 単位／日 個別機能訓練加算（II）　20 単位／月（新設）	※（I）と（II）は併算可。

⇒　適用されるサービス：特定施設入居者生活介護（地域密着型含む）、介護老人福祉施設入所者生活介護（地域民着型含む）

制度改正編

質問33 口腔衛生や栄養の管理に向けた報酬改定には何がありますか？

口腔の健康状態や栄養状態の確認が評価されるようになりました。

それに伴って、加算も新設されましたね。

この傾向は、施設系、通所系でも同様です。

1章 2章 3章 4章 5章 6章 7章

口腔の健康状態や栄養状態の確認が評価されます。

今回の報酬改定では、口腔衛生管理を強化し、口腔機能の向上させるための加算が見直され、新設されました。まず施設系サービスでは、状態に応じた丁寧な口腔衛生管理を充実させるため、**口腔衛生管理体制加算が廃止**され（算定要件を一定緩和し、3年の経過措置期間を設ける）、口腔衛生管理計画を厚生労働省に提出しフィードバックを受ける**口腔衛生管理加算（Ⅱ）**が新設されました。一方、通所系サービスなどでは、栄養スクリーニング加算が**口腔・栄養スクリーニング加算（Ⅰ）（Ⅱ）**に変更され、**口腔機能向上加算（Ⅱ）**が新設されるなど、口腔の健康状態や栄養状態を確認し、ケアマネジャーに情報連携することが評価されるようになっています。

施設系や通所系などでも、栄養ケアが評価されました。

施設系サービス、通所系サービス、認知症対応型共同介護においても、栄養ケアマネジメントの充実が図られています。

介護保険施設では、**栄養マネジメント加算と低栄養リスク改善加算が廃止**され、**栄養ケア・マネジメントの未実施による減算**と栄養ケア計画に基づき食事を調整するなど栄養管理情報を活用する**栄養マネジメント強化加算**が新設されました。また通所系では、栄養状態などの情報を厚生労働省に提出しフィードバックを受ける**栄養アセスメント加算**が、認知症対応型共同介護では、管理栄養士が介護職員に栄養・食生活に関する助言や指導を行う**栄養管理体制加算**が新設されています。

口腔衛生管理強化・口腔機能向上の取組

施設系サービスの口腔衛生管理加算

＜現行＞		＜改定後＞
口腔衛生管理体制加算　30単位／月	⇒	廃止
口腔衛生管理加算　90単位／月	⇒	口腔衛生管理加算（I）　90単位／月（現行の口腔衛生管理加算と同じ） 口腔衛生管理加算（II）110単位／月（新設）

⇒　適用されるサービス：介護老人福祉施設（地域密着型含む）介護老人保健施設、介護療養型医療施設（一部除く）、介護医療院

通所系サービスの栄養スクリーニング加算など

＜現行＞		＜改定後＞
栄養スクリーニング加算　5単位／回	⇒	口腔・栄養スクリーニング加算（I）20単位／回（新設） 口腔・栄養スクリーニング加算（II）5単位／回（新設）（※6月に1回を限度）
口腔機能向上加算　150単位／回	⇒	口腔機能向上加算（I）　150単位／回（現行の口腔機能向上加算と同様） 口腔機能向上加算（II）160単位／回（新設）※原則3月以内、月2回を限度。 ※（I）と（II）は併算定不可。

⇒　適用されるサービス：通所介護（地域密着型、療養、認知症対応型、介護予防認知症対応型含む）、通所リハビリテーション（介護予防含む）、小規模多機能型居宅介護（介護予防含む）、看護小規模多機能型居宅介護、特定施設入居者生活介護（介護予防、地域密着型含む）、認知症対応型共同生活介護（介護予防含む）

栄養ケアマネジメントの充実

施設系サービスの栄養マネジメント強化加算など

＜現行＞		＜改定後＞
栄養マネジメント加算　14単位／日	⇒	廃止 栄養ケア・マネジメントの未実施 14単位／日減算（新設） （3年の経過措置期間を設ける）
なし	⇒	栄養マネジメント強化加算 11単位／日（新設）
低栄養リスク改善加算　300単位／月	⇒	廃止
経口維持加算　400単位／月	⇒	変更なし

⇒　適用されるサービス：介護老人福祉施設（地域密着型含む）介護老人保健施設、介護療養型医療施設（一部除く）、介護医療院

通所系サービスの栄養アセスメント加算など

＜現行＞		＜改定後＞
なし	⇒	栄養アセスメント加算　50単位／月（新設）
栄養改善加算　150単位／回	⇒	栄養改善加算　200単位／回（※原則3月以内、月2回を限度） ※通所系サービスに加え看護小規模多機能型居宅介護も対象とする

⇒　適用されるサービス：通所介護（地域密着型、認知症対応型、介護予防認知症対応型含む）、通所リハビリテーション（介護予防含む）、看護小規模多機能型居宅介護

制度改正編

質問34 科学的介護の取組に向けた報酬改定には何がありますか？

科学的介護推進体制加算の新設は大きなトピックです。

情報提供とフィードバックによるPDCAサイクルですよね。

疾病の状況や服薬情報なども重要になります。

1章 2章 3章 4章 5章 6章 7章

科学的介護推進体制加算が新設されています。

21年度報酬改定では、介護サービスの質の評価と科学的介護の取組推進に向けて、居宅介護支援を除くすべての介護サービスで**科学的介護推進体制加算（Ⅰ）（Ⅱ）**が新設されました。

収集されるのは、日常生活を送るために最低限必要な日常的な動作（ADL）のほか、栄養、口腔・嚥下、認知症に関する情報であり、その横断的な情報によるフィードバックを受けることで、ケアプランや様々な計画を見直していくことになります。なお、科学的介護推進体制加算（Ⅱ）では、こうした情報に加えて、疾病の状況や服薬情報、家族の情報などについても、情報提供が求められることになります。

ADL維持等加算の算定でも、科学的介護が推進されます。

認知症対応型通所介護においても、科学的介護の取組を推進するための加算が新設されました。具体的には、個別機能訓練加算（Ⅰ）を算定している利用者について、個別機能訓練計画の内容などの情報を厚生労働省に提出しフィードバックを受けた場合には、**個別機能訓練加算（Ⅱ）**が適用されます。

また通所介護、特定施設、介護老人福祉施設では、ADL維持等加算の算定によっても、科学的介護の取組が推進されます。具体的には、日常生活を送るために最低限必要な日常的な動作（ADL）が維持・改善されることを評価する**ADL維持等加算**の適用でも、データの活用とフィードバックの活用が求められます。

科学的介護推進体制加算の新設

<現行>
・施設系サービス
なし ⇒

<改定後>
科学的介護推進体制加算（I） 40単位／月（新設）
科学的介護推進体制加算（II） 60単位／月（新設）
※介護老人福祉施設、地域密着型介護老人福祉施設入所者生活介護は50単位／月

・通所系・居住系・多機能系サービス
なし ⇒ 科学的介護推進体制加算 40単位（新設）

⇒ 適用されるサービス：通所介護、通所リハビリテーション（介護予防含む）、認知症対応型通所介護（介護予防含む）、地域密着型通所介護、特定施設入居者生活介護（介護予防、地域密着型含む）、介護老人福祉施設入所者生活介護（地域密着型含む）、介護老人保健施設、介護医療院、認知症対応型共同生活介護（介護予防含む）、小規模多機能型居宅介護（介護予防含む）、看護小規模多機能型居宅介護

認知症対応型通所介護の個別機能訓練加算の見直し

<現行>
個別機能訓練加算 27単位／日 ⇒

<改定後>
個別機能訓練加算（I） 27単位／日（現行と同じ）
個別機能訓練加算（II） 20単位／月（新設）
※（I）・（II）は併算定可。

⇒ 適用されるサービス：認知症対応型通所介護

ADL維持等加算の見直し

<現行>
ADL維持等加算（I） 3単位／月 ⇒
ADL維持等加算（II） 6単位／月

<改定後>
ADL維持等加算（I） 30単位／月（新設）
ADL維持等加算（II） 60単位／月（新設）
※（I）・（II）は併算定不可。現行算定している事業所等に対する経過措置を設定。

⇒ 適用されるサービス：通所介護（地域密着型、認知症対応型含む）、特定施設入居者生活介護（地域密着型含む）、介護老人福祉施設入所者生活介護（地域密着型含む）

制度改正編

質問35 寝たきり・重度化防止に向けた報酬改定には何がありますか？

自立支援促進加算が新設されました。

エビデンスに基づくリハビリが重要なんですね。

褥瘡や排せつ支援も評価されます。

施設系では、「自立支援促進加算」が新設されています。

施設系サービスにおいては、自立支援・重度化防止を推進し、寝たきり状態などを防止するため、医師の関与の下におけるリハビリテーション・機能訓練、介護などの取組を評価する**自立支援促進加算**が新設されました。

自立支援促進加算の算定要件は、医師が入所時に医学的評価を実施し、少なくとも半年に１回評価を見直すこと、多職種連携により自立支援計画を策定してケアを実施すること、３月に１回は自立支援計画を見直すこと、医学的評価の結果などを厚生労働省に提出しフィードバックを受けることなどです。医学的評価を、エビデンスに基づくリハビリテーションにつなげていくのです。

褥瘡マネジメント加算や排せつ支援加算が見直されました。

施設系サービスや看護小規模多機能型居宅介護においては、自立支援・重度化防止のために**褥瘡マネジメント加算**（**介護医療院では褥瘡対策指導管理**）や**排せつ支援加算**が見直されています。褥瘡マネジメント加算は評価と計画の作成・見直しを定期的に１回実施することで毎月の算定が可能になり、発生予防や状態改善が評価されるようになっています（褥瘡マネジメント加算（Ⅱ））。

定期的な評価（スクリーニング）の実施が求められる排せつ支援加算は、６ヶ月以降も算定可能になり、排尿・排便の状態改善が評価されるようになっています（排せつ支援加算（Ⅱ）（Ⅲ））。

自立支援促進加算の新設

＜現行＞		＜改定後＞
なし	⇒	自立支援促進加算　300 単位 / 月（新設）

⇒ 適用されるサービス：介護老人福祉施設入所者生活介護（地域密着型含む）、介護老人保健施設、介護医療院

褥瘡マネジメント加算等の見直し

＜現行＞		＜改定後＞
褥瘡マネジメント加算　10 単位 / 月 （3 月に 1 回を限度とする）	⇒	褥瘡マネジメント加算（I）　3 単位 / 月（新設） 褥瘡マネジメント加算（II）　13 単位 / 月（新設） ※看護小規模多機能型居宅介護を対象に加える。 ※加算（I）（II）は併算不可。現行の加算を算定する事業所への経過措置を設定。
＜現行＞ 褥瘡対策指導管理　6 単位 / 日	⇒	＜改定後＞ 褥瘡対策指導管理（I）　6 単位 / 日（現行と同じ） 褥瘡対策指導管理（II）　10 単位 / 月（新設） ※看護小規模多機能型居宅介護を対象に加える。 ※（I）（II）は併算可。

⇒ 適用されるサービス：介護老人福祉施設入所者生活介護（地域密着型含む）、介護老人保健施設、介護医療院、看護小規模多機能型居宅介護

排泄支援加算の見直し

＜現行＞		＜改定後＞
排せつ支援加算　100 単位 / 月	⇒	排せつ支援加算（I）　10 単位 / 月（新設） 排せつ支援加算（II）　15 単位 / 月（新設） 排せつ支援加算（III）　20 単位 / 月（新設） ※看護小規模多機能型居宅介護を対象に加える。 ※排せつ支援加算（I）～（III）は併算不可。現行の加算を算定する事業所への経過措置を設定。

⇒ 適用されるサービス：介護老人福祉施設入所者生活介護（地域密着型含む）、介護老人保健施設、介護医療院、看護小規模多機能型居宅介護

制度改正編

質問36 処遇や職場環境の改善に向けた報酬改定には何がありますか？

サービス提供体制強化加算の最上位区分が新設されました。

介護資格、勤続年数、常勤などが評価されますね。

特定事業所加算も見直されています。

サービス提供体制強化加算が全面的に見直されています。

21 年度の報酬改定では、ほぼすべての介護サービスにおいて**サービス提供体制強化加算**が見直され、新たな最上位区分として**サービス提供体制強化加算（Ⅰ）**が新設されました。

サービス提供体制強化加算の算定条件になるのは、**介護福祉士・実務研修修了者・基礎研修修了者の割合**、**勤続年数の長い介護スタッフの割合**、**常勤職員の割合**です。その背景には、サービスの質を向上させ、職員のキャリアアップを一層推進するという狙いがあります。特にサービス提供体制強化加算（Ⅰ）では、勤続年数 10 年以上、介護福祉士 60%以上という高い水準が求められます。

訪問介護では、特定事業所加算（Ⅴ）が新設されました。

訪問介護の特定事業所加算においても、勤続年数が一定期間以上の介護スタッフを評価する**特定事業所加算（Ⅴ）**が新設されました。加算（Ⅴ）は人材要件が含まれる加算（Ⅰ）（Ⅱ）（Ⅳ）との併算はできませんが、加算（Ⅲ）との併算は可能です。また加算（Ⅳ）では、テレビ電話など ICT 機器を活用した会議の定期的な開催が認められています。

特定施設では、**たんの吸引等を必要とする者の割合が利用者が 5% 以上 15% 未満**の場合に評価する**入居継続支援加算（Ⅱ）**が新設されています。入居継続支援加算（Ⅱ）では、見守り機器や ICT を活用することで人員配置要件が緩和されます。

サービス提供体制強化加算の見直し

	資格・勤続年数要件			単位数
	加算Ⅰ（新たな最上位区分）	加算Ⅱ（改正前の加算Ⅰイ相当）	加算Ⅲ（改正前の加算Ⅰロ、加算Ⅱ、加算Ⅲ相当）	
訪問入浴介護 夜間対応型訪問介護	以下のいずれかに該当すること。 ①介護福祉士60%以上 ②勤続10年以上介護福祉士25%以上	介護福祉士40%以上又は介護福祉士、実務者研修修了者、基礎研修修了者の合計が60%以上	以下のいずれかに該当すること。 ①介護福祉士30%以上又は介護福祉士、実務者研修修了者、基礎研修修了者の合計が50%以上 ②勤続7年以上の者が30%以上	（訪問入浴） Ⅰ44単位/回 Ⅱ36単位/回 Ⅲ12単位/回 （夜間訪問） Ⅰ22単位/回 Ⅱ18単位/回 Ⅲ6単位/回
訪問看護 療養通所介護	—	—	（イ）勤続7年以上の者が30%以上 （ロ）勤続3年以上の者が30%以上	（訪看・訪リハ） （イ）6単位/回 （ロ）3単位/回 （療養通所） （イ）48単位/月 （ロ）24単位/月
訪問リハビリテーション	—	—	（イ）勤続7年以上の者が1人以上 （ロ）勤続3年以上の者が1人以上	
定期巡回・随時対応型訪問介護看護	以下のいずれかに該当すること。 ①介護福祉士60%以上 ②勤続10年以上介護福祉士25%以上	介護福祉士40%以上又は介護福祉士、実務者研修修了者、基礎研修修了者の合計が60%以上	以下のいずれかに該当すること。 ①介護福祉士30%以上又は介護福祉士、実務者研修修了者、基礎研修修了者の合計が50%以上 ②常勤職員60%以上 ③勤続7年以上の者が30%以上	Ⅰ750単位/月 Ⅱ640単位/月 Ⅲ350単位/月
小規模多機能型居宅介護 看護小規模多機能型居宅介護	以下のいずれかに該当すること。 ①介護福祉士70%以上 ②勤続10年以上介護福祉士25%以上	介護福祉士50%以上	以下のいずれかに該当すること。 ①介護福祉士40%以上 ②常勤職員60%以上 ③勤続7年以上の者が30%以上	Ⅰ750単位/月 Ⅱ640単位/月 Ⅲ 350単位/月
通所介護、通所リハビリテーション 地域密着型通所介護 認知症対応型通所介護	以下のいずれかに該当すること。 ①介護福祉士70%以上 ②勤続10年以上介護福祉士25%以上	介護福祉士50%以上	以下のいずれかに該当すること。 ①介護福祉士40%以上 ②勤続7年以上30%以上	（予防通リハ以外） Ⅰ22単位/回（日） Ⅱ18単位/回（日） Ⅲ6単位/回（日） （予防通リハ） Ⅰ176単位/月 Ⅱ144単位/月 Ⅲ 48単位/月
特定施設入居者生活介護※ 地域密着型特定施設入居者生活介護※ 認知症対応型共同生活介護	以下のいずれかに該当すること。 ①介護福祉士70%以上 ②勤続10年以上介護福祉士25%以上 ※印のサービスは、上記に加え、サービスの質の向上に資する取組を実施していること。	介護福祉士60%以上	以下のいずれかに該当すること。 ①介護福祉士50%以上 ②常勤職員75%以上 ③勤続7年以上30%以上	
短期入所生活介護、 短期入所療養介護 介護老人福祉施設※ 地域密着型介護老人福祉施設※ 介護老人保健施設※、 介護医療院※ 介護療養型医療施設※	以下のいずれかに該当すること。 ①介護福祉士80%以上 ②勤続10年以上介護福祉士35%以上 ※印のサービスは、上記に加え、サービスの質の向上に資する取組を実施していること。	介護福祉士60%以上	以下のいずれかに該当すること。 ①介護福祉士50%以上 ②常勤職員75%以上 ③勤続7年以上30%以上	

特定事業所加算の見直し

＜現行＞
特定事業所加算（Ⅰ）～（Ⅳ）　⇒　＜改定後＞
変更なし
特定事業所加算（Ⅴ）所定単位数の3%を加算（新設）

⇒ 適用されるサービス：訪問介護

入居継続支援加算の見直し

＜現行＞
入居継続支援加算　36単位／日　⇒　＜改定後＞
入居継続支援加算（Ⅰ）　36単位／日
入居継続支援加算（Ⅱ）　22単位／日（新設）

⇒ 適用されるサービス：特定施設入居者生活介護（地域密着型含む）

制度改正編

質問37 業務効率化や負担軽減に向けた報酬改定には何がありますか？

夜間の職員配置加算や人員配置などが見直されています。

ICT での導入には、評価が求められるんですよね。

グループホームの夜勤配置基準も緩和されました。

夜間の職員配置加算、人員配置、職員体制も見直されました。

介護スタッフの負担軽減、業務効率化に向けて、見守り機器などを導入した場合の**夜勤職員配置加算の要件**、**夜間の人員配置基準**、**夜勤職員体制**が見直されています。

介護老人福祉施設や短期入所生活介護では、見守り機器が入所者全員、インカムなどが夜勤職員全員に導入された場合には、夜勤職員配置加算の算定要件が緩和される人員配置要件が新設され、夜間の人員配置基準が緩和されました。ただし導入にあたっては、少なくとも 3 ヶ月以上施行し、多職種連携による委員会を通じて、安全体制、ケアの質確保、スタッフの負担軽減などに関する意見を適切にサービス提供に反映することが求められます。

グループホームの夜勤配置の基準が緩和されています。

1 ユニットごとに夜勤 1 人以上の配置が求めれれる認知症対応型共同生活介護において、3 ユニットの認知症グループホームについては、各ユニットが同一階に隣接していて速やかな対応が可能な場合に限り、人材の有効活用を図る観点から、例外的に夜勤 2 人以上の配置が可能になりました。ただし、介護スタッフが利用者の状況を円滑に把握できるようにするため、マニュアルの策定、訓練の実施といった安全対策が求められます。

なお薬局の薬剤師による**居宅療養管理指導**については、情報通信機器を用いた場合の基本報酬が新設されています（月 1 回まで）。

見守り機器等を導入した場合の夜勤職員配置加算の見直し

●介護老人福祉施設等の夜勤職員配置加算の算定要件の新設

	①現行要件の緩和（0.9人配置要件）	②新設要件（0.6人配置要件）
最低基準に加えて配置する人員	0.9人（現行維持）	（ユニット型の場合）0.6人（新規） （従来型の場合）※人員基準緩和を適用する場合は併給調整 ①人員基準緩和を適用する場合 0.8人（新規） ②1を適用しない場合（利用者数25名以下の場合等）0.6人（新規）
見守り機器の入所者に占める導入割合	10% （緩和：見直し前15%→見直し後10%）	100%
その他の要件	安全かつ有効活用するための委員会の設置（現行維持）	・夜勤職員全員がインカム等のICTを使用していること ・安全体制を確保していること（※）

⇒　適用されるサービス：短期入所生活介護（介護予防含む）、介護老人福祉施設（地域密着型含む）

●介護老人福祉施設等の夜間の人員配置基準の緩和

現行

配置人員数	利用者数25以下	1人以上
	利用者数26～60	2人以上
	利用者数61～80	3人以上
	利用者数81～100	4人以上
	利用者数101以上	4に、利用者の数が100を超えて25又はその端数を増すごとに1を加えて得た数以上

改正後

配置人員数	利用者数25以下	1人以上
	利用者数26～60	1.6人以上
	利用者数61～80	2.4人以上
	利用者数81～100	3.2人以上
	利用者数101以上	3.2に、利用者の数が100を超えて25又はその端数を増すごとに0.8を加えて得た数以上

⇒　適用されるサービス：短期入所生活介護（介護予防含む）、介護老人福祉施設（地域密着型含む）

●認知症対応型共同生活介護の夜勤職員体制の見直し

＜現行＞
1ユニットごとに1人
・1ユニット：1人夜勤
・2ユニット：2人夜勤
・3ユニット：3人夜勤

＜改定後＞
1ユニットごとに1人
・1ユニット：1人夜勤
・2ユニット：2人夜勤
・3ユニット：3人夜勤 or 2人夜勤（新設）

利用者の安全確保や職員の負担にも留意しつつ、人材の有効活用を図る観点から、3ユニットの場合であって、各ユニットが同一階に隣接しており、職員が円滑に利用者の状況把握を行い、速やかな対応が可能な構造で、安全対策（マニュアルの策定、訓練の実施）をとっていることを要件に、例外的に夜勤2人以上の配置に緩和できることとし、事業所が夜勤職員体制を選択することを可能とする。

⇒　適用されるサービス：認知症対応型共同生活介護（介護予防含む）

情報通信機器を用いた居宅療養管理指導の算定

居宅療養管理指導（薬局の薬剤師が行う場合）

＜現行＞
なし

⇒

＜改定後＞
情報通信機器を用いた場合45単位／回（新設）（月1回まで）

⇒　適用されるサービス：居宅療養管理指導（介護予防含む）

制度改正編

質問38 訪問介護・看護・リハビリでは何が適正化されましたか？

夜間対応型訪問介護の定額部分が引き上げられました。

理学療法士などによる訪問看護は引き下げられたようですね。

リハビリテーションの減算も強化されています。

基本夜間対応型訪問介護費が引き上げられました。

夜間対応型訪問介護では、月に１度も訪問サービス受けていない利用者が存在する実態を受けて、定額部分である**基本夜間対応型訪問介護費**（**オペレーションサービス部分**）が引き上げられています。

理学療法士・作業療法士・言語聴覚士による訪問看護については、訪問看護の機能を強化するため、基本報酬が引き下げられ、算定要件に**通所リハビリテーションのみでは家屋内における ADL の自立が困難である場合**が追加されるなど、条件が厳しくなりました。また、１日に２回を越えて介護予防訪問看護を行った場合、１年以上介護予防訪問看護を行った場合についても報酬が下げられています。

リハビリテーションの減算が強化されています。

そのほかにも、リハビリテーションについては減算が強化されています。

介護予防訪問・通所リハビリテーションでは、適切なサービス提供の観点から、１年を超えるサービス提供について減算が新設されました。また訪問リハビリテーションでは、事業所の医師がリハビリテーション計画の作成に係る診療を行わなかった場合の減算幅も引き上げられています。ただし、適切な研修を修了した事業所外の医師が計画的な医学的管理を提供し、事業所の医師に情報連携している場合には、減算が適応されません（適切な研修の修了については、21 年３年３月３待つまでとされている適用猶予措置期間が３年間さらに延長）。

夜間対応型訪問介護の基本報酬の見直し

【定額】
基本夜間対応型訪問介護費（オペレーションサービス部分）　1,013 単位／月 ― 見直し

【出来高】
定期巡回サービス費（訪問サービス部分）　379 単位／回
随時訪問サービス費（I）（訪問サービス部分）　578 単位／回
随時訪問サービス費（II）（訪問サービス部分）　778 単位／回

夜間対応型訪問介護（II）【包括報酬】　2,751 単位／月

⇒ 適用されるサービス：夜間対応型訪問介護

理学療法士・作業療法士・言語聴覚士による訪問看護の基本報酬の見直し

理学療法士、作業療法士又は言語聴覚士による訪問の場合（1回につき）

＜現行＞		＜改定後＞
297 単位	⇒	293 単位
（介護予防）		
287 単位	⇒	283 単位

1日に2回を超えて指定介護予防訪問看護を行った場合の評価

＜現行＞		＜改定後＞
1 回につき 100 分の 90 に相当する単位数を算定	⇒	1 回につき 100 分の 50 に相当する単位数を算定
		利用開始日の属する月から 12 月超の利用者に介護予防訪問看護を行った場合は、1 回につき 5 単位を減算する（新設）

⇒ 適用されるサービス：訪問看護（介護予防含む）

長期利用の介護予防リハビリテーションの減算

介護予防訪問リハビリテーションの基本報酬

＜現行＞		＜改定後＞
なし	⇒	利用開始日の属する月から 12 月超 5 単位／回減算（新設）

⇒ 適用されるサービス：介護予防訪問リハビリテーション

介護予防通所リハビリテーションの基本報酬

＜現行＞		＜改定後＞
なし	⇒	利用開始日の属する月から 12 月超 要支援 1 の場合　20 単位／月減算（新設） 要支援 2 の場合　40 単位／月減算（新設）

⇒ 適用されるサービス：介護予防通所リハビリテーション

制度改正編

質問39 その他、どのような基本報酬やサービスが適正化されますか？

居宅療養管理指導の評価が見直されました。

介護療養型医療施設の報酬も引き下げられたみたいですね。

サ高住におけるサービス提供にもチェックが入っています。

1章 2章 3章 4章 5章 6章 7章

建物居住者の人数に応じて、居宅療養管理指導を実施します。

居宅療養管理指導については、単一建物居住者の人数に応じてよりきめ細かく評価が見直されることになります。これは、複数の利用者にサービスを提供する際、同一建物にいる場合とそうでない場合とでは、利用者１人当たりの滞在時間や移動時間が異なるためです。

また介護療養型医療施設（老人性認知症疾患療養病棟を除く）については、23年度末の廃止期限までに介護医療院への移行などを推し進めるため、基本報酬が大きく引き下げられています。さらに、介護医療院の**移行定着支援加算**は、介護医療院の開設状況を踏まえて廃止されました。

サ高住では、適切なサービス提供が求められます。

サービス付き高齢者向け住宅（サ高住）などにおいては、訪問系サービスや通所系サービス、福祉用具貸与や居宅介護支援の適正なサービス利用が求められるようになっています。

背景にあるのは、サ高住などでは、しばしば特定の介護サービス事業者に利用が集中することです。この傾向は、サ高住に併設された介護サービス事業者において顕著です。そのため国は、事業所と同一建物や併設建物に居住する利用者以外の利用者に対しても、サービス提供するように努めることを明確化しました。特に、居宅介護支援事業所については自治体からの指導が入る可能性もあります。

居宅療養管理指導の居住場所に応じた基本報酬の見直し

医師が行う場合

	＜現行＞	
（1）居宅療養管理指導（Ⅰ）（Ⅱ以外の場合に算定）	単一建物居住者が１人	509 単位
	単一建物居住者が２～９人	485 単位
	単一建物居住者が 10 人以上	444 単位
（2）居宅療養管理指導（Ⅱ）（在宅時医学総合管理料等を算定する利用者を対象とする場合に算定）	単一建物居住者が１人	295 単位
	単一建物居住者が２～９人	285 単位
	単一建物居住者が 10 人以上	261 単位

歯科医師が行う場合

単一建物居住者が１人	509 単位
単一建物居住者が２～９人	485 単位
単一建物居住者が 10 人以上	444 単位

薬剤師が行う場合

（1）病院又は診療所の薬剤師	単一建物居住者が１人	560 単位
	単一建物居住者が２～９人	415 単位
	単一建物居住者が 10 人以上	379 単位
（2）薬局の薬剤師	単一建物居住者が１人	509 単位
	単一建物居住者が２～９人	377 単位
	単一建物居住者が 10 人以上	345 単位

管理栄養士が行う場合

単一建物居住者が１人	539 単位
単一建物居住者が２～９人	485 単位
単一建物居住者が 10 人以上	444 単位

歯科衛生士が行う場合

単一建物居住者が１人	356 単位
単一建物居住者が２～９人	324 単位
単一建物居住者が 10 人以上	296 単位

見直し

⇒　適用されるサービス：居宅療養管理指導（介護予防含む）

介護療養型医療施設の基本報酬の見直し

● **基本報酬**（療養型介護療養施設サービス費）（多床室、看護6:1･介護4:1の場合）（単位/日）

＜現行＞

	療養機能強化型 A	療養機能強化型 B	その他
要介護1	783	770	749
要介護2	891	878	853
要介護3	1,126	1,108	1,077
要介護4	1,225	1,206	1,173
要介護5	1,315	1,295	1,258

＜改定後＞

	療養機能強化型 A	療養機能強化型 B	その他
要介護1	717	705	686
要介護2	815	803	781
要介護3	1,026	1,010	982
要介護4	1,117	1,099	1,070
要介護5	1,198	1,180	1,146

⇒　適用されるサービス：介護療養型医療施設

制度改正編

質問40 報酬体系の簡素化などに向けてどのような見直しがありますか？

療養通所介護や居宅介護支援の報酬が見直されています。

療養通所介護は報酬体系が変わったみたいですね。

あと、リスクマネジメントも強化されました。

療養通所介護や居宅介護支援で、報酬・加算が見直されます。

介護報酬体型の簡素化に向けて、療養通所介護や居宅介護支援において、報酬体系や加算が見直されています。

療養通所介護では、日単位の報酬体系から月単位の**包括報酬体系への変更**が行われました。この包括報酬は、入浴介護を提供しない場合、サービス提供量が少ない場合に減算されます。また包括報酬化に伴って、**個別送迎体制加算や入浴介護体制強化加算も廃止**されています。一方、居宅介護支援では、算定実績が少なく、報酬体系の簡素化の観点から、**（看護）小規模多機能型居宅介護事業所連携加算（介護予防を含む）が廃止**されました。

介護保険施設において、リスクマネジメントが強化されます。

介護保険施設におけるリスクマネジメント強化の観点から、運営基準が見直され、加算・減算も新設されました。

具体的には、運営基準に、**事故発生防止のための指針整備**、**事故発生時の報告分析・改善策を周知徹底する体制整備**、**自己発生防止のための委員会の設置と従業員に対する定期的な研修実施**に加えて**措置を適切に実施するための担当者設置**（6ヶ月の経過措置期間を設ける）が追加されています。また、新たに**安全管理体制未実施減算**（6ヶ月の経過措置期間を設ける）と**安全対策体制加算**（入所時に1回）が設けられました。

療養通所介護の基本報酬・加算の見直し

＜現行＞　＜改定後＞
（基本報酬）
(1) 3時間以上6時間未満／回　1,012単位　⇒　12,691単位／月
※入浴介助を行わない場合は、所定単位数の95/100。
※サービス提供量が過少（月4回以下）である場合は、所定単位数の70/100
(2) 6時間以上8時間未満／回　1,519単位

（加算）
個別送迎体制加算　210単位／日　⇒　廃止
入浴介助体制強化加算　60単位／日

⇒　適用されるサービス：療養通所介護

（看護）小規模多機能型居宅介護事業所連携加算の廃止

＜現行＞　＜改定後＞
小規模多機能型居宅介護事業所連携加算　300単位／月　⇒　廃止
看護小規模多機能型居宅介護事業所連携加算　300単位／月
介護予防小規模多機能型居宅介護事業所連携加算　300単位／月

⇒　適用されるサービス：居宅介護支援（介護予防含む）

介護保険施設におけるリスクマネジメントの強化

＜現行＞　＜改定後＞
なし　⇒　安全管理体制未実施減算　5単位／日（新設）※6ヶ月の経過措置期間を設ける
なし　⇒　安全対策体制加算　20単位（入所時に1回）（新設）

⇒　適用されるサービス：介護老人福祉施設（地域密着型含む）、介護老人保健施設、介護療養型医療施設、介護医療院

介護関連の資格とキャリア

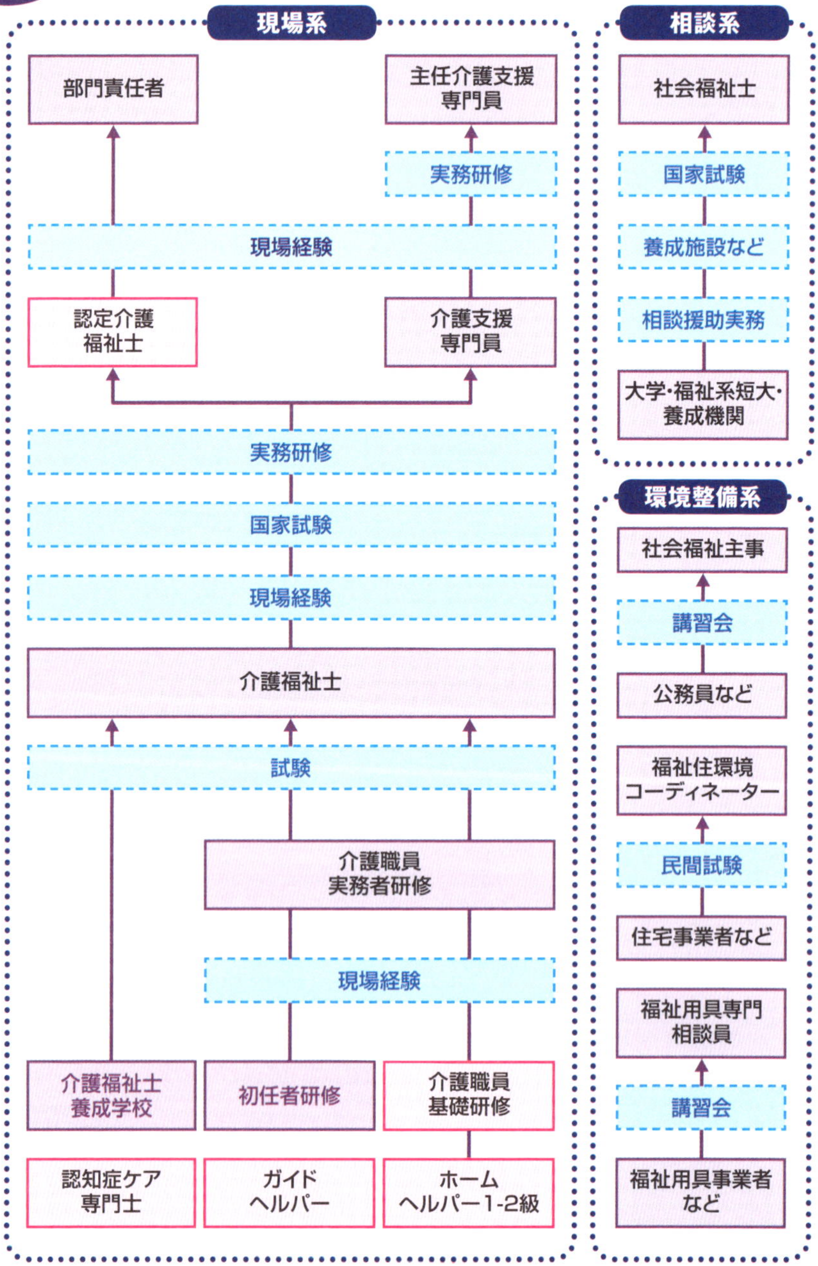

現場系

- 部門責任者 ← 現場経験 ← 認定介護福祉士
- 主任介護支援専門員 ← 実務研修 ← 現場経験 ← 介護支援専門員
- 認定介護福祉士／介護支援専門員 ← 実務研修 ← 国家試験 ← 現場経験 ← 介護福祉士
- 介護福祉士 ← 試験 ← 介護福祉士養成学校
- 介護福祉士 ← 試験 ← 介護職員実務者研修 ← 現場経験 ← 初任者研修／介護職員基礎研修
- 介護職員基礎研修 ← ホームヘルパー1-2級

認知症ケア専門士　ガイドヘルパー

相談系

- 社会福祉士 ← 国家試験 ← 養成施設など ← 相談援助実務 ← 大学・福祉系短大・養成機関

環境整備系

- 社会福祉主事 ← 講習会 ← 公務員など
- 福祉住環境コーディネーター ← 民間試験 ← 住宅事業者など
- 福祉用具専門相談員 ← 講習会 ← 福祉用具事業者など

資格の種類	資格の取得条件
ガイドヘルパー 	都道府県、政令指定都市、中核市、または指令事業者が実施している視覚障害者移動介護従業者養成研修（20 時間）、全身性障害者移動介護従業者養成研修（16 時間）、知的障害者移動介護従業者養成研修（16 時間）を修了すること
認知症ケア専門士 	認知症ケアに関連する施設・団体・機関などにおいて過去 10 年間で 3 年以上の認知症ケアの実務経験を有し、認知症ケア専門士認定試験（1 次試験（筆記）：認知症ケアの基礎、認知症ケアの実際 I、認知症ケアの実際 II、認知症ケアにおける社会資源、2 次試験：論述・面接試験）に合格すること
介護職員初任者研修	国の定めた講習（講義 130 時間）を修了すること
介護職員実務者研修 	国の定めた講習（講義 450 時間）を修了すること（ただし現在の取得資格に応じて受講時間の免除制度があり、介護職員基礎研修取得者は 50 時間、ホームヘルパー 1 級取得者は 95 時間、ホームヘルパー 2 級取得者は 320 時間、ホームヘルパー 3 級取得者は 430 時間でよい）
介護福祉士 	国の指定した養成施設を修了すること、もしくは介護社会福祉士および介護実務経験 3 年以上で国家試験（社会・老人・障害者福祉、リハビリテーション、社会福祉援助技術、レクリエーション活動援助、老人・障害者の心理、家政学概論、医学一般、精神保健、介護概論、介護技術など）に合格すること
介護支援専門員 	介護福祉士など保険・医療・福祉分野における資格を持った上で 5 年以上の実務経験を積み、試験（介護保険制度に関する基礎的知識、要介護認定および要支援認定に関する基礎的知識・技能、サービス計画に関する基礎的知識・技能、保健医療・福祉サービスに関する基礎的知識・技能）に合格すること
主任介護支援専門員	原則として介護支援専門員の資格を持った上で 5 年以上の実務経験を積み、所定の専門介護支援専門員研修（70 時間）を受講すること
社会福祉士 	福祉系大学において厚生労働大臣の指定する社会福祉に関する科目を修めて卒業、あるいは福祉系大学・短大において厚生労働大臣の指定する社会福祉に関する科目を修め実務経験または養成施設で働く、あるいは指定施設での実務経験または一般大学を修了し養成施設で働く経験を経て、社会福祉士国家試験に合格すること
社会福祉主事 	大学において厚生労働大臣の指定する社会福祉に関する科目を修めて卒業すること、あるいは通信教育・養成機関・都道府県等講習会で指定する教育を受けること、あるいは社会福祉士・精神保健福祉士であること
福祉住環境コーディネーター	東京商工会議所が主催する試験に合格すること
福祉用具専門相談員	都道府県が指定した福祉用具専門相談員指定講習を受講し、所定の課程を修了すること

付録2

介護保険におけるサービス利用の流れ

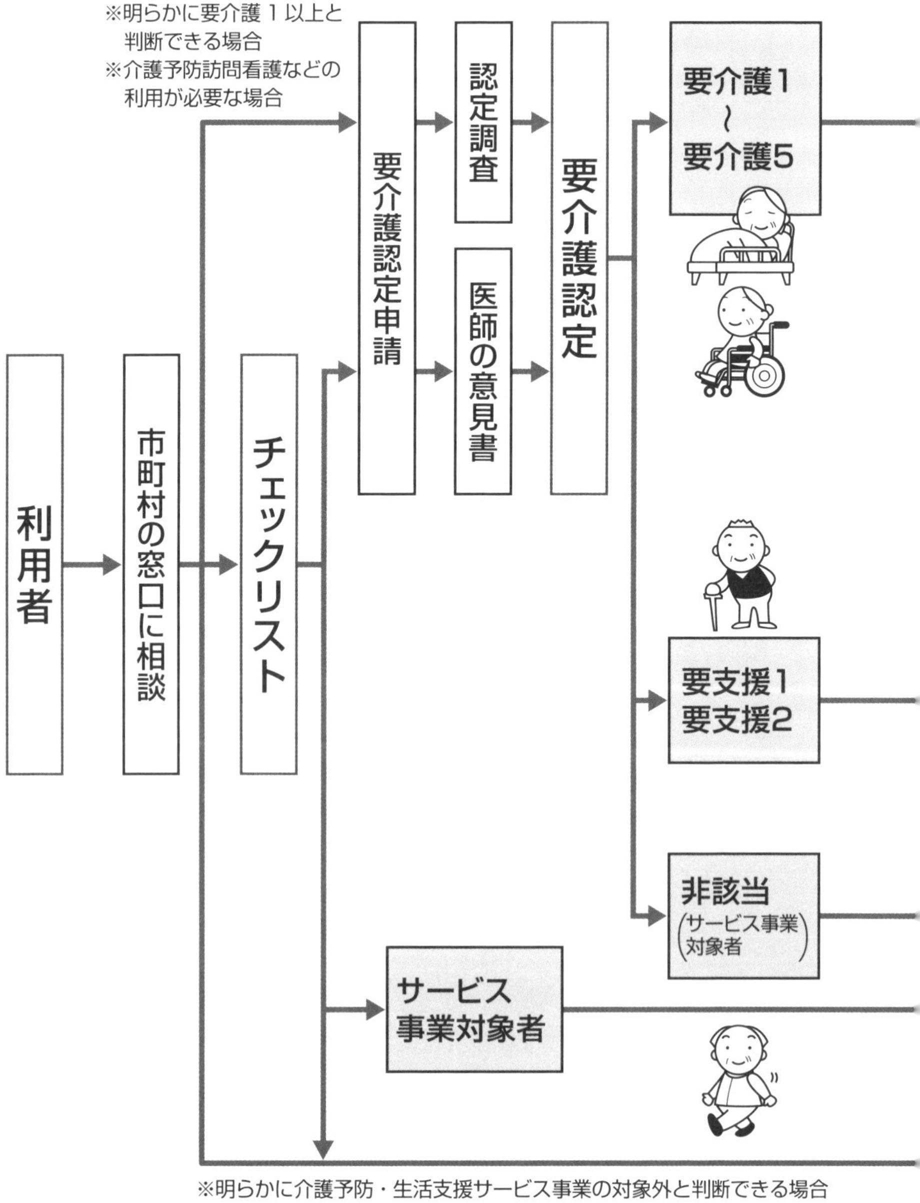

※明らかに要介護１以上と判断できる場合
※介護予防訪問看護などの利用が必要な場合

利用者 → 市町村の窓口に相談 → チェックリスト

チェックリスト → 要介護認定申請 → 認定調査／医師の意見書 → 要介護認定

要介護認定 → 要介護1～要介護5

要介護認定 → 要支援1 要支援2

要介護認定 → 非該当（サービス事業対象者）

チェックリスト → サービス事業対象者

※明らかに介護予防・生活支援サービス事業の対象外と判断できる場合

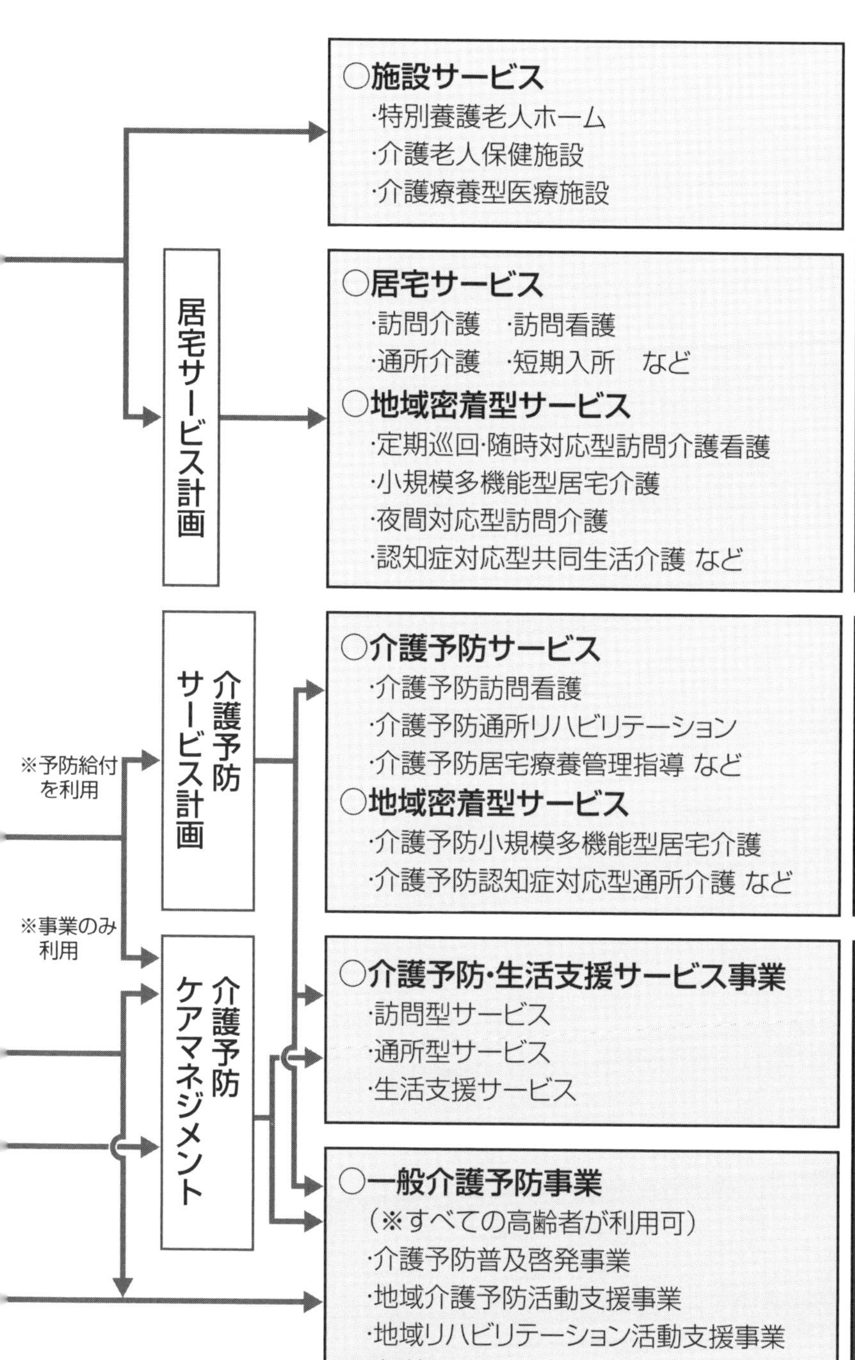
○施設サービス
·特別養護老人ホーム
·介護老人保健施設
·介護療養型医療施設
居宅サービス計画
○居宅サービス
·訪問介護　·訪問看護
·通所介護　·短期入所　など
○地域密着型サービス
·定期巡回·随時対応型訪問介護看護
·小規模多機能型居宅介護
·夜間対応型訪問介護
·認知症対応型共同生活介護 など
介護給付
※予防給付を利用
介護予防サービス計画
○介護予防サービス
·介護予防訪問看護
·介護予防通所リハビリテーション
·介護予防居宅療養管理指導 など
○地域密着型サービス
·介護予防小規模多機能型居宅介護
·介護予防認知症対応型通所介護 など
予防給付
※事業のみ利用
介護予防ケアマネジメント
○介護予防·生活支援サービス事業
·訪問型サービス
·通所型サービス
·生活支援サービス
○一般介護予防事業
（※すべての高齢者が利用可）
·介護予防普及啓発事業
·地域介護予防活動支援事業
·地域リハビリテーション活動支援事業
など
総合事業

付録3 課題整理統括表

住環境や心理的な側面などの要因も分析できていますか？

これは原因疾患です。療養管理はできていますか？

利用者名　○○○○ 殿

どの程度の麻痺なのか、詳細情報を把握していますか？

自立した日常生活の阻害要因（心身の状態、環境等）		①左上下肢麻痺（脳梗塞後遺）	②糖尿病	
		④		
状況の事実		現在	要因	改善 / 維持の可能性
移動	室内移動	自立 (見守り) 一部介助 全介助	①③	(改善) 維持 悪化
	屋外移動	自立 見守り (一部介助) 全介助	①③	(改善) 維持 悪化
食事	食事内容	(支障なし) 支障あり		改善 (維持) 悪化
	食事摂取	(自立) 見守り 一部介助 全介助		改善 (維持) 悪化
	調理	自立 見守り 一部介助 (全介助)		改善 (維持) 悪化
排泄	排尿・排便	支障なし (支障あり)	③	(改善) 維持 悪化
	排泄動作	自立 見守り (一部介助) 全介助	①③	(改善) 維持 悪化
口腔	口腔衛生	支障なし (支障あり)	①	(改善) 維持 悪化
	口腔ケア	自立 見守り 一部介助 (全介助)	①	(改善) 維持 悪化
服薬		(自立) 見守り 一部介助 全介助	①②	改善 (維持) 悪化
入浴		自立 見守り 一部介助 (全介助)	①③	(改善) 維持 悪化
更衣		自立 (見守り) 一部介助 全介助	①	改善 (維持) 悪化
掃除		自立 見守り 一部介助 (全介助)		改善 (維持) 悪化
洗濯		自立 見守り 一部介助 (全介助)		改善 (維持) 悪化
整理・物品の管理		自立 見守り 一部介助 (全介助)		改善 (維持) 悪化
金銭管理		自立 見守り 一部介助 (全介助)		改善 (維持) 悪化
買物		自立 見守り 一部介助 (全介助)		改善 (維持) 悪化
コミュニケーション能力		支障なし (支障あり)	①	改善 (維持) 悪化
認知		(支障なし) 支障あり		改善 (維持) 悪化
社会との関わり		支障なし (支障あり)	①③	(改善) 維持 悪化
褥瘡・皮膚の問題		(なし) あり		改善 (維持) 悪化
問題行動		(なし) あり		改善 (維持) 悪化
介護力（家族関係含む）		(支障なし) 支障あり		改善 (維持) 悪化
居住環境		(支障なし) 支障あり		改善 (維持) 悪化

本当に「支障なし」ですか？階段が外出不安の原因になってないでしょうか？

作成日　　　　/　　　/

③下肢筋力低下

備考（状況・支援内容等）
入院時は今よりも歩けていた。
妻が行い本人はせず
現在Ｐトイレ利用
立ち座りのみ妻が介助
自分ではしていないが、右上肢は麻痺がないので自らできる機能もある
現在はディのみ入浴
時間はかかるが自分でできる
妻が行い本人はしていない
呂律が回らないときもあるがゆっくりなら可
体力不足と失禁ゆえ外出不安あり

利用者及び家族の生活に対する意向	自宅生活を継続し、また友人と外出できるようになりたい

見通し	生活全般の解決すべき課題（ニーズ）	
○自宅での活動量が増えることにより、家のトイレを自力で利用でき、自宅でのシャワー浴ができるようになる可能性がある。 また、下肢筋力が回復することで失禁の頻度も減る可能性がある。 排泄：支障あり→なし 徘泄動作：一介→見守り 入浴：全介→見守り	自宅でトイレや入浴、歯磨きなど身の回りのことは自分でできるようにしたい 友人とともに近隣の外出ができるようになりたい	
○動作のアセスメントと用具の活用により、口腔ケアの一部を自らでき、口腔衛生も改善する可能性がある。 口腔衛生： 支障あり→なし 口腔ケア：全介→一介		
○認知機能に問題はないので、下肢筋力向上の継続により散歩や近所までの買い物に行けるようになる可能性がある。 屋外移動：一介→見守り 社会との関わり： 支障あり→なし		

動作の視点だけでなく、自宅の洗面所の環境を改善する支援の可能性も検討しましたか？

外出の不安の解消の観点は無くて良いのでしょうか？
外出を実現するための課題は本当に下肢筋力低下だけなのでしょうか？

評価表

利用者名　　○○○○ 殿　　　作成日　　2020/　8/31

短期目標	（期間）	援助内容			結果 ※2	コメント （効果が認められたもの / 見直しを要するもの）
		サービス内容	サービス種別	※1		
日中は自宅のトイレを使うことができる	2018/6/1 ～ 2018/8/31	下肢筋力向上トレーニング	通所介護	○○○ケアセンター	△	ご本人の意欲も高く、体力の向上傾向がみられるが、まだふらつきがあり、疲れやすい。
		日中等体力のあるときに、早めに自宅のトイレへ使う練習をする	本人		○	毎食後3回、自ら意識的に取り組んでいらっしゃいました。
妻に助けてもらいながら、自宅で身だしなみを整えられる	2018/6/1 ～ 2018/8/31	シャワーの見守り、更衣しやすい被服等の工夫の提案	通所介護	○○○ケアセンター	○	ご本人の意欲も高く、取り組んでいらっしゃいました。
		デイサービスでの食後の歯磨きの実施	通所介護		○	
		デイサービスに行かない日に妻の見守りのもと、シャワー浴を行う	本人		○	妻の協力のもと、週2回程度取り組んでいらっしゃいます。

体力の向上の根拠は？　体力向上でもふらつきや疲れの要因は？

※1「当該サービスを行う事務所」について記入する。
※2短期目標の実現度合いを5段階で記入する。（◎：短期目標は予想を上回って達せられた、○：短期目標は達せられた（再度アセスメントして新たに短期目標を設定する）、△：短期目標は達成可能だが期間延長を要する、×1：短期目標の達成は困難であり見直しを要する、×2：短期だけでなく長期目標の達成も困難であり見直しを要する）

付録5 基本チェックリスト

分類	No.	質問項目	回答		得点	
暮らしぶりその1	1	バスや電車で1人で外出していますか	0. はい	1. いいえ		
	2	日用品の買い物をしていますか	0. はい	1. いいえ		
	3	預貯金の出し入れをしていますか	0. はい	1. いいえ		
	4	友人の家を訪ねていますか	0. はい	1. いいえ		
	5	家族や友人の相談にのっていますか	0. はい	1. いいえ		
			No.1～5の合計			
運動器関係	6	階段を手すりや壁をつたわらずに昇っていますか	0. はい	1. いいえ		
	7	椅子に座った状態から何もつかまらずに立ち上がってますか	0. はい	1. いいえ		
	8	15分間位続けて歩いていますか	0. はい	1. いいえ		
	9	この1年間に転んだことがありますか	1. はい	0. いいえ		
	10	転倒に対する不安は大きいですか	1. はい	0. いいえ		
			No.6～10の合計			➡3点以上
栄養・口腔機能等の関係	11	6か月間で2～3kg以上の体重減少はありましたか	1. はい	0. いいえ		
	12	身長(　cm) 体重(　kg) (※BMI 18.5未満なら該当) ※BMI (＝体重(kg)÷身長(m)÷身長(m))	1. はい	0. いいえ		
			No.11～12の合計			➡3点以上
	13	半年前に比べて堅いものが食べにくくなりましたか	1. はい	0. いいえ		
	14	お茶や汁物等でむせることがありますか	1. はい	0. いいえ		
	15	口のかわきが気になりますか	1. はい	0. いいえ		
			No.13～15の合計			➡3点以上
暮らしぶりその2	16	週に1回以上は外出していますか	0. はい	1. いいえ		
	17	昨年と比べて外出の回数が減っていますか	1. はい	0. いいえ		
	18	周りの人から「いつも同じ事を聞く」などの物忘れがあると言われますか	1. はい	0. いいえ		
	19	自分で電話番号を調べて、電話をかけることをしていますか	0. はい	1. いいえ		
	20	今日が何月何日かわからない時がありますか	1. はい	0. いいえ		
			No.18～20の合計			
			No.1～20までの合計			
こころ	21	(ここ2週間) 毎日の生活に充実感がない	1. はい	0. いいえ		
	22	(ここ2週間) これまで楽しんでやれていたことが楽しめなくなった	1. はい	0. いいえ		
	23	(ここ2週間) 以前は楽にできていたことが今ではおっくうに感じられる	1. はい	0. いいえ		
	24	(ここ2週間) 自分が役に立つ人間だと思えない	1. はい	0. いいえ		
	25	(ここ2週間) わけもなく疲れたような感じがする	1. はい	0. いいえ		
			No.21～25の合計			

☆チェック方法：回答欄の「はい」「いいえ」の前にある数字（0または1）を得点欄に記入してください。
☆基本チェックリストの結果の見方：
基本チェックリストの結果が、下記に該当する場合、市町村が提供する介護予防事業を利用できる可能性があります。お住まいの市町村や地域包括支援センターにご相談ください。

●項目6～10の合計が3点以上　●項目11～12の合計が2点　●項目13～15の合計が2点以上
●項目1～20の合計が10点以上

介護報酬の算定構造（抜粋）介護サービス

1 訪問介護費			
イ　身体介護（1回につき）	20分未満		167単位
	20分以上30分未満		250単位
	30分以上1時間未満		396単位
	1時間以上		579単位に30分を増すごとに+84単位
ロ　生活援助（1回につき）	20分以上45分未満		183単位
	45分以上		225単位
ハ　通院等乗降介助（1回につき）			99単位
ニ　初回加算（1月につき）			200単位
ホ　生活機能向上　連携加算（1月につき）			200単位
ヘ　認知症専門ケア加算（1日につき）			3単位

2 訪問入浴介護費			
イ　訪問入浴介護費（1回につき）			1260単位
ニ　初回加算（1月につき）			200単位
ヘ　認知症専門ケア加算（1日につき）	認知症専門ケア加算（Ⅰ）		3単位
	認知症専門ケア加算（Ⅱ）		4単位
ニ　サービス提供体制強化加算（1回につき）	サービス提供体制強化加算（Ⅰ）		44単位
	サービス提供体制強化加算（Ⅱ）		36単位
	サービス提供体制強化加算（Ⅲ）		12単位

3 訪問看護費			
イ　指定訪問看護　ステーションの場合（1回につき）	20分未満　週に1回以上、20分以上の保健師又は看護師による訪問		313単位
	30分未満		470単位
	30分以上1時間未満		821単位
	1時間以上1時間30分未満		1125単位
	理学療法士、作業療法士又は言語聴覚士の場合		293単位 ※1日に2回を超えて実施する場合は90/100
ロ　病院又は診療所の場合（1回につき）	20分未満 週に1回以上、20分以上の保健師又は看護師による訪問を行った場合算定可能		265単位
	30分未満		398単位
	30分以上1時間未満		573単位
	1時間以上1時間30分未満		842単位

ハ　定期巡回・随時対応訪問介護看護事業所と連携する場合（1月につき）			2954単位
ニ　初回加算（1月につき）			300単位
ホ　退院時共同指導加算（1回につき）			600単位
ヘ　看護・介護職員連携強化加算（1月につき）			250単位
ト　看護体制強化加算（1月につき）	看護体制強化加算（Ⅰ）		550単位
	看護体制強化加算（Ⅱ）		200単位
チ　サービス提供体制強化加算（1回につき）	イ及びロを算定する場合（1回につき）	サービス提供体制強化加算（Ⅰ）	6単位
		サービス提供体制強化加算（Ⅱ）	3単位
	ハを算定する場合（1月につき）	サービス提供体制強化加算（Ⅰ）	50単位
		サービス提供体制強化加算（Ⅱ）	25単位

4　訪問リハビリテーション費			
イ　訪問リハビリテーション費（1回につき）	病院又は診療所の場合		307単位
	介護老人保健施設の場合		307単位
	介護医療院の場合		307単位
ロ　移行支援加算（1日につき）			
ハ　サービス提供体制強化加算（1回につき）	サービス提供体制強化加算（Ⅰ）		6単位
	サービス提供体制強化加算（Ⅱ）		3単位

5　居宅療養管理指導費			
イ　医師が行う場合（1回につき､月2回を限度）	(1) 居宅療養管理指導費（Ⅰ）((2) 以外)	(一) 単一建物居住者1人に対して行う場合	514単位
		(二) 単一建物居住者2人以上9人以下に対して行う場合	486単位
		(三) (一) 及び (二) 以外の場合	259単位
	(2) 居宅療養管理指導費（Ⅱ）(在宅時医学総合管理料又は特定施設入居時等医学総合管理料を算定する場合)	(一) 単一建物居住者1人に対して行う場合	298単位
		(二) 単一建物居住者2人以上9人　以下に対して行う場合	286単位
		(三) (一) 及び (二) 以外の場合	259単位
ロ　歯科医師が行う場合（1回につき、月2回を限度）	(1) 単一建物居住者1人に対して行う場合		516単位
	(2) 単一建物居住者2人以上9人以下に対して行う場合		486単位
	(3) (1) 及び (2) 以外の場合		440単位

ハ　薬剤師が行う場合（1回につき、月4回を限度）	(1) 病院又は診療所の薬剤師が行う場合（1回につき、月2回を限度）	(一) 単一建物居住者1人に対して行う場合	565単位
		(二) 単一建物居住者2人以上9人以下に対して行う場合	416単位
		(三) (一) 及び (二) 以外の場合	379単位
	(2) 薬局の薬剤師が行う場合（1回につき、月4回を限度）	(一) 単一建物居住者1人に対して行う場合	517単位
		(二) 単一建物居住者2人以上9人以下に対して行う場合	378単位
		(三) (一) 及び (二) 以外の場合	341単位
		(四) 情報通信機器を用いて行う場合（月1回を限度）	45単位
二　管理栄養士が行う場合（1回につき、月2回を限度）	(1) 当該指定居宅療養管理指導事業所の管理栄養士が行った場合	(一) 単一建物居住者1人に対して行う場合	544単位
		(二) 単一建物居住者2人以上9人以下に対して行う場合	486単位
		(三) (一) 及び (二) 以外の場合	443単位
	(2) 当該指定居宅療養管理指導事業所以外の管理栄養士が行った場合	(一) 単一建物居住者1人に対して行う場合	524単位
		(二) 単一建物居住者2人以上9人以下に対して行う場合	466単位
		(三) (一) 及び (二) 以外の場合	423単位
ホ　歯科衛生士等が行う場合（1回につき、月4回を限度）	(1) 単一建物居住者1人に対して行う場合		361単位
	(2) 単一建物居住者2人以上9人以下に対して行う場合		325単位
	(3) (1) 及び (2) 以外の場合		294単位

6　通所介護費			
イ　通常規模型通所介護費（1回につき）	(1) 3時間以上4時間未満	要介護1	368単位
		要介護2	421単位
		要介護3	477単位
		要介護4	530単位
		要介護5	585単位
	(2) 4時間以上5時間未満	要介護1	386単位
		要介護2	442単位
		要介護3	500単位
		要介護4	557単位
		要介護5	614単位
	(3) 5時間以上6時間未満	要介護1	567単位
		要介護2	670単位
		要介護3	773単位
		要介護4	876単位
		要介護5	979単位

	(4) 6時間以上7時間未満	要介護1	581単位
		要介護2	686単位
		要介護3	792単位
		要介護4	897単位
		要介護5	1003単位
	(5) 7時間以上8時間未満	要介護1	655単位
		要介護2	773単位
		要介護3	896単位
		要介護4	1018単位
		要介護5	1142単位
	(6) 8時間以上9時間未満	要介護1	666単位
		要介護2	787単位
		要介護3	911単位
		要介護4	1036単位
		要介護5	1162単位
ロ 大規模型通所介護費(Ⅰ)(1回につき)	(1) 3時間以上4時間未満	要介護1	356単位
		要介護2	407単位
		要介護3	460単位
		要介護4	511単位
		要介護5	565単位
	(2) 4時間以上5時間未満	要介護1	374単位
		要介護2	428単位
		要介護3	484単位
		要介護4	538単位
		要介護5	594単位
	(3) 5時間以上6時間未満	要介護1	541単位
		要介護2	640単位
		要介護3	739単位
		要介護4	836単位
		要介護5	935単位
	(4) 6時間以上7時間未満	要介護1	561単位
		要介護2	664単位
		要介護3	766単位
		要介護4	867単位
		要介護5	969単位
	(5) 7時間以上8時間未満	要介護1	626単位
		要介護2	740単位
		要介護3	857単位
		要介護4	975単位
		要介護5	1092単位
	(6) 8時間以上9時間未満	要介護1	644単位
		要介護2	761単位
		要介護3	881単位
		要介護4	1002単位
		要介護5	1122単位

ロ　大規模型通所介護費（Ⅱ）（1回につき）	(1) 3時間以上4時間未満	要介護1	343単位
		要介護2	393単位
		要介護3	444単位
		要介護4	493単位
		要介護5	546単位
	(2) 4時間以上5時間未満	要介護1	360単位
		要介護2	412単位
		要介護3	466単位
		要介護4	518単位
		要介護5	572単位
	(3) 5時間以上6時間未満	要介護1	522単位
		要介護2	617単位
		要介護3	712単位
		要介護4	808単位
		要介護5	903単位
	(4) 6時間以上7時間未満	要介護1	540単位
		要介護2	638単位
		要介護3	736単位
		要介護4	835単位
		要介護5	934単位
	(5) 7時間以上8時間未満	要介護1	604単位
		要介護2	713単位
		要介護3	826単位
		要介護4	941単位
		要介護5	1054単位
	(6) 8時間以上9時間未満	要介護1	620単位
		要介護2	733単位
		要介護3	848単位
		要介護4	965単位
		要介護5	1081単位
ニ　サービス提供体制強化加算（1回につき）	(1) サービス提供体制強化加算（Ⅰ）		22単位
	(2) サービス提供体制強化加算（Ⅱ）		18単位
	(3) サービス提供体制強化加算（Ⅲ）		6単位

7　通所リハビリテーション費			
イ　通常規模の事業所の場合（病院又は診療所）（1回につき）	(1) 1時間以上2時間未満	要介護1	366単位
		要介護2	395単位
		要介護3	426単位
		要介護4	455単位
		要介護5	487単位
	(2) 2時間以上3時間未満	要介護1	380単位
		要介護2	436単位
		要介護3	494単位
		要介護4	551単位
		要介護5	608単位

	(3) 3時間以上4時間未満	要介護1	483単位
		要介護2	561単位
		要介護3	638単位
		要介護4	738単位
		要介護5	836単位
	(4) 4時間以上5時間未満	要介護1	549単位
		要介護2	637単位
		要介護3	725単位
		要介護4	838単位
		要介護5	950単位
	(5) 5時間以上6時間未満	要介護1	618単位
		要介護2	733単位
		要介護3	846単位
		要介護4	980単位
		要介護5	1112単位
	(6) 6時間以上7時間未満	要介護1	710単位
		要介護2	844単位
		要介護3	974単位
		要介護4	1129単位
		要介護5	1281単位
	(7) 7時間以上8時間未満	要介護1	757単位
		要介護2	897単位
		要介護3	1039単位
		要介護4	1206単位
		要介護5	1369単位
イ　通常規模の事業所の場合(介護老人保健施設)(1回につき)	(1) 1時間以上2時間未満	要介護1	361単位
		要介護2	392単位
		要介護3	421単位
		要介護4	450単位
		要介護5	481単位
	(2) 2時間以上3時間未満	要介護1	375単位
		要介護2	431単位
		要介護3	488単位
		要介護4	544単位
		要介護5	601単位
	(3) 3時間以上4時間未満	要介護1	477単位
		要介護2	554単位
		要介護3	630単位
		要介護4	727単位
		要介護5	824単位
	(4) 4時間以上5時間未満	要介護1	540単位
		要介護2	626単位
		要介護3	711単位
		要介護4	821単位
		要介護5	932単位

	(5) 5時間以上6時間未満	要介護1	599単位
		要介護2	709単位
		要介護3	819単位
		要介護4	950単位
		要介護5	1077単位
	(6) 6時間以上7時間未満	要介護1	694単位
		要介護2	824単位
		要介護3	953単位
		要介護4	1102単位
		要介護5	1252単位
	(7) 7時間以上8時間未満	要介護1	734単位
		要介護2	868単位
		要介護3	1006単位
		要介護4	1166単位
		要介護5	1325単位
イ 通常規模の事業所の場合（介護医療院）(1回につき)	(1) 1時間以上2時間未満	要介護1	353単位
		要介護2	384単位
		要介護3	411単位
		要介護4	441単位
		要介護5	469単位
	(2) 2時間以上3時間未満	要介護1	368単位
		要介護2	423単位
		要介護3	477単位
		要介護4	531単位
		要介護5	586単位
	(3) 3時間以上4時間未満	要介護1	465単位
		要介護2	542単位
		要介護3	616単位
		要介護4	710単位
		要介護5	806単位
	(4) 4時間以上5時間未満	要介護1	520単位
		要介護2	606単位
		要介護3	689単位
		要介護4	796単位
		要介護5	902単位
	(5) 5時間以上6時間未満	要介護1	579単位
		要介護2	687単位
		要介護3	793単位
		要介護4	919単位
		要介護5	1043単位
	(6) 6時間以上7時間未満	要介護1	670単位
		要介護2	797単位
		要介護3	919単位
		要介護4	1066単位
		要介護5	1211単位

	(7) 7時間以上8時間未満	要介護1	708単位
		要介護2	841単位
		要介護3	973単位
		要介護4	1129単位
		要介護5	1282単位
ロ　大規模の事業所（Ⅰ）の場合（病院又は診療所）（1回につき）	(1) 1時間以上2時間未満	要介護1	361単位
		要介護2	392単位
		要介護3	421単位
		要介護4	450単位
		要介護5	481単位
	(2) 2時間以上3時間未満	要介護1	375単位
		要介護2	431単位
		要介護3	488単位
		要介護4	544単位
		要介護5	601単位
	(3) 3時間以上4時間未満	要介護1	477単位
		要介護2	554単位
		要介護3	630単位
		要介護4	727単位
		要介護5	824単位
	(4) 4時間以上5時間未満	要介護1	540単位
		要介護2	626単位
		要介護3	711単位
		要介護4	821単位
		要介護5	932単位
	(5) 5時間以上6時間未満	要介護1	599単位
		要介護2	709単位
		要介護3	819単位
		要介護4	950単位
		要介護5	1077単位
	(6) 6時間以上7時間未満	要介護1	694単位
		要介護2	824単位
		要介護3	953単位
		要介護4	1102単位
		要介護5	1252単位
	(7) 7時間以上8時間未満	要介護1	734単位
		要介護2	868単位
		要介護3	1006単位
		要介護4	1166単位
		要介護5	1325単位
ロ　大規模の事業所（Ⅰ）の場合（介護老人保健施設）（1回につき）	(1) 1時間以上2時間未満	要介護1	361単位
		要介護2	392単位
		要介護3	421単位
		要介護4	450単位
		要介護5	481単位

	(2) 2時間以上3時間未満	要介護1	375単位
		要介護2	431単位
		要介護3	488単位
		要介護4	544単位
		要介護5	601単位
	(3) 3時間以上4時間未満	要介護1	477単位
		要介護2	554単位
		要介護3	630単位
		要介護4	727単位
		要介護5	824単位
	(4) 4時間以上5時間未満	要介護1	540単位
		要介護2	626単位
		要介護3	711単位
		要介護4	821単位
		要介護5	932単位
	(5) 5時間以上6時間未満	要介護1	599単位
		要介護2	709単位
		要介護3	819単位
		要介護4	950単位
		要介護5	1077単位
	(6) 6時間以上7時間未満	要介護1	694単位
		要介護2	824単位
		要介護3	953単位
		要介護4	1102単位
		要介護5	1252単位
	(7) 7時間以上8時間未満	要介護1	734単位
		要介護2	868単位
		要介護3	1006単位
		要介護4	1166単位
		要介護5	1325単位
ロ 大規模の事業所(Ⅰ)の場合(介護医療院)(1回につき)	(1) 1時間以上2時間未満	要介護1	361単位
		要介護2	392単位
		要介護3	421単位
		要介護4	450単位
		要介護5	481単位
	(2) 2時間以上3時間未満	要介護1	375単位
		要介護2	431単位
		要介護3	488単位
		要介護4	544単位
		要介護5	601単位
	(3) 3時間以上4時間未満	要介護1	477単位
		要介護2	554単位
		要介護3	630単位
		要介護4	727単位
		要介護5	824単位

	(4) 4時間以上5時間未満	要介護1	540単位
		要介護2	626単位
		要介護3	711単位
		要介護4	821単位
		要介護5	932単位
	(5) 5時間以上6時間未満	要介護1	599単位
		要介護2	709単位
		要介護3	819単位
		要介護4	950単位
		要介護5	1077単位
	(6) 6時間以上7時間未満	要介護1	694単位
		要介護2	824単位
		要介護3	953単位
		要介護4	1102単位
		要介護5	1252単位
	(7) 7時間以上8時間未満	要介護1	734単位
		要介護2	868単位
		要介護3	1006単位
		要介護4	1166単位
		要介護5	1325単位
ハ 大規模の事業所（Ⅱ）の場合（病院又は診療所）（1回につき）	(1) 1時間以上2時間未満	要介護1	353単位
		要介護2	384単位
		要介護3	411単位
		要介護4	441単位
		要介護5	469単位
	(2) 2時間以上3時間未満	要介護1	368単位
		要介護2	423単位
		要介護3	477単位
		要介護4	531単位
		要介護5	586単位
	(3) 3時間以上4時間未満	要介護1	465単位
		要介護2	542単位
		要介護3	616単位
		要介護4	710単位
		要介護5	806単位
	(4) 4時間以上5時間未満	要介護1	520単位
		要介護2	606単位
		要介護3	689単位
		要介護4	796単位
		要介護5	902単位
	(5) 5時間以上6時間未満	要介護1	579単位
		要介護2	687単位
		要介護3	793単位
		要介護4	919単位
		要介護5	1043単位

	(6) 6時間以上7時間未満	要介護1	670単位
		要介護2	797単位
		要介護3	919単位
		要介護4	1066単位
		要介護5	1211単位
	(7) 7時間以上8時間未満	要介護1	708単位
		要介護2	841単位
		要介護3	973単位
		要介護4	1129単位
		要介護5	1282単位
ハ　大規模の事業所（Ⅱ）の場合（介護老人保健施設）（1回につき）	(1) 1時間以上2時間未満	要介護1	353単位
		要介護2	384単位
		要介護3	411単位
		要介護4	441単位
		要介護5	469単位
	(2) 2時間以上3時間未満	要介護1	368単位
		要介護2	423単位
		要介護3	477単位
		要介護4	531単位
		要介護5	586単位
	(3) 3時間以上4時間未満	要介護1	465単位
		要介護2	542単位
		要介護3	616単位
		要介護4	710単位
		要介護5	806単位
	(4) 4時間以上5時間未満	要介護1	520単位
		要介護2	606単位
		要介護3	689単位
		要介護4	796単位
		要介護5	902単位
	(5) 5時間以上6時間未満	要介護1	579単位
		要介護2	687単位
		要介護3	793単位
		要介護4	919単位
		要介護5	1043単位
	(6) 6時間以上7時間未満	要介護1	670単位
		要介護2	797単位
		要介護3	919単位
		要介護4	1066単位
		要介護5	1211単位
	(7) 7時間以上8時間未満	要介護1	708単位
		要介護2	841単位
		要介護3	973単位
		要介護4	1129単位
		要介護5	1282単位

ハ　大規模の事業所（Ⅱ）の場合（介護医療院）（1 回につき）	（1）1 時間以上 2 時間未満	要介護 1	353 単位
		要介護 2	384 単位
		要介護 3	411 単位
		要介護 4	441 単位
		要介護 5	469 単位
	（2）2 時間以上 3 時間未満	要介護 1	368 単位
		要介護 2	423 単位
		要介護 3	477 単位
		要介護 4	531 単位
		要介護 5	586 単位
	（3）3 時間以上 4 時間未満	要介護 1	465 単位
		要介護 2	542 単位
		要介護 3	616 単位
		要介護 4	710 単位
		要介護 5	806 単位
	（4）4 時間以上 5 時間未満	要介護 1	520 単位
		要介護 2	606 単位
		要介護 3	689 単位
		要介護 4	796 単位
		要介護 5	902 単位
	（5）5 時間以上 6 時間未満	要介護 1	579 単位
		要介護 2	687 単位
		要介護 3	793 単位
		要介護 4	919 単位
		要介護 5	1043 単位
	（6）6 時間以上 7 時間未満	要介護 1	670 単位
		要介護 2	797 単位
		要介護 3	919 単位
		要介護 4	1066 単位
		要介護 5	1211 単位
	（7）7 時間以上 8 時間未満	要介護 1	708 単位
		要介護 2	841 単位
		要介護 3	973 単位
		要介護 4	1129 単位
		要介護 5	1282 単位
二　移行支援加算（1 日につき）			12 単位
ホ　サービス提供体制強化加算（1 日につき）	サービス提供体制強化加算（Ⅰ）		22 単位
	サービス提供体制強化加算（Ⅱ）		18 単位
	サービス提供体制強化加算（Ⅲ）		6 単位

8　短期入所生活介護費

イ　短期入所生活介護費（1 日につき）	（1）単独型短期入所生活介護費（一）単独型短期入所生活介護費＜従来型個室＞	要介護 1	638 単位
		要介護 2	707 単位
		要介護 3	778 単位
		要介護 4	847 単位
		要介護 5	916 単位

	(1) 単独型短期入所生活介護費（二）単独型短期入所生活介護費（Ⅱ）＜多床室＞	要介護 1	638 単位
		要介護 2	707 単位
		要介護 3	778 単位
		要介護 4	847 単位
		要介護 5	916 単位
	(2) 併設型短期入所生活介護費（一）併設型短期入所生活介護費（Ⅰ）＜従来型個室＞	要介護 1	596 単位
		要介護 2	665 単位
		要介護 3	737 単位
		要介護 4	806 単位
		要介護 5	874 単位
	(2) 併設型短期入所生活介護費（二）併設型短期入所生活介護費（Ⅱ）＜多床室＞	要介護 1	596 単位
		要介護 2	665 単位
		要介護 3	737 単位
		要介護 4	806 単位
		要介護 5	874 単位
ロ　ユニット型短期入所生活介護費（1 日につき）	(1) 単独型ユニット型短期入所生活介護費（一）単独型ユニット型短期入所生活介護費＜ユニット型個室＞	要介護 1	738 単位
		要介護 2	806 単位
		要介護 3	881 単位
		要介護 4	949 単位
		要介護 5	1017 単位
	(1) 単独型ユニット型短期入所生活介護費（二）経過的単独型ユニット型短期入所生活介護費＜ユニット型個室的多床室＞	要介護 1	738 単位
		要介護 2	806 単位
		要介護 3	881 単位
		要介護 4	949 単位
		要介護 5	1017 単位
	(2) 併設型ユニット型短期入所生活介護費（一）併設型ユニット型短期入所生活介護費＜ユニット型個室＞	要介護 1	696 単位
		要介護 2	764 単位
		要介護 3	838 単位
		要介護 4	908 単位
		要介護 5	976 単位
	(2) 併設型ユニット型短期入所生活介護費（二）経過的併設型ユニット型短期入所生活介護費＜ユニット型個室的多床室＞	要介護 1	696 単位
		要介護 2	764 単位
		要介護 3	838 単位
		要介護 4	908 単位
		要介護 5	976 単位
ハ　療養食加算（1 回につき、1 日に 3 回を限度）			8 単位
二　在宅中重度者受入加算（1 日につき）	(1) 看護体制加算（Ⅰ）又は（Ⅲ）を算定している場合		421 単位
	(2) 看護体制加算（Ⅱ）又は（Ⅳ）を算定している場合		417 単位
	(3)（1）（2）いずれの看護体制加算も算定している場合		413 単位
	(4) 看護体制加算を算定していない場合		425 単位
ホ　認知症専門ケア（1 日につき）	(1) 認知症専門ケア加算（Ⅰ）		3 単位
	(2) 認知症専門ケア加算（Ⅱ）		4 単位
へ　サービス提供体制強化加算（1 日につき）	(1) 提供体制強化加算（Ⅰ）		22 単位
	(2) 提供体制強化加算（Ⅱ）		18 単位
	(3) 提供体制強化加算（Ⅲ）		6 単位

10　特定施設入居者生活介護費			
イ　特定施設入居者生活介護費（1 日につき）		要介護 1	538 単位
		要介護 2	604 単位
		要介護 3	674 単位
		要介護 4	738 単位
		要介護 5	807 単位
ロ　外部利用型特定施設入居者生活介護費（1 日につき）			83 単位
ハ　短期利用特定施設入居者生活介護費（1 日につき）		要介護 1	538 単位
		要介護 2	604 単位
		要介護 3	674 単位
		要介護 4	738 単位
		要介護 5	807 単位
ニ　退院・退所時連携加算（1 日につき、イを算定する場合のみ算定）			30 単位
ホ　看取り介護加算（1 日につき、イを算定する場合のみ算定）	（1）看取り介護加算（Ⅰ）	（1）死亡日以前 31 日以上 45 日以下	72 単位
		（2）死亡日以前日以上 30 日以下	144 単位
		（3）死亡日以前 2 日又は 3 日	680 単位
		（4）死亡日	1280 単位
	（1）看取り介護加算（Ⅱ）	（1）死亡日以前 31 日以上 45 日以下	572 単位
		（2）死亡日以前日以上 30 日以下	644 単位
		（3）死亡日以前 2 日又は 3 日	1180 単位
		（4）死亡日	1780 単位

11　福祉用具貸与費			
福祉用具貸与費（現に指定福祉用具貸与に要した費用の額を当該事業所の所在地に適用される 1 単位の単価で除して得た単位数）	車いす		
	車いす付属品		
	特殊寝台		
	特殊寝台付属品		
	床ずれ防止用具		
	体位変換器		
	手すり		
	スロープ		
	歩行器		
	歩行補助つえ		
	認知症老人徘徊感知機器		
	移動用リフト		
	自動排泄処理装置		

居宅介護支援費			
イ　居宅介護支援費（1月につき）	(1) 居宅介護支援費（Ⅰ）(一) 居宅介護支援費（ⅰ）	要介護1・2	1076単位
		要介護3・4・5	1398単位
	(1) 居宅介護支援費（Ⅰ）(二) 居宅介護支援費（ⅱ）	要介護1・2	539単位
		要介護3・4・5	698単位
	(1) 居宅介護支援費（Ⅰ）(三) 居宅介護支援費（ⅲ）	要介護1・2	323単位
		要介護3・4・5	416単位
	(2) 居宅介護支援費（Ⅱ）(一) 居宅介護支援費（ⅰ）	要介護1・2	1076単位
		要介護3・4・5	1398単位
	(2) 居宅介護支援費（Ⅱ）(二) 居宅介護支援費（ⅱ）	要介護1・2	522単位
		要介護3・4・5	677単位
	(2) 居宅介護支援費（Ⅱ）(三) 居宅介護支援費（ⅲ）	要介護1・2	313単位
		要介護3・4・5	406単位
ロ　初回加算（1月につき）			3単位
ハ　特定事業所加算（1月につき）	(1) 特定事業所加算（Ⅰ）		505単位
	(2) 特定事業所加算（Ⅱ）		407単位
	(3) 特定事業所加算（Ⅲ）		309単位
	(4) 特定事業所加算（A）		100単位
ニ　特定事業所医療介護連携加算（1月につき）			125単位
ホ　入院時情報連携加算（1月につき）	(1) 入院時情報連携加算（Ⅰ）		200単位
	(2) 入院時情報連携加算（Ⅱ）		100単位
ヘ　退院退所加算（入院または入所期間中1回を限度）	(1) 退院退所加算（Ⅰ）イ		450単位
	(2) 退院退所加算（Ⅰ）ロ		600単位
	(3) 退院退所加算（Ⅱ）イ		600単位
	(4) 退院退所加算（Ⅱ）ロ		750単位
	(5) 退院退所加算（Ⅲ）		900単位
ト　通院時情報連携加算（1月につき）			50単位
チ　緊急時等居宅カファレンス加算（1回につき、1月に2回を限度）			200単位
リ　ターミナルケアマネジメント加算（1回につき、死亡日及び死亡日前14日以内に2日以上在宅の訪問等を行った場合）			400単位

1　介護福祉施設サービス			
イ　介護福祉施設費（1日につき）	(1) 介護福祉施設サービス費 (一) 介護福祉施設サービス費（Ⅰ）<従来型個室>	要介護1	573単位
		要介護2	641単位
		要介護3	712単位
		要介護4	780単位
		要介護5	847単位
	(1) 介護福祉施設サービス費 (二) 介護福祉施設サービス費（Ⅱ）<多床室>	要介護1	573単位
		要介護2	641単位
		要介護3	712単位
		要介護4	780単位
		要介護5	847単位

	（2）経過的小規模介護福祉施設サービス費（一）経過的小規模介護福祉施設サービス費（Ⅰ）＜従来型個室＞	要介護 1	675 単位
		要介護 2	741 単位
		要介護 3	812 単位
		要介護 4	878 単位
		要介護 5	942 単位
	（2）経過的小規模介護福祉施設サービス費（二）経過的小規模介護福祉施設サービス費（Ⅱ）＜多床室＞	要介護 1	675 単位
		要介護 2	741 単位
		要介護 3	812 単位
		要介護 4	878 単位
		要介護 5	942 単位
ロ　ユニット型介護福祉施設サービス費（1 日につき）	（1）ユニット型介護福祉施設サービス費（一）ユニット型介護福祉施設サービス費＜ユニット型個室＞	要介護 1	652 単位
		要介護 2	720 単位
		要介護 3	793 単位
		要介護 4	862 単位
		要介護 5	929 単位
	（1）ユニット型介護福祉施設サービス費（二）経過的ユニット型介護福祉施設サービス費＜ユニット型個室的多床室＞	要介護 1	652 単位
		要介護 2	720 単位
		要介護 3	793 単位
		要介護 4	862 単位
		要介護 5	929 単位
	（2）経過的ユニット型小規模介護福祉施設サービス費（一）経過的ユニット型小規模介護福祉施設サービス費（Ⅰ）＜ユニット型個室＞	要介護 1	747 単位
		要介護 2	813 単位
		要介護 3	885 単位
		要介護 4	950 単位
		要介護 5	1015 単位
	（2）経過的ユニット型小規模介護福祉施設サービス費（二）経過的ユニット型小規模介護福祉施設サービス費（Ⅱ）＜ユニット型個室的多床室＞	要介護 1	747 単位
		要介護 2	813 単位
		要介護 3	885 単位
		要介護 4	950 単位
		要介護 5	1015 単位
ハ　初期加算（1 日につき）			30 単位
ニ　再入所時栄養連携加算（入所者 1 人につき 1 回を限度）			200 単位
ホ　退所時等相談援助加算	（1）退所前訪問相談援助加算（入所中 1 回（又は 2 回）を限度）		460 単位
	（2）退所後訪問相談援助加算（退所後 1 回を限度）		460 単位
	（3）退所時相談援助加算		400 単位
	（4）退所前連携加算		500 単位
ヘ　栄養マネジメント強化加算（1 日につき）			11 単位
ト　経口移行加算（1 日につき）			2 単位
チ　経口維持加算（1 月につき）	（1）経口維持加算（Ⅰ）		400 単位
	（2）経口維持加算（Ⅱ）		100 単位
リ　口腔衛生管理加算（1 月につき）	（1）口腔衛生管理加算（Ⅰ）		90 単位
	（2）口腔衛生管理加算（Ⅱ）		110 単位
ヌ　療養食加算（1 回につき、1 日に 3 回を限度）			6 単位

ル　配置医師緊急時対応加算（1回につき）	(1) 早朝夜間の場合		650単位
	(2) 深夜の場合		1300単位
ヲ　看取り介護加算（1日につき）	(1) 看取り介護加算（Ⅰ）	(1) 死亡日以前31日以上45日以下	72単位
		(2) 死亡日以前日以上30日以下	144単位
		(3) 死亡日以前2日又は3日	680単位
		(4) 死亡日	1280単位
	(2) 看取り介護加算（Ⅱ）	(1) 死亡日以前31日以上45日以下	72単位
		(2) 死亡日以前日以上30日以下	144単位
		(3) 死亡日以前2日又は3日	780単位
		(4) 死亡日	1580単位
ワ　在宅復帰支援機能加算（1日につき）			10単位
カ　在宅入所相互利用加算（1日につき）			40単位
ヨ　認知症専門ケア加算（1日につき）	(1) 認知症専門ケア加算（Ⅰ）		3単位
	(2) 認知症専門ケア加算（Ⅱ）		4単位
タ　認知症行動心理症状緊急対応加算（1日につき、入所後7日に限り）			200単位
レ　褥瘡マネジメント加算（1月につき）	(1) 褥瘡マネジメント加算（Ⅰ）		10単位
	(2) 褥瘡マネジメント加算（Ⅱ）		13単位
	(3) 褥瘡マネジメント加算（Ⅲ）（3月に1回を限度）		10単位
ソ　排せつ支援加算（1月につき）	(1) 排せつ支援加算（Ⅰ）		10単位
	(2) 排せつ支援加算（Ⅱ）		15単位
	(3) 排せつ支援加算（Ⅲ）		20単位
	(4) 排せつ支援加算（Ⅳ）		100単位
ツ　自立支援促進加算（1月につき）			300単位
ネ　科学的介護推進体制加算（1月につき）	(1) 科学的介護推進体制加算（Ⅰ）		40単位
	(2) 科学的介護推進体制加算（Ⅱ）		50単位
ナ　安全対策体制加算（入所者1人につき1回を限度）			20単位
ラ　サービス提供体制強化加算（1日につき）	(1) サービス提供体制強化加算（Ⅰ）		22単位
	(2) 提供体制強化加算（Ⅱ）		18単位
	(3) 提供体制強化加算（Ⅲ）		6単位

2　介護保健施設サービス			
イ　介護保健施設サービス費（1 日につき）	(1) 介護保健施設サービス費（Ⅰ）（一）介護保健施設サービス費 (i)＜従来型個室＞【基本型】	要介護 1	714 単位
		要介護 2	759 単位
		要介護 3	821 単位
		要介護 4	874 単位
		要介護 5	925 単位
	(1) 介護保健施設サービス費（Ⅰ）（二）介護保健施設サービス費 (ii)＜従来型個室＞【在宅強化型】	要介護 1	756 単位
		要介護 2	828 単位
		要介護 3	890 単位
		要介護 4	946 単位
		要介護 5	1003 単位
	(1) 介護保健施設サービス費（Ⅰ）（三）介護保健施設サービス費（Ⅲ）＜多床室＞【基本型】	要介護 1	788 単位
		要介護 2	836 単位
		要介護 3	898 単位
		要介護 4	949 単位
		要介護 5	1003 単位
	(1) 介護保健施設サービス費（Ⅰ）（四）介護保健施設サービス費（iv）＜多床室＞【在宅強化型】	要介護 1	836 単位
		要介護 2	910 単位
		要介護 3	974 単位
		要介護 4	1030 単位
		要介護 5	1085 単位
	(2) 介護保健施設サービス費（Ⅱ）＜療養型老健：看護職員を配置＞（一）介護保健施設サービス費（i）＜従来型個室＞【療養型】	要介護 1	739 単位
		要介護 2	822 単位
		要介護 3	935 単位
		要介護 4	1013 単位
		要介護 5	1087 単位
	(2) 介護保健施設サービス費（Ⅱ）（二）介護保健施設サービス費（ii）＜多床室＞【療養型】	要介護 1	818 単位
		要介護 2	900 単位
		要介護 3	1016 単位
		要介護 4	1091 単位
		要介護 5	1165 単位
	(3) 介護保健施設サービス費（Ⅲ）＜療養型老健：看護オンコール体制＞（一）介護保健施設サービス費（i）＜従来型個室＞【療養型】	要介護 1	739 単位
		要介護 2	816 単位
		要介護 3	909 単位
		要介護 4	986 単位
		要介護 5	1060 単位
	(3) 介護保健施設サービス費（Ⅲ）（二）介護保健施設サービス費（ii）＜多床室＞【療養型】	要介護 1	818 単位
		要介護 2	894 単位
		要介護 3	989 単位
		要介護 4	1063 単位
		要介護 5	1138 単位
	(4) 介護保健施設サービス費（Ⅳ）＜特別介護保健施設サービス費＞（一）介護保健施設サービス費（i）＜従来型個室＞	要介護 1	700 単位
		要介護 2	744 単位
		要介護 3	805 単位
		要介護 4	856 単位
		要介護 5	907 単位

	(4) 介護保健施設サービス費(Ⅳ)(二) 介護保健施設サービス費(ii) ＜多床室＞	要介護1	772単位
		要介護2	820単位
		要介護3	880単位
		要介護4	930単位
		要介護5	982単位
ロ　ユニット型介護保健施設サービス費(1日につき)	(1) ユニット型介護保健施設サービス費(Ⅰ)(一) ユニット型介護保健施設サービス費(i) ＜ユニット型個室＞【基本型】	要介護1	796単位
		要介護2	841単位
		要介護3	903単位
		要介護4	956単位
		要介護5	1009単位
	(1) ユニット型介護保健施設サービス費(Ⅰ)(二) ユニット型介護保健施設サービス費(ii) ＜ユニット型個室＞【在宅強化型】	要介護1	841単位
		要介護2	915単位
		要介護3	978単位
		要介護4	1035単位
		要介護5	1090単位
	(1) ユニット型介護保健施設サービス費(Ⅰ)(三) 経過的型介護保健施設サービス費(i) ＜ユニット型個室的多床室＞【基本型】	要介護1	796単位
		要介護2	841単位
		要介護3	903単位
		要介護4	956単位
		要介護5	1009単位
	(1) ユニット型介護保健施設サービス費(Ⅰ)(四) 経過的型介護保健施設サービス費(ii) ＜ユニット型個室的多床室＞【在宅強化型】	要介護1	841単位
		要介護2	915単位
		要介護3	978単位
		要介護4	1035単位
		要介護5	1090単位
	(2) ユニット型介護保健施設サービス費(Ⅱ) ＜療養型老健:看護職員を配置＞(一) ユニット型介護保健施設サービス費＜ユニット型個室＞【療養型】	要介護1	904単位
		要介護2	987単位
		要介護3	1100単位
		要介護4	1176単位
		要介護5	1252単位
	(2) ユニット型介護保健施設サービス費(Ⅱ)(二) 経過的型介護保健施設サービス費＜ユニット型個室的多床室＞【療養型】	要介護1	904単位
		要介護2	987単位
		要介護3	1100単位
		要介護4	1176単位
		要介護5	1252単位
	(3) ユニット型介護保健施設サービス費(Ⅲ) ＜療養型老健:看護体制＞(一) ユニット型介護保健施設サービス費＜ユニット型個室＞【療養型】	要介護1	904単位
		要介護2	980単位
		要介護3	1074単位
		要介護4	1149単位
		要介護5	1225単位
	(3) ユニット型介護保健施設サービス費(Ⅲ)(二) 経過的型介護保健施設サービス費＜ユニット型個室的多床室＞【療養型】	要介護1	904単位
		要介護2	980単位
		要介護3	1074単位
		要介護4	1149単位
		要介護5	1225単位

	(4) ユニット型介護保健施設サービス費（Ⅳ）＜ユニット型特別介護保健施設サービス費＞（一）ユニット型介護保健施設サービス費＜ユニット型個室＞	要介護 1	779 単位
		要介護 2	825 単位
		要介護 3	885 単位
		要介護 4	937 単位
		要介護 5	988 単位
	(4) ユニット型介護保健施設サービス費（Ⅳ）（二）経過的型介護保健施設サービス費＜ユニット型個室的多床室＞	要介護 1	779 単位
		要介護 2	825 単位
		要介護 3	885 単位
		要介護 4	937 単位
		要介護 5	988 単位
ハ　初期加算（1 日につき）			30 単位
ニ　再入所時栄養連携加算（入所者 1 人につき 1 回を限度）			200 単位
ホ　入所前後訪問指導加算（Ⅰ）（1 回につき）	在宅強化型の場合		450 単位
	在宅強化型以外の場合		450 単位
ホ　入所前後訪問指導加算（Ⅱ）（1 回につき）	在宅強化型の場合		480 単位
	在宅強化型以外の場合		480 単位
ヘ　退所時等支援等加算（1 回につき）	(1) 退所時等支援加算	(一) 試行的退所時指導加算	400 単位
		(二) 退所時情報提供加算	500 単位
		(三) 入退所前連携加算（Ⅰ）	600 単位
		(四) 入退所前連携加算（Ⅱ）	400 単位
	(2) 訪問看護指示加算（入所者 1 人につき 1 回を限度）		300 単位
ト　栄養マネジメント強化加算（1 日につき）			11 単位
チ　経口移行加算（1 日につき）			28 単位
リ　経口維持加算	(1) 経口維持加算（Ⅰ）（1 月につき）		400 単位
	(2) 経口維持加算（Ⅱ）（1 月につき）		100 単位
ヌ　口腔衛生管理加算	(1) 口腔衛生管理加算（Ⅰ）（1 月につき）		90 単位
	(2) 口腔衛生管理加算（Ⅱ）（1 月につき）		110 単位
ル　療養食加算（1 回につき、1 日に 3 回を限度）			6 単位
ヲ　在宅復帰支援機能加算（1 日につき、療養型老健に限り）			10 単位
ワ　かかりつけ医連携薬剤調整加算	(1) かかりつけ医連携薬剤調整加算（Ⅰ）（入所者.1 人につき 1 回を限度）		100 単位
	(2) かかりつけ医連携薬剤調整加算（Ⅱ）（入所者 1 人につき 1 回を限度）		240 単位
	(3) かかりつけ医連携薬剤調整加算（Ⅲ）（入所者 1 人につき 1 回を限度）		100 単位

カ　緊急時施設療養費	(1) 緊急時治療管理（1 日につき、1 月に 1 回 3 日を限度）	療養型老健以外の場合	518 単位
		療養型老健の場合	518 単位
	(2) 特定治療		
ヨ　所定疾患施設療養費	(1) 所定疾患施設療養費（Ⅰ）（1 日につき、1 月に 1 回 7 日を限度）		239 単位
	(2) 所定疾患施設療養費（Ⅱ）（1 日につき、1 月に 1 回 1 日を限度）		480 単位
タ　認知症専門ケア加算（1 日につき）	(1) 認知症専門ケア加算（Ⅰ）		3 単位
	(2) 認知症専門ケア加算（Ⅱ）		4 単位
レ　認知症行動心理症状緊急対応加算（1 日につき、入所後 7 日に限り）	療養型老健以外の場合		200 単位
	療養型老健の場合		200 単位
ソ　認知症情報提供加算（1 回につき）			350 単位
ツ　地域連携診療計画情報提供加算（入所者 1 人につき 1 回を限度）	在宅強化型の場合		300 単位
	在宅強化型以外の場合		300 単位
ネ　リハビリテーションマネジメント計画書情報加算（1 月につき）			33 単位
ナ　褥瘡マネジメント加算（1 月につき、イ（1）、ロ（1）を算定する場合のみ算定）	(1) 褥瘡マネジメント加算（Ⅰ）		3 単位
	(2) 褥瘡マネジメント加算（Ⅱ）		13 単位
	(3) 褥瘡マネジメント加算（Ⅲ）		10 単位
ラ　排せつ支援加算（1 月につき）	(1) 排せつ支援加算（Ⅰ）		10 単位
	(2) 排せつ支援加算（Ⅱ）		15 単位
	(3) 排せつ支援加算（Ⅲ）		20 単位
	(4) 排せつ支援加算（Ⅳ）		100 単位
ム　自立支援促進加算（1 月につき）			300 単位
ウ　科学的介護推進体制加算（1 月につき）	(1) 科学的介護推進体制加算（Ⅰ）		40 単位
	(2) 科学的介護推進体制加算（Ⅱ）		60 単位
ヰ　安全対策体制加算（入所者 1 人につき 1 回を限度）			20 単位
ノ　サービス提供体制強化加算（1 日につき）	(1) サービス提供体制強化加算（Ⅰ）		22 単位
	(2) サービス提供体制強化加算（Ⅱ）		18 単位
	(3) サービス提供体制強化加算（Ⅲ）		6 単位

介護報酬の算定構造（抜粋）介護予防サービス

介護予防訪問入浴介護費			
イ　介護予防訪問入浴介護費（1 回につき）			852 単位
ロ　初回加算（1 月につき）			200 単位
ハ　認知症専門ケア加算（1 日につき）	(1) 認知症専門ケア加算（Ⅰ）		3 単位
	(2) 認知症専門ケア加算（Ⅱ）		4 単位
ニ　サービス提供体制強化加算（1 回につき）	(1) サービス提供体制強化加算（Ⅰ）		44 単位
	(2) サービス提供体制強化加算（Ⅱ）		36 単位
	(3) サービス提供体制強化加算（Ⅲ）		12 単位

2　介護予防訪問看護費			
イ　指定介護予防訪問看護ステーションの場合	(1) 20 分未満（週に 1 回以上、20 分以上の保健師又は看護師による訪問を行った場合算定可能）		302 単位
	(2) 30 分未満		450 単位
	(3) 30 分以上 1 時間未満		792 単位
	(4) 1 時間以上 1 時間 30 分未満		1087 単位
	(5) 理学療法士、作業療法士又は言語聴覚士の場合（1 日に 2 回を超えて実施する場合は 50/100）		283 単位
ロ　病院又は診療所の場合	(1) 20 分未満（週に 1 回以上、20 分以上の保健師又は看護師による訪問を行った場合算定可能）		255 単位
	(2) 30 分未満		381 単位
	(3) 30 分以上 1 時間未満		552 単位
	(4) 1 時間以上 1 時間 30 分未満		812 単位
ハ　初回加算（1 月につき）			300 単位
ニ　退院時共同指導加算（1 回につき）			600 単位
ホ　看護体制強化加算（1 月につき）			100 単位
ヘ　サービス提供体制強化加算	(1) サービス提供体制強化加算（Ⅰ）		6 単位
	(2) サービス提供体制強化加算（Ⅱ）		3 単位

3　介護予防訪問リハビリテーション費			
イ　介護予防訪問リハビリテーション費	病院又は診療所の場合		307 単位
	介護老人保健施設の場合		307 単位
	介護医療院の場合		307 単位
ロ　事業所評価加算（1 月につき）			120 単位
ハ　サービス提供体制強化加算（1 回につき）	(1) サービス提供体制強化加算（Ⅰ）		6 単位
	(2) サービス提供体制強化加算（Ⅱ）		3 単位

4　介護予防居宅療養管理指導費			
イ　医師が行う場合（1 回につき、月 2 回を限度）	(1) 介護予防居宅療養管理指導費（Ⅰ）((2) 以外)	(一) 単一建物居住者 1 人に対して行う場合	514 単位
		(二) 単一建物居住者 2 人以上人以下に対して行う場合	486 単位
		(三) (一) 及び (二) 以外の場合	445 単位
	(2) 介護予防居宅療養管理指導費（Ⅱ）（在宅時医学総合管理料又は特定施設入居時等医学総合管理料を算定する場合）	(一) 単一建物居住者が 1 人に対して行う場合	298 単位
		(二) 単一建物居住者 2 人以上人以下に対して行う場合	286 単位
		(三) (一) 及び (二) 以外の場合	259 単位
ロ　歯科医師が行う場合（1 回につき、月 2 回を限度）	(1) 単一建物居住者 1 人に対して行う場合		516 単位
	(2) 単一建物居住者 2 人以上人以下に対して行う場合		486 単位
	(3) (1) 及び (2) 以外の場合		440 単位
ハ　薬剤師が行う場合（1 回につき）	(1) 病院又は診療所の薬剤師が行う場合（月 2 回を限度）	(一) 単一建物居住者 1 人に対して行う場合	565 単位
		(二) 単一建物居住者 2 人以上人以下に対して行う場合	416 単位
		(三) (一) 及び (二) 以外の場合	379 単位
	(2) 薬局の薬剤師の場合（月 4 回を限度）	(一) 単一建物居住者 1 人に対して行う場合	517 単位
		(二) 単一建物居住者 2 人以上人以下に対して行う場合	378 単位
		(三) (一) 及び (二) 以外の場合	341 単位
		(四) 情報通信機器を用いて行う場合（月 1 回を限度）	45 単位
ニ　管理栄養士が行う場合（1 回につき、月 2 回を限度）	(1) 当該指定居宅療養管理指導事業所の管理栄養士が行った場合	(一) 単一建物居住者 1 人に対して行う場合	544 単位
		(二) 単一建物居住者 2 人以上人以下に対して行う場合	486 単位
		(三) (一) 及び (二) 以外の場合	443 単位

	(2) 当該指定居宅療養管理指導事業所以外の管理栄養士が行った場合	(一) 単一建物居住者1人に対して行う場合	524単位
		(二) 単一建物居住者2人以上人以下に対して行う場合	466単位
		(三) (一) 及び (二) 以外の場合	423単位
ホ　歯科衛生士等が行う場合（1回につき、月4回を限度）	(1) 単一建物居住者1人に対して行う場合		361単位
	(2) 単一建物居住者2人以上人以下に対して行う場合		325単位
	(3) (1) 及び (2) 以外の場合		294単位

5　介護予防通所リハビリテーション費			
イ　介護予防通所リハビリテーション費（1月につき）	病院又は診療所の場合	要支援1	2053単位
		要支援2	3999単位
	介護老人保健施設の場合	要支援1	2053単位
		要支援2	3999単位
	介護医療院の場合	要支援1	2053単位
		要支援2	3999単位
ロ　運動器機能向上加算（1月につき）			225単位
ハ　栄養アセスメト加算（1月につき）			50単位
ニ　栄養改善加算（1月につき）			200単位
ホ　口腔・栄養スクリーニング加算（1回につき）	(1) 口腔・栄養スクリーニング加算（Ⅰ）（1回につき20単位を加算（6月に1回を限度））		20単位
	(2) 口腔・栄養スクリーニング加算（Ⅱ）（1回につき単位を加算（6月に1回を限度））		5単位
ヘ　口腔機能向上加算（1月につき）	(1) 口腔機能向上加算（Ⅰ）		150単位
	(2) 口腔機能向上加算（Ⅱ）		160単位
ト　選択的サービス複数実施加算（1月につき）	(1) 選択的サービス複数実施加算（Ⅰ）		480単位
	(2) 選択的サービス複数実施加算（Ⅱ）		700単位
チ　事業所評価加算（1月につき）			120単位
リ　科学的介護推進体制加算（1月につき）			40単位
ヌ　サービス提供体制強化加算（1月につき）	(1) サービス提供体制強化加算（Ⅰ）	要支援1	88単位
		要支援2	176単位
	(2) サービス提供体制強化加算（Ⅱ）	要支援1	72単位
		要支援2	144単位
	(3) サービス提供体制強化加算（Ⅲ）	要支援1	24単位
		要支援2	48単位

6　介護予防短期入所生活介護費			
イ　介護予防短期入所生活介護費（1日につき）	（1）単独型介護予防短期入所生活介護費（一）単独型介護予防短期入所生活介護費（Ⅰ）＜従来型個室＞	要支援1	474単位
		要支援2	589単位
	（1）単独型介護予防短期入所生活介護費（二）単独型介護予防短期入所生活介護費（Ⅱ）＜多床室＞	要支援1	474単位
		要支援2	589単位
	（2）併設型介護予防短期入所生活介護費（一）併設型介護予防短期入所生活介護費（Ⅰ）＜従来型個室＞	要支援1	446単位
		要支援2	555単位
	（2）併設型介護予防短期入所生活介護費（二）併設型介護予防短期入所生活介護費（Ⅱ）＜多床室＞	要支援1	446単位
		要支援2	555単位
ロ　ユニット型介護予防短期入所生活介護費（1日につき）	（1）単独型ユニット型介護予防短期入所生活介護費（一）単独型ユニット型介護予防短期入所生活介護費＜ユニット型個室＞	要支援1	555単位
		要支援2	674単位
	（1）単独型ユニット型介護予防短期入所生活介護費（二）経過的単独型ユニット型介護予防短期入所生活介護費＜ユニット型個室的多床室＞	要支援1	555単位
		要支援2	674単位
	（2）併設型ユニット型介護予防短期入所生活介護費（一）併設型ユニット型介護予防短期入所生活介護費＜ユニット型個室＞	要支援1	523単位
		要支援2	649単位
	（2）併設型ユニット型介護予防短期入所生活介護費（二）経過的併設型ユニット型介護予防短期入所生活介護費＜ユニット型個室的多床室＞	要支援1	523単位
		要支援2	649単位
ハ　療養食加算（1回につき、1日に3回を限度）			8単位
ニ　認知症専門ケア加算（1日につき）	（1）認知症専門ケア加算（Ⅰ）		3単位
	（2）認知症専門ケア加算（Ⅱ）		4単位
ホ　サービス提供体制強化加算（1日につき）	（1）サービス提供体制強化加算（Ⅰ）		22単位
	（2）サービス提供体制強化加算（Ⅱ）		18単位
	（3）サービス提供体制強化加算（Ⅲ）		6単位

8　介護予防特定施設入居者生活介護費			
イ　介護予防特定施設入居者生活介護費（1日につき）	要支援1		182単位
	要支援2		311単位
ロ　外部サービス利用型介護予防特定施設入居者生活介護費（1日につき）			56単位
ハ　認知症専門ケア加算（1日につき、イを算定する場合のみ算定）	(1) 認知症専門ケア加算（Ⅰ）		3単位
	(2) 認知症専門ケア加算（Ⅱ）		4単位
ニ　サービス提供体制強化加算（1日につき）	(1) サービス提供体制強化加算（Ⅰ）		22単位
	(2) サービス提供体制強化加算（Ⅱ）		18単位
	(3) サービス提供体制強化加算（Ⅲ）		6単位

介護報酬の算定構造（抜粋）地域密着型サービス

1　定期巡回随時対応型訪問介護看護費			
イ　定期巡回随時対応型訪問介護看護費(Ⅰ)(1月につき)	(1) 訪問看護サービスを行わない場合	要介護 1	5697 単位
		要介護 2	10168 単位
		要介護 3	16883 単位
		要介護 4	21357 単位
		要介護 5	25829 単位
	(2) 訪問看護サービスを行う場合	要介護 1	8312 単位
		要介護 2	12985 単位
		要介護 3	19821 単位
		要介護 4	24434 単位
		要介護 5	29601 単位
ロ　定期巡回随時対応型訪問介護看護費(Ⅱ)(1月につき)		要介護 1	5697 単位
		要介護 2	10168 単位
		要介護 3	16883 単位
		要介護 4	21357 単位
		要介護 5	25829 単位
ハ　初期加算(1 日につき)			30 単位
ニ　退院時共同指導加算(1 回につき)			600 単位
ホ　総合マネジメント体制強化加算(1 月につき)			1000 単位
ヘ　生活機能向上連携加算(1 月につき)	(1) 生活機能向上連携加算(Ⅰ)		100 単位
	(2) 生活機能向上連携加算(Ⅱ)		200 単位
ト　認知症専門ケア加算(1 月につき)	(1) 認知症専門ケア加算(Ⅰ)		90 単位
	(2) 認知症専門ケア加算(Ⅱ)		120 単位
チ　サービス提供体制強化加算(1 月につき)	(1) サービス提供体制強化加算(Ⅰ)		750 単位
	(2) サービス提供体制強化加算(Ⅱ)		640 単位
	(3) サービス提供体制強化加算(Ⅲ)		350 単位

2　夜間対応型訪問介護費			
イ　夜間対応型訪問介護費(Ⅰ)	基本夜間対応型訪問介護費(1 月につき)		1025 単位
	定期巡回サービス費(1 回につき)		386 単位
	随時訪問サービス費(Ⅰ)(1 回につき)		588 単位
	随時訪問サービス費(Ⅱ)(1 回につき)		782 単位
ロ　夜間対応型訪問介護費(Ⅱ)(1 月につき)			2800 単位

ハ　認知症専門ケア加算	(1) イを算定する場合(1日につき、基本夜間対応型訪問介護費を除く)	(一)認知症専門ケア加算(Ⅰ)	3単位
		(二)認知症専門ケア加算(Ⅱ)	4単位
	(2) ロを算定する場合(1月につき)	(一)認知症専門ケア加算(Ⅰ)	90単位
		(二)認知症専門ケア加算(Ⅱ)	120単位
ニ　サービス提供体制強化加算	(1) イを算定する場合(1回につき、基本夜間対応型訪問介護費を除く)	(一)サービス提供体制強化加算(Ⅰ)	22単位
		(二)サービス提供体制強化加算(Ⅱ)	18単位
		(三)サービス提供体制強化加算(Ⅲ)	6単位
	(2) ロを算定する場合(1月につき)	(一)サービス提供体制強化加算(Ⅰ)	154単位
		(二)サービス提供体制強化加算(Ⅱ)	126単位
		(三)サービス提供体制強化加算(Ⅲ)	42単位

2-2　地域密着型通所介護費

イ　地域密着型通所介護費(1回につき)	(1)3時間以上4時間未満	要介護1	415単位
		要介護2	476単位
		要介護3	538単位
		要介護4	598単位
		要介護5	661単位
	(2)4時間以上5時間未満	要介護1	435単位
		要介護2	499単位
		要介護3	564単位
		要介護4	627単位
		要介護5	693単位
	(3)5時間以上6時間未満	要介護1	655単位
		要介護2	773単位
		要介護3	893単位
		要介護4	1010単位
		要介護5	1130単位
	(4)6時間以上7時間未満	要介護1	676単位
		要介護2	798単位
		要介護3	922単位
		要介護4	1045単位
		要介護5	1168単位
	(5)7時間以上8時間未満	要介護1	750単位
		要介護2	887単位
		要介護3	1028単位
		要介護4	1168単位
		要介護5	1308単位
	(6)8時間以上9時間未満	要介護1	780単位
		要介護2	922単位
		要介護3	1068単位
		要介護4	1216単位
		要介護5	1360単位

ロ　療養通所介護費(1月につき)			12691単位
ハ　サービス提供体制強化加算	(1)イを算定している場合(1回につき)	(一)サービス提供体制強化加算(Ⅰ)	22単位
		(二)サービス提供体制強化加算(Ⅱ)	18単位
		(三)サービス提供体制強化加算Ⅲ)	6単位
	(2)ロを算定している場合(1月につき)	(一)サービス提供体制強化加算(Ⅲ)	48単位
		(二)サービス提供体制強化加算Ⅲ)	24単位

3　認知症対応型通所介護費			
イ　認知症対応型通所介護費(Ⅰ)(1)認知症対応型通所介護費(ⅰ)(1回につき)	(一)3時間以上4時間未満	要介護1	542単位
		要介護2	596単位
		要介護3	652単位
		要介護4	707単位
		要介護5	761単位
	(二)4時間以上5時間未満	要介護1	568単位
		要介護2	625単位
		要介護3	683単位
		要介護4	740単位
		要介護5	797単位
	(三)5時間以上6時間未満	要介護1	856単位
		要介護2	948単位
		要介護3	1038単位
		要介護4	1130単位
		要介護5	1223単位
	(四)6時間以上7時間未満	要介護1	878単位
		要介護2	972単位
		要介護3	1064単位
		要介護4	1159単位
		要介護5	1254単位
	(五)7時間以上8時間未満	要介護1	992単位
		要介護2	1100単位
		要介護3	1208単位
		要介護4	1316単位
		要介護5	1424単位
	(六)8時間以上時間未満 要介護1	要介護1	1024単位
		要介護2	1135単位
		要介護3	1246単位
		要介護4	1359単位
		要介護5	1469単位
イ　認知症対応型通所介護費(Ⅰ)(2)認知症対応型通所介護費(ⅱ)(1回につき)	(一)3時間以上4時間未満	要介護1	490単位
		要介護2	540単位
		要介護3	588単位
		要介護4	638単位
		要介護5	687単位

	(二)4時間以上5時間未満	要介護1	514単位
		要介護2	565単位
		要介護3	617単位
		要介護4	668単位
		要介護5	719単位
	(三)5時間以上6時間未満	要介護1	769単位
		要介護2	852単位
		要介護3	934単位
		要介護4	1014単位
		要介護5	1097単位
	(四)6時間以上7時間未満	要介護1	788単位
		要介護2	874単位
		要介護3	958単位
		要介護4	1040単位
		要介護5	1125単位
	(五)7時間以上8時間未満	要介護1	892単位
		要介護2	987単位
		要介護3	1084単位
		要介護4	1181単位
		要介護5	1276単位
	(六)8時間以上9時間未満	要介護1	920単位
		要介護2	1018単位
		要介護3	1118単位
		要介護4	1219単位
		要介護5	1318単位
ロ 認知症対応型通所介護費(Ⅱ)(1回につき)	(1)3時間以上4時間未満	要介護1	266単位
		要介護2	276単位
		要介護3	285単位
		要介護4	294単位
		要介護5	304単位
	(2)4時間以上5時間未満	要介護1	278単位
		要介護2	289単位
		要介護3	298単位
		要介護4	308単位
		要介護5	318単位
	(3)5時間以上6時間未満	要介護1	444単位
		要介護2	459単位
		要介護3	476単位
		要介護4	492単位
		要介護5	509単位
	(4)6時間以上7時間未満	要介護1	456単位
		要介護2	471単位
		要介護3	488単位
		要介護4	505単位
		要介護5	521単位

	(5)7 時間以上 8 時間未満	要介護 1	522 単位
		要介護 2	541 単位
		要介護 3	559 単位
		要介護 4	577 単位
		要介護 5	597 単位
	(6)8 時間以上 9 時間未満	要介護 1	539 単位
		要介護 2	558 単位
		要介護 3	577 単位
		要介護 4	596 単位
		要介護 5	617 単位
ハ　サービス提供体制強化加算 (1 回につき)	(1) サービス提供体制強化加算 (Ⅰ)		22 単位
	(2) サービス提供体制強化加算 (Ⅱ)		18 単位
	(3) サービス提供体制強化加算 (Ⅲ)		6 単位

4　小規模多機能型居宅介護費			
イ　小規模多機能型居宅介護費 (1 月につき)	(1) 同一建物に居住する者以外の者に対して行う場合	要介護 1	10423 単位
		要介護 2	15318 単位
		要介護 3	22283 単位
		要介護 4	24593 単位
		要介護 5	27117 単位
	(2) 同一建物に居住する者に対して行う場合	要介護 1	9391 単位
		要介護 2	13802 単位
		要介護 3	20076 単位
		要介護 4	22158 単位
		要介護 5	24433 単位
ロ　短期利用居宅介護費 (1 日につき)		要介護 1	570 単位
		要介護 2	638 単位
		要介護 3	707 単位
		要介護 4	774 単位
		要介護 5	840 単位
ハ　初期加算 (1 日につき、イを算定する場合のみ算定)			30 単位
二　認知症加算 (1 月につき、イを算定する場合のみ算定)	(1) 認知症加算 (Ⅰ)		800 単位
	(2) 認知症加算 (Ⅱ)		500 単位
ホ　認知症行動心理症状緊急対応加算 (1 日につき、7 日間を限度、ロを算定する場合のみ算定)			200 単位
ヘ　若年性認知症利用者受入加算 (1 月につき、イを算定する場合のみ算定)			800 単位

ト　看護職員配置加算（1月につき、イを算定する場合のみ算定）	(1) 看護職員配置加算（Ⅰ）		900単位
	(2) 看護職員配置加算（Ⅱ）		700単位
	(3) 看護職員配置加算（Ⅲ）		480単位
チ　看取り連携体制加算（1日につき、イを算定する場合のみ算定）			64単位
リ　訪問体制強化加算（1月につき、イを算定する場合のみ算定）			1000単位
ヌ　総合マネジメント体制強化加算（1月につき、イを算定する場合のみ算定）			1000単位
ル　生活機能向上連携加算（1月につき）	(1) 生活機能向上連携加算（Ⅰ）		100単位
	(2) 生活機能向上連携加算（Ⅱ）		200単位
ヲ　口腔栄養スクリーニング加算（1回につき、6月に1回を限度、イを算定する場合のみ算定）			20単位
ワ　科学的介護推進体制加算（1月につき、イを算定する場合のみ算定）			40単位
カ　サービス提供体制強化加算	(1) イを算定している場合（1月につき）	(一) サービス提供体制強化加算（Ⅰ）	750単位
		(二) サービス提供体制強化加算（Ⅱ）	640単位
		(三) サービス提供体制強化加算（Ⅲ）	350単位
	(2) ロを算定している場合（1日につき）	(一) サービス提供体制強化加算（Ⅰ）	25単位
		(二) サービス提供体制強化加算（Ⅱ）	21単位
		(三) サービス提供体制強化加算（Ⅲ）	12単位

5　認知症対応型共同生活介護費

イ　認知症対応型共同生活介護費（1日につき）	(1) 認知症対応型共同生活介護費（Ⅰ）	要介護1	764単位
		要介護2	800単位
		要介護3	823単位
		要介護4	840単位
		要介護5	858単位
	(2) 認知症対応型共同生活介護費（Ⅱ）	要介護1	752単位
		要介護2	787単位
		要介護3	811単位
		要介護4	827単位
		要介護5	844単位

ロ　短期利用認知症対応型共同生活介護費(1日につき)	(1) 短期利用認知症対応型共同生活介護費(Ⅰ)	要介護1	792単位
		要介護2	828単位
		要介護3	853単位
		要介護4	869単位
		要介護5	886単位
	(2) 短期利用認知症対応型共同生活介護費(Ⅱ)	要介護1	780単位
		要介護2	816単位
		要介護3	840単位
		要介護4	857単位
		要介護5	873単位
ハ　初期加算(1日につき、イを算定する場合のみ算定)			30単位
ニ　医療連携体制加算(1日につき)	(1) 医療連携体制加算(Ⅰ)		39単位
	(2) 医療連携体制加算(Ⅱ)		49単位
	(3) 医療連携体制加算(Ⅲ)		59単位
ホ　退居時相談援助加算(利用者1人につき1回を限度)			400単位
ヘ　認知症専門ケア加算(1日につき、イを算定する場合のみ算定)	(1) 認知症専門ケア加算(Ⅰ)		3単位
	(2) 認知症専門ケア加算(Ⅱ)		4単位
ト　生活機能向上連携加算(1月につき)	(1) 生活機能向上連携加算(Ⅰ)		100単位
	(2) 生活機能向上連携加算(Ⅱ)		200単位
チ　栄養管理体制加算			30単位
リ　口腔衛生管理体制加算(1月につき、イを算定する場合のみ算定)			30単位
ヌ　口腔・栄養スクリーニング加算(1回につき、6月に1回を限度、イを算定する場合のみ算定)			20単位
ル　科学的介護推進体制加算(1日につき、イを算定する場合のみ算定)			40単位
ヲ　サービス提供体制強化加算(1日につき)	(1) サービス提供体制強化加算(Ⅰ)		22単位
	(2) サービス提供体制強化加算(Ⅱ)		18単位
	(3) サービス提供体制強化加算(Ⅲ)		6単位

6　地域密着型特定施設入居者生活介護費			
イ　地域密着型特定施設入居者生活介護費(1日につき)		要介護1	542単位
		要介護2	609単位
		要介護3	679単位
		要介護4	744単位
		要介護5	813単位
ロ　短期利用地域密着型特定施設入居者生活介護費(1日につき)		要介護1	542単位
		要介護2	609単位
		要介護3	679単位
		要介護4	744単位
		要介護5	813単位

二　看取り介護加算（1日につき、イを算定する場合のみ算定）	(1) 看取り介護加算（Ⅰ）	(1) 死亡日以前31日以上45日以下	72単位
		(2) 死亡日以前4日以上30日以下	144単位
		(3) 死亡日以前2日又は3日	680単位
		(4) 死亡日	1280単位
	(2) 看取り介護加算（Ⅱ）	(1) 死亡日以前31日以上45日以下	572単位
		(2) 死亡日以前4日以上30日以下	644単位
		(3) 死亡日以前2日又は3日	1180単位
		(4) 死亡日	1780単位
ホ　認知症専門ケア加算（1日につき、イを算定する場合のみ算定）	(1) 認知症専門ケア加算（Ⅰ）		3単位
	(2) 認知症専門ケア加算（Ⅱ）		4単位
へ　科学的介護推進体制加算（1月につき、イを算定する場合のみ算定）			40単位
ト　サービス提供体制強化加算（1日につき）	(1) サービス提供体制強化加算（Ⅰ）		22単位
	(2) サービス提供体制強化加算（Ⅱ）		18単位
	(3) サービス提供体制強化加算（Ⅲ）		6単位

7　地域密着型介護老人福祉施設入所者生活介護			
イ　地域密着型介護老人福祉施設入所者生活介護費（1日につき）	(1) 地域密着型介護老人福祉施設入所者生活介護費（Ⅰ）＜従来型個室＞	要介護1	582単位
		要介護2	651単位
		要介護3	722単位
		要介護4	792単位
		要介護5	860単位
	(2) 地域密着型介護老人福祉施設入所者生活介護費（Ⅱ）＜多床室＞	要介護1	582単位
		要介護2	651単位
		要介護3	722単位
		要介護4	792単位
		要介護5	860単位
ロ　ユニット型地域密着型介護老人福祉施設入所者生活介護費（1日につき）	(1) ユニット型地域密着型介護老人福祉施設入所者生活介護費＜ユニット型個室＞	要介護1	661単位
		要介護2	730単位
		要介護3	803単位
		要介護4	874単位
		要介護5	942単位
	(2) 経過的ユニット型地域密着型介護老人福祉施設入所者生活介護費＜ユニット型個室的多床室＞	要介護1	661単位
		要介護2	730単位
		要介護3	803単位
		要介護4	874単位
		要介護5	942単位

ハ　経過的地域密着型介護老人福祉施設入所者生活介護費（1日につき）	(1) 経過的地域密着型介護老人福祉施設入所者生活介護費（Ⅰ）＜従来型個室＞	要介護1	676単位
		要介護2	742単位
		要介護3	812単位
		要介護4	878単位
		要介護5	943単位
	(2) 経過的地域密着型介護老人福祉施設入所者生活介護費（Ⅱ）＜多床室＞	要介護1	676単位
		要介護2	742単位
		要介護3	812単位
		要介護4	878単位
		要介護5	943単位
ニ　経過的ユニット型地域密着型介護老人福祉施設入所者生活介護費（1日につき）	(1) 経過的ユニット型地域密着型介護老人福祉施設入所者生活介護費（Ⅰ）＜ユニット型個室＞	要介護1	748単位
		要介護2	813単位
		要介護3	885単位
		要介護4	952単位
		要介護5	1016単位
	(2) 経過的ユニット型地域密着型介護老人福祉施設入所者生活介護費（Ⅱ）＜ユニット型個室的多床室＞	要介護1	748単位
		要介護2	813単位
		要介護3	885単位
		要介護4	952単位
		要介護5	1016単位
ホ　初期加算（1日につき）			30単位
ヘ　再入所時栄養連携加算（入所者1人につき1回を限度）			200単位
ト　退所時等相談援助加算（1回につき）	(1) 退所前訪問相談援助加算（入所中1回（又は2回）を限度）		460単位
	(2) 退所後訪問相談援助加算（退所後1回を限度）		460単位
	(3) 退所時相談援助加算		400単位
	(4) 退所前連携加算		500単位
チ　栄養マネジメント強化加算（1日につき）			11単位
リ　経口移行加算（1日につき）			28単位
ヌ　経口維持加算（1月につき）	(1) 経口維持加算（Ⅰ）		400単位
	(2) 経口維持加算（Ⅱ）		100単位
ル　口腔衛生管理加算（1月につき）	(1) 口腔衛生管理加算（Ⅰ）		90単位
	(2) 口腔衛生管理加算（Ⅱ）		110単位
ヲ　療養食加算（1回につき、1日に3回を限度）			6単位
ワ　配置医師緊急時対応加算（1回につき）	(1) 早朝夜間の場合		650単位
	(2) 深夜の場合		1300単位
カ　看取り介護加算（1日につき）	(1) 看取り介護加算（Ⅰ）	(1) 死亡日以前31日以上45日以下	72単位
		(2) 死亡日以前4日以上30日以下	144単位
		(3) 死亡日以前2日又は3日	680単位
		(4) 死亡日	1280単位

	(2) 看取り介護加算（Ⅱ）	(1) 死亡日以前 31 日以上 45 日以下	72 単位
		(2) 死亡日以前 4 日以上 30 日以下	144 単位
		(3) 死亡日以前 2 日又は 3 日	780 単位
		(4) 死亡日	1580 単位
ヨ　在宅復帰支援機能加算（1 日につき）			10 単位
タ　在宅入所相互利用加算（1 日につき）			40 単位
レ　小規模拠点集合型施設加算（1 日につき）			50 単位
ソ　認知症専門ケア加算（1 日につき）	(1) 認知症専門ケア加算（Ⅰ）		3 単位
	(2) 認知症専門ケア加算（Ⅱ）		4 単位
ツ　認知症行動心理症状緊急対応加算（1 日につき、入所後 7 日に限り）			200 単位
ネ　褥瘡マネジメント加算（1 月につき）	(1) 褥瘡マネジメント加算（Ⅰ）		3 単位
	(2) 褥瘡マネジメント加算（Ⅱ）		13 単位
	(3) 褥瘡マネジメント加算（Ⅲ）		10 単位
ナ　排せつ支援加算（1 月につき）	(1) 排せつ支援加算（Ⅰ）		10 単位
	(2) 排せつ支援加算（Ⅱ）		15 単位
	(3) 排せつ支援加算（Ⅲ）		20 単位
	(4) 排せつ支援加算（Ⅳ）		100 単位
フ　自立支援促進加算（1 月につき）			300 単位
ム　科学的介護推進体制加算（1 月につき）	(1) 科学的介護推進体制加算（Ⅰ）		40 単位
	(2) 科学的介護推進体制加算（Ⅱ）		50 単位
ウ　安全対策体制加算（入所者 1 人につき 1 回を限度）			20 単位
ヰ　サービス提供体制強化加算（1 日につき）	(1) サービス提供体制強化加算（Ⅰ）		22 単位
	(2) サービス提供体制強化加算（Ⅱ）		18 単位
	(3) サービス提供体制強化加算（Ⅲ）		6 単位

8　複合型サービス費			
イ　看護小規模多機能型居宅介護費（1 月につき）	(1) 同一建物に居住する者以外の者に対して行う場合	要介護 1	12438 単位
		要介護 2	17403 単位
		要介護 3	24464 単位
		要介護 4	27747 単位
		要介護 5	31386 単位
	(2) 同一建物に居住する者に対して行う場合	要介護 1	11206 単位
		要介護 2	15680 単位
		要介護 3	22042 単位
		要介護 4	25000 単位
		要介護 5	28278 単位

ロ　短期利用居宅介護費(1日につき)		要介護1	570単位
		要介護2	637単位
		要介護3	705単位
		要介護4	772単位
		要介護5	838単位
ハ　初期加算(1日につき、イを算定する場合のみ算定)			30単位
ニ　認知症加算(1月につき、イを算定する場合のみ算定)	(1) 認知症加算(Ⅰ)		800単位
	(2) 認知症加算(Ⅱ)		500単位
ホ　認知症行動心理症状緊急対応加算(1日につき、7日間を限度、ロを算定する場合のみ算定)			200単位
ヘ　若年性認知症利用者受入加算(1月につき、イを算定する場合のみ算定)			800単位
ト　栄養アスメント加算(1月につき、イを算定する場合のみ算定)			50単位
チ　栄養改善加算(1回につき、1月に2回を限度、イを算定する場合のみ算定)			200単位
リ　口腔栄養スクリーニング加算(1回につき、6月に1回を限度、イを算定する場合のみ算定)	(1) 口腔栄養スクリーニング加算(Ⅰ)		20単位
	(2) 口腔栄養スクリーニング加算(Ⅱ)		5単位
ヌ　口腔機能向上加算(1回につき、月2回を限度)	(1) 口腔機能向上加算(Ⅰ)(イを算定する場合のみ算定)		150単位
	(2) 口腔機能向上加算(Ⅱ)		160単位
ル　退院時共同指導加算(1回につき、イを算定する場合のみ算定)			600単位
ヲ　緊急時訪問看護加算(1月につき、イを算定する場合のみ算定)			574単位
ワ　特別管理加算(1月につき、イを算定する場合のみ算定)	(1) 特別管理加算(Ⅰ)		500単位
	(2) 特別管理加算(Ⅱ)		250単位
カ　ケア加算(1月につき、イを算定する場合のみ算定)			2000単位
ヨ　看護体制強化加算(1月につき、イを算定する場合のみ算定)	(1) 看護体制強化加算(Ⅰ)		3000単位
	(2) 看護体制強化加算(Ⅱ)		2500単位
タ　訪問体制強化加算(1月につき、イを算定する場合のみ算定)			1000単位

レ　総合マネジメント体制強化加算(1月につき、イを算定する場合のみ算定)			1000単位
ソ　褥瘡マネジメント加算(1月につき、イを算定する場合のみ算定)	(1) 褥瘡マネジメント加算(Ⅰ)		3単位
	(2) 褥瘡マネジメント加算(Ⅱ)		13単位
ツ　排せつ支援加算(1月につき、イを算定する場合のみ算定)	(1) 排せつ支援加算(Ⅰ)		10単位
	(2) 排せつ支援加算(Ⅱ)		15単位
	(3) 排せつ支援加算(Ⅲ)		20単位
ネ　科学的介護推進体制加算(1月につき、イを算定する場合のみ算定)			40単位
ナ　サービス提供体制強化加算(1月につき)	(1) イを算定している場合	(一) サービス提供体制強化加算(Ⅰ)	750単位
		(二) サービス提供体制強化加算(Ⅱ)	640単位
		(三) サービス提供体制強化加算(Ⅲ)	350単位
	(2) ロを算定している場合	(一) サービス提供体制強化加算(Ⅰ)	25単位
		(二) サービス提供体制強化加算(Ⅱ)	21単位
		(三) サービス提供体制強化加算(Ⅲ)	12単位

1　介護予防認知症対応型通所介護費			
イ　介護予防認知症対応型通所介護費（Ⅰ）	(1) 介護予防認知症対応型通所介護費（ⅰ）(旧単独型)(一)3時間以上4時間未満	要支援1	474単位
		要支援2	525単位
	(1) 介護予防認知症対応型通所介護費（ⅰ）(旧単独型)(二)4時間以上5時間未満	要支援1	496単位
		要支援2	550単位
	(1) 介護予防認知症対応型通所介護費（ⅰ）(旧単独型)(三)5時間以上6時間未満	要支援1	740単位
		要支援2	826単位
	(1) 介護予防認知症対応型通所介護費（ⅰ）(旧単独型)(四)6時間以上7時間未満	要支援1	759単位
		要支援2	849単位
	(1) 介護予防認知症対応型通所介護費（ⅰ）(旧単独型)(五)7時間以上8時間未満	要支援1	859単位
		要支援2	959単位
	(1) 介護予防認知症対応型通所介護費（ⅰ）(旧単独型)(六)8時間以上9時間未満	要支援1	886単位
		要支援2	989単位
	(2) 介護予防認知症対応型通所介護費（ⅱ）(旧併設型)(一)3時間以上4時間未満	要支援1	428単位
		要支援2	475単位
	(2) 介護予防認知症対応型通所介護費（ⅱ）(旧併設型)(二)4時間以上5時間未満	要支援1	448単位
		要支援2	497単位
	(2) 介護予防認知症対応型通所介護費（ⅱ）(旧併設型)(三)5時間以上6時間未満	要支援1	666単位
		要支援2	742単位
	(2) 介護予防認知症対応型通所介護費（ⅱ）(旧併設型)(四)6時間以上7時間未満	要支援1	683単位
		要支援2	761単位
	(2) 介護予防認知症対応型通所介護費（ⅱ）(旧併設型)(五)7時間以上8時間未満	要支援1	771単位
		要支援2	862単位
	(2) 介護予防認知症対応型通所介護費（ⅱ）(旧併設型)(六)8時間以上9時間未満	要支援1	796単位
		要支援2	889単位
ロ　介護予防認知症対応型通所介護費（Ⅱ）	(1)3時間以上4時間未満	要支援1	247単位
		要支援2	261単位
	(2)4時間以上5時間未満	要支援1	259単位
		要支援2	273単位
	(3)5時間以上6時間未満	要支援1	412単位
		要支援2	435単位
	(4)6時間以上7時間未満	要支援1	423単位
		要支援2	446単位
	(5)7時間以上8時間未満	要支援1	483単位
		要支援2	512単位
	(6)8時間以上時間未満	要支援1	499単位
		要支援2	528単位
ハ　サービス提供体制強化加算	(1) サービス提供体制強化加算（Ⅰ）(1回につき）		
	(2) サービス提供体制強化加算（Ⅱ）(1回につき）		
	(3) サービス提供体制強化加算（Ⅲ）(1回につき）		

2　介護予防小規模多機能型居宅介護費			
イ　介護予防小規模多機能型居宅介護費（1 月につき）	(1) 同一建物に居住する者以外の者に対して行う場合	要支援 1	3438 単位
		要支援 2	6948 単位
	(2) 同一建物に居住する者に対して行う場合	要支援 1	3098 単位
		要支援 2	6260 単位
ロ　介護予防短期利用居宅介護費（1 日につき）		要支援 1	423 単位
		要支援 2	529 単位
ハ　初期加算（1 日につき、イを算定する場合のみ算定）			30 単位
ニ　認知症行動心理症状緊急対応加算（1 日につき、7 日間を限度、ロを算定する場合のみ算定）			200 単位
ホ　若年性認知症利用者受入加算（1 月につき、イを算定する場合のみ算定）			450 単位
ヘ　総合マネジメント体制強化加算（1 月につき、イを算定する場合のみ算定）			1000 単位
ト　生活機能向上連携加算（1 月につき）	(1) 生活機能向上連携加算（Ⅰ）		100 単位
	(2) 生活機能向上連携加算（Ⅱ）		200 単位
チ　口腔栄養スクリーニング加算（1 回につき、6 月に 1 回を限度、イを算定する場合のみ算定）			20 単位
リ　科学的介護推進体制加算（1 月につき、イを算定する場合のみ算定）			40 単位
ヌ　サービス提供体制強化加算	(1) イを算定している場合（1 月につき）	(一) サービス提供体制強化加算（Ⅰ）	750 単位
		(二) サービス提供体制強化加算（Ⅱ）	640 単位
		(三) サービス提供体制強化加算（Ⅲ）	350 単位
	(2) ロを算定している場合（1 日につき）	(一) サービス提供体制強化加算（Ⅰ）	25 単位
		(二) サービス提供体制強化加算（Ⅱ）	21 単位
		(三) サービス提供体制強化加算（Ⅲ）	12 単位

3　介護予防認知症対応型共同生活介護費			
イ　介護予防認知症対応型共同生活介護費	(1) 介護予防認知症対応型共同生活介護費（Ⅰ）	要支援２	760 単位
	(2) 介護予防認知症対応型共同生活介護費（Ⅱ）	要支援２	748 単位
ロ　介護予防短期利用認知症対応型共同生活介護費	(1) 介護予防短期利用認知症対応型共同生活介護費（Ⅰ）	要支援２	788 単位
	(2) 介護予防短期利用認知症対応型共同生活介護費（Ⅱ）	要支援２	776 単位
ハ　初期加算（1 日につき、イを算定する場合のみ算定）			30 単位
ニ　退居時相談援助加算（利用者 1 人につき 1 回を限度）			400 単位
ホ　認知症専門ケア加算（1 日につき、イを算定する場合のみ算定）	(1) 認知症専門ケア加算（Ⅰ）		3 単位
	(2) 認知症専門ケア加算（Ⅱ）		4 単位
ヘ　生活機能向上連携加算（1 月につき）	(1) 生活機能向上連携加算（Ⅰ）		100 単位
	(2) 生活機能向上連携加算（Ⅱ）		200 単位
ト　栄養管理体制加算（1 月につき、イを算定する場合のみ算定）			30 単位
チ　口腔衛生管理体制加算（1 月につき、イを算定する場合のみ算定）			30 単位
リ　口腔栄養スクリーニング加算（1 回につき、6 月に 1 回を限度、イを算定する場合のみ算定）			20 単位
ヌ　科学的介護推進体制加算（1 月につき、イを算定する場合のみ算定）			40 単位
ル　サービス提供体制強化加算（1 日につき）	(1) サービス提供体制強化加算（Ⅰ）		22 単位
	(2) サービス提供体制強化加算（Ⅱ）		18 単位
	(3) サービス提供体制強化加算（Ⅲ）		6 単位

■企画・編集・執筆　イノウ　http://www.iknow.ne.jp/
■ブックデザイン　坂本 真一郎（クオルデザイン）
■イラストレーション（キャラクター）　坂木 浩子
■イラストレーション（アイコン）　中村 幸司
■DTP・図版作成　西嶋 正

世界一わかりやすい
介護保険のきほんとしくみ
2021-2024年度版

2021 年　4 月 5 日 初版第 1 刷発行

編著者　イノウ
発行人　片柳 秀夫
発行所　ソシム株式会社
https://www.socym.co.jp/
〒 101-0064 東京都千代田区神田猿楽町 1-5-15　猿楽町 SS ビル 3F
TEL　03-5217-2400（代表）
FAX　03-5217-2420
印刷　音羽印刷株式会社

定価はカバーに表示してあります。
落丁・乱丁は弊社編集部までお送りください。送料弊社負担にてお取り替えいたします。
ISBN978-4-8026-1298-2